学习资源数字出版相关标准合辑

本书编委会 编著

中国书籍出版社
China Book Press

编委名单

主　　编：钱冬明（华东师范大学）

副 主 编：沙　沙（人教数字出版有限公司）
　　　　　余云涛（中国标准化技术研究院）

执行主编：陈　磊（中国新闻出版研究院）

编　　委：钟岑岑　李　莹　谢　冰　香江波
　　　　　郎彦妮　吴天娇　赵怡阳　罗安妮
　　　　　余　平　代　红　冀　辰　杨　磊
　　　　　施　媛　焦廉洁　史　戈　闵　捷
　　　　　吴战杰　陈志云　张媛媛　冯仰存

前　言

出版行业与教育行业对于电子书包共同的普遍定义是"在教育教学领域中采用的'资源+平台+数字终端'的教学系统"。2015年国家科技支撑计划项目"学习资源数字出版关键技术与应用示范"课题三"学习资源数字出版和电子书包标准研究与检测工具开发",主要研究任务就是要编制数字教材、电子书包相关标准及规范。

学习资源数字出版涉及教育、出版、信息技术等多种技术与应用领域的技术聚合与业务融合,需要在梳理分析已有的国家、行业标准的基础上,结合本项目中资源集成、平台研制、应用示范的相关研究,研制一系列学习资源数字出版和电子书包终端的标准,并与其他已有国家、行业标准兼容,共同形成一个能够规范和促进数字出版产业发展的标准体系。为此,本课题研究需要充分借鉴学习资源数字出版的相关标准,以使课题的资源整合、平台建设都能够顺利开展进行。

按照CY/T96—2013《电子书包内容术语》的定义,数字出版产品作为数字教育资源的最上位,是"以知识信息为内容,以数字技术为手段,以数字产品形态或内容服务形式面向公众传播的文化产品。"数字出版产品包括电子书和内容数据库;电子书包括电子图书、电子报、电子期刊和其他类型电子书;作为数字资源重要组成部分的电子课本、电子教材等则是电子图书的特殊形态,是电子图书的重要分支。目前,电子书已形成规范化标准体系,并已经完成了体系中的13项相关行业标准研制工作。

数字出版产品架构如下图所示:

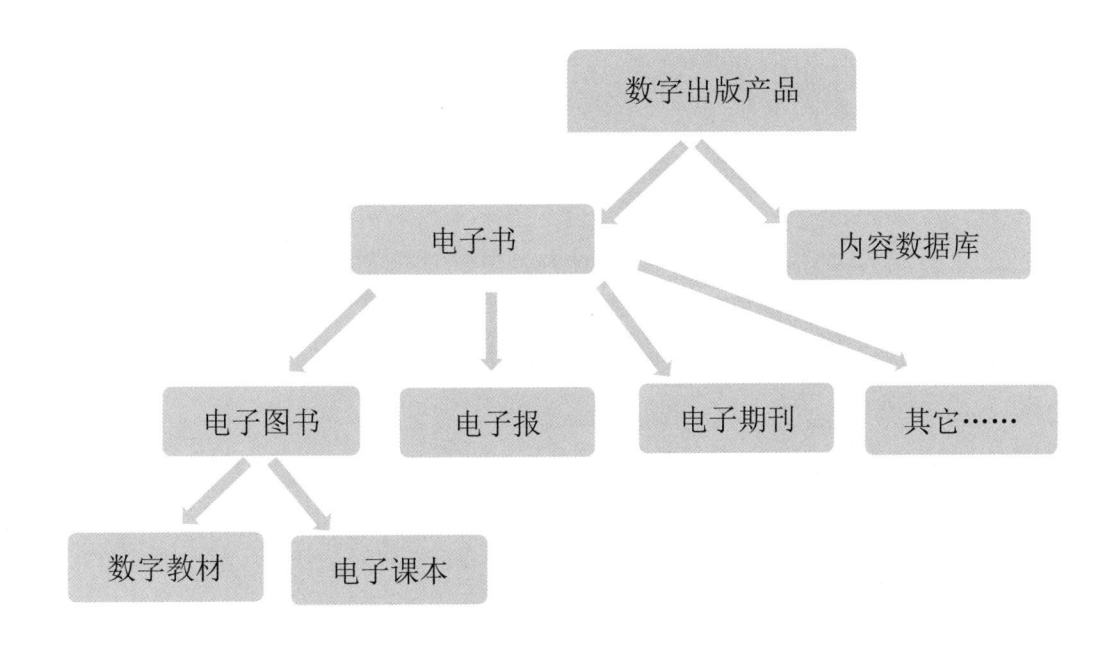

数字出版产品架构体系示意图

为使课题成果和后期行业应用能够合乎既有标准规范，并使科技支撑计划项目各课题组能够更好利用标准进行课题研发，我们课题组通过数月筹划，编选出版了这部标准参考书。全书分为"课题标准成果"及"相关行业标准"两个部分。第一部分为根据课题项目目标研制完成的 4 项行业标准和 7 项企业标准；第二部分为已出版的学习资源数字出版相关核心标准。科技支撑计划项目组成员可以籍此书，检索到学习资源数字出版流程中关于编辑流程、数据加工、传播分发、平台建设、质量检测等各步骤的相关要求和规范，有效提高本科技支撑项目的总体研制和行业推广水平。同时，本书也可以供数字教材学习资源出版领域的研究者、从业者等参考使用。

国家科技支撑计划《学习资源数字出版关键技术与应用示范》项目

《学习资源数字出版和电子书包标准研究与检测工具开发》课题组

2017 年 6 月

目 录
Contents

第一部分 | **课题标准成果 / 1**

中小学数字教材出版基本流程规范 / 3
中小学数字教材质量要求与检测方法 / 14
中小学数字教材元数据 / 27
中小学数字工具书功能要求 / 44
数字教材阅读器技术要求 / 59
数字教材版本管理标识规范 / 67
互动教学课件格式标准 / 73
百科知识资源元数据 / 83
电子书包终端技术规范 / 94
电子书包终端标配软件规范 / 124
学习资源数字出版标识 / 132

第二部分 | **相关行业标准 / 139**

电子书内容标准体系表 / 141
电子书内容术语 / 158
电子书内容格式基本要求 / 200
电子书内容平台基本要求 / 206
电子书内容平台服务基本功能 / 213
电子书内容版权保护通用规范 / 220
电子图书版权记录 / 229
电子图书版权信息检测方法 / 236
电子图书元数据 / 242
电子图书标识 / 252
电子图书阅读功能要求 / 258
电子图书质量基本要求 / 265
电子图书质量检测方法 / 271
出版内容资源标识的原则与方法 / 283
基于加密技术的数字版权保护平台基本要求 / 296
中小学数字教材加工规范 / 305
声像节目数字出版制作技术要求及检测方法 / 319
数字阅读终端内容呈现格式 / 328
新闻出版数字资源唯一标识符 / 393
中国标准名称标识符 / 407

第一部分

课题标准成果

第一部分　课题标准成果

ICS 01.140.40
A 19

CY

中华人民共和国新闻出版行业标准

CY/T XXX—XXXX

中小学数字教材出版基本流程规范

Specification for publishing fundamental process of primary and secondary school's digital textbook

XXXX – XX – XX 发布　　　　　　　　XXXX – XX – XX 实施

国家新闻出版广电总局 发布

目　次

前言 ··· 5
引言 ··· 6
1　范围 ·· 7
2　规范性引用文件 ·· 7
3　术语和定义 ·· 7
4　出版基本流程 ··· 8
　4.1　概述 ··· 8
　4.2　选题策划与论证 ·· 8
　4.3　原型开发与验证 ·· 9
　4.4　编辑制作 ··· 10
　4.5　质量检测 ··· 11
　4.6　产品发布 ··· 12
参考文献 ··· 13

前　言

本标准按照 GB/T 1.1—2009 给出的规则起草。

本标准由全国新闻出版标准化技术委员会（SAC/TC527）提出。

本标准由全国新闻出版标准化技术委员会（SAC/TC527）归口。

本标准主要起草单位：人民教育出版社有限公司、华东师范大学、中国新闻出版研究院、人教数字出版有限公司、北京东田教育科技有限公司、理工数传(北京)科技有限公司。

本标准主要起草人：沙沙、钱冬明、钟岑岑、陈磊、马锐金、乔莉莉、张雅君、吴慧云、谢冰、马兴专。

引　言

　　中小学数字教材是当前基础教育信息化发展进程中亟需的资源，对信息化环境下的中小学教育有着重要影响。中小学数字教材的生产过程应兼顾中小学教学的需要和电子图书产品生产的必要环节，以保障中小学数字教材产品的质量与适用性。中小学数字教材的生产企业可参照本标准中给出的基本流程，结合产品特点，设计适当的产品出版规程。

中小学数字教材生产流程规范

1 范围

本标准规定了中小学数字教材出版活动的基本流程，包括选题策划与论证、原型开发与验证、编辑制作、质量检测、产品发布等环节。

本标准适用于中小学数字教材的出版及管理。

2 规范性引用文件

下列文件对于本文件的应用是必不可少的。凡是注日期的引用文件，仅所注日期的版本适用于本文件。凡是不注日期的引用文件，其最新版本（包括所有的修改单）适用于本文件。

CY/T 50—2008 出版术语
CY/T 96—2013 电子书内容术语
CY/T 110—2015 电子图书标识
CY/T 125—2015 中小学数字教材加工规范
CY/T XXX—XXXX 中小学数字教材元数据
CY/T XXX—XXXX 中小学数字教材质量与检测规范

3 术语和定义

下列术语和定义适用于本文件。

3.1

数字教材 digital textbook

以中小学教科书为内容基础，包含相关辅助资源、工具的，用于教学活动的电子图书。

注：改写 CY/T 125—2015，定义 3.4。

3.2

选题策划 acquisitions in selected subject

编辑人员根据一定的方针和主客观条件，开发出版资源、设计选题的创造性活动。

[CY/T 50—2008，3.51]

3.3

原型 prototype

数字出版产品的原始模型，用于数字出版产品进行编辑制作前的检测与评价。

3.4

审稿 read and evaluate

从出版专业角度，对出版产品的内容进行科学分析、判断和加工的活动。

[CY/T 50—2008，3.65]

3.5

数字版权管理 digital copyright management; DRM

为保护数字内容在全生命周期中的合法使用和传播而实施的一系列计划、组织、协调、控制和决策活动。

[CY/T 96—2013，8.1.6]

4 出版基本流程

4.1 概述

中小学数字教材出版的基本流程应包括选题策划与论证、原型开发与验证、编辑制作、质量检测、产品发布五个环节，见图1。

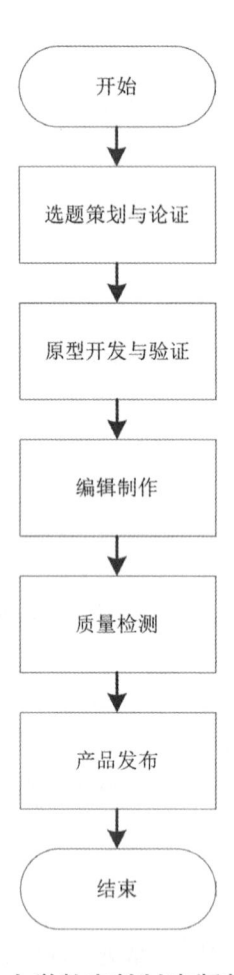

图 1 中小学数字教材出版基本流程

4.2 选题策划与论证

4.2.1 概述

中小学数字教材的选题策划与论证环节包括选题策划、选题论证、选题策划调整等部分，业务流程见图2。

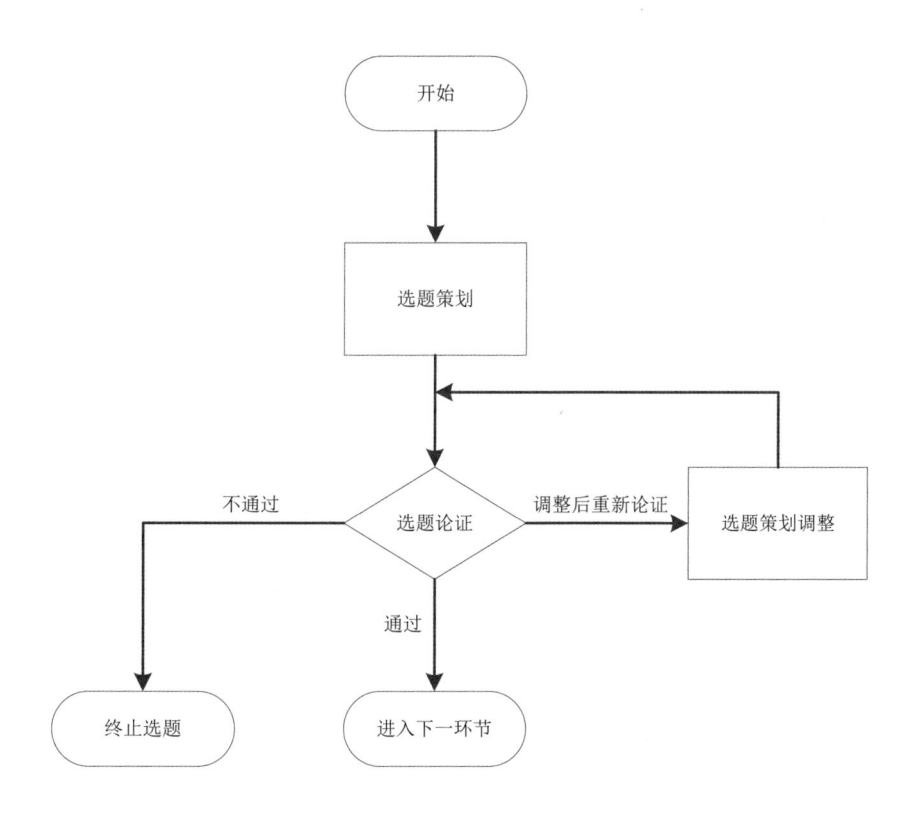

```
                    ┌──────┐
                    │ 开始 │
                    └──┬───┘
                       ↓
                  ┌─────────┐
                  │ 选题策划 │←──────────────┐
                  └────┬────┘               │
                       ↓                    │
        不通过    ╱ 选题论证 ╲  调整后重新论证  ┌──────────┐
        ←──────〈            〉─────────→│选题策划调整│
                  ╲          ╱            └──────────┘
                       │通过
                       ↓
        ┌────────┐         ┌──────────┐
        │终止选题│         │进入下一环节│
        └────────┘         └──────────┘
```

图 2 选题策划与论证环节的业务流程

4.2.2 选题策划

中小学数字教材的选题策划应在实际调研的基础上参照课程标准中的课程目标、课程内容要求，规划出关于数字教材的使用目的、内容模型、功能要求、技术架构、生产开发方式、应用模式、出版发行方式、效益预测、风险评估等方面的整体框架。

4.2.3 选题论证

选题论证应从课程教学设计的科学性、技术开发的可行性、出版发行方式的合理性及产品风险的可控性等方面对数字教材的选题策划进行全面的考察，在深入分析、探讨的基础上对选题策划提出决策性意见。选题论证意见包括：选题通过、选题调整后再论证、选题不通过。

4.2.4 选题策划调整

选题策划存有问题和纰漏，应进行选题策划调整。选题策划调整应根据选题论证意见进行改进，优化选题策划方案。完成选题策划调整后应重新进行选题论证。

4.2.5 选题终止

选题论证作出选题不通过结论后，选题终止。

4.3 原型开发与验证

4.3.1 概述

中小学数字教材的原型开发与验证环节包括原型设计与开发、版权管理机制确定、原型验证、原型修改等部分，业务流程见图3。

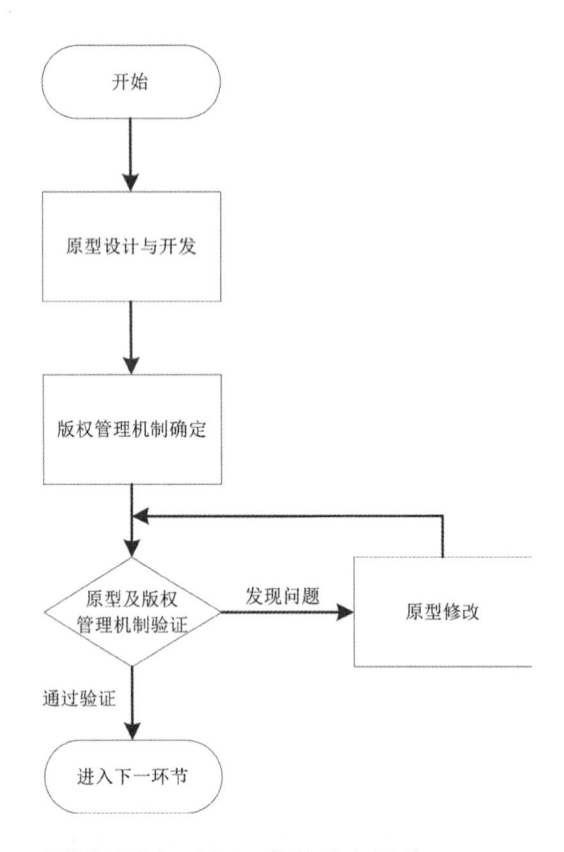

图 3 原型开发与验证环节的业务流程

4.3.2 原型设计与开发
中小学数字教材在正式编辑制作前应根据选题策划方案,选择其中的典型内容、重点功能、技术架构和应用模式等进行数字教材原型设计和开发。

4.3.3 版权管理机制确定
中小学数字教材的版权管理应在原型开发完成后,依据选题策划要求和原型的内容、技术特点及预期的出版和应用模式制定出合理机制。

4.3.4 原型及版权管理机制验证
中小学数字教材的原型验证依据选题策划方案,检测和评价数字教材原型在内容模型、功能要求、技术架构、应用模式等方面是否达到选题策划的要求,必要时可使用数字教材原型进行典型教学试验。验证过程应记录数字教材原型存在的问题并列出问题清单。

4.3.5 原型修改
依据原型及版权管理机制验证给出的问题清单,对数字教材原型设计或数字教材的内容、技术实现、版权管理机制等方面进行调整,形成新的数字教材原型并再次进行验证。

4.4 编辑制作

4.4.1 概述
中小学数字教材的编辑制作包括申领标识、内容和功能设计、素材准备、合成与封装、内容审查、内容修改等部分。

4.4.2 申领标识
数字教材的编辑制作过程中,应根据 CY/T 110—2015 要求,为数字教材申领电子图书标识。

4.4.3 内容和功能设计

数字教材的编辑、开发人员应根据选题策划方案和数字教材原型，在教科书内容的基础上对数字教材的所有具体内容和功能进行设计，包括：数字教材主体部分的内容、扩展部分所有组件的内容，以及数字教材具备或支持的各项阅读、展示、检索、辅助和系统功能，形成数字教材制作脚本。

4.4.4 素材准备

编辑、开发人员应依据数字教材制作脚本，进行数字教材主体部分内容的撰写、编排，制作与数字教材主体部分配套的文本、图片、音频、视频、课件等扩展组件，编写数字教材的使用说明。

4.4.5 合成与封装

数字教材的所有素材准备完成后，编辑、开发人员应将数字教材主体部分、扩展部分、使用说明等进行关联，完成元数据标注和数字教材的整体封装，形成数字教材内测版，并赋予其版本标识。

4.4.6 内容审查

数字教材内测版制作完成后，对其进行内容层面的审查，包括：内容初审、内容复审和内容终审三个步骤。重点在于审查数字教材内容的教育性、科学性、适用性，并对内容中存在的缺陷给出修改意见。

4.4.7 内容修改

编辑、开发人员应根据内容审查的修改意见对数字教材的素材或实现技术进行必要的修改，并将修改结果提交审查人复核。

4.5 质量检测

4.5.1 概述

在数字教材的出版过程中，应对数字教材内测版进行全面的质量检测，质量检测对象包括数字教材的有效性、完整性、规范性和准确性等四个质量要素。检测流程应符合 CY/T XXX—XXXX（中小学数字教材质量要求与检测方法）5.1 的相关规定。

如数字教材内测版的检测结果为"不通过检测"，应进行相应修改，并再次进行全面质量检测。

4.5.2 有效性检测

应依据 CY/T XXX—XXXX（中小学数字教材质量要求与检测方法）中 4.2、5.2、5.3 所列要求进行数字教材内测版的有效性检测。

当数字教材实际设计的内容或媒体形式超出 CY/T XXX—XXXX（中小学数字教材质量要求与检测方法）中所描述的范围时，还宜参照 CY/T XXX—XXXX（中小学数字教材质量要求与检测方法）中 4.2 的要求，对超出部分的有效性进行检测。

4.5.3 完整性检测

应依据 CY/T XXX—XXXX（中小学数字教材质量要求与检测方法）中 4.3、5.2、5.4 所列要求进行数字教材内测版的完整性检测。

4.5.4 规范性检测

应依据 CY/T XXX—XXXX（中小学数字教材质量要求与检测方法）中 4.4、5.2、5.5 所列要求进行数字教材内测版的规范性检测。

4.5.5 准确性检测

应依据 CY/T XXX—XXXX（中小学数字教材质量要求与检测方法）中 4.5、5.2、5.6 及附录 A 所列要求进行数字教材内测版的准确性检测。

当数字教材实际设计的内容或媒体形式超出 CY/T XXX—XXXX（中小学数字教材质量要求与检测方法）中所描述的范围时，宜根据具体情况对超出部分的准确性进行检测。

4.5.6 生成检测报告

应依据 CY/T XXX—XXXX（中小学数字教材质量要求与检测方法）中 6 所列要求形成数字教材内测版检测报告。

4.5.7 修改

完成质量检测后，应根据数字教材的检测报告对数字教材进行修改，并在完成修改后对照检测报告逐一进行核对，确认报告中提出的所有问题或差错都已修正。

4.6 产品发布

4.6.1 概述

中小学数字教材的产品发布环节由可发布产品确认、产品发布、资料归档、产品更新等部分组成。

4.6.2 可发布产品确认

数字教材内测版质量检测合格后，应由责任者签字确认为可发布产品。

4.6.3 产品发布

已确认的可发布产品通过发布渠道出版发布。

4.6.4 资料归档

产品发布后，将相关的选题、编制制作、质量检测等出版环节中形成的重要过程文件、资料及加工素材归档保管。

4.6.5 产品更新

对已发布的数字教材产品，根据产品规划和用户反馈情况适时进行更新。

参考文献

[1] 全国新闻出版信息标准化技术委员会. 数字期刊核心业务流程规范：CY/T 151—2016[S]. 北京：中国书籍出版社，2016.

[2] 中国标准出版社 等. 作者编辑常用标准及规范（第三版）[M]. 北京：中国标准出版社，2008.

ICS 01.140.40
A 19

CY

中华人民共和国新闻出版行业标准

CY/T XXX—XXXX

中小学数字教材质量要求与检测方法

Quality requirements and examination method for primary and secondary school's digital textbook

XXXX – XX – XX 发布　　　　　　　　　　　　XXXX – XX – XX 实施

国家新闻出版广电总局 发布

目　次

前言 ·· 16
1　范围 ··· 17
2　规范性引用文件 ·· 17
3　术语和定义 ·· 17
4　质量要求 ··· 18
　　4.1　质量要素 ·· 18
　　4.2　有效性要求 ··· 18
　　4.3　完整性要求 ··· 18
　　4.4　规范性要求 ··· 18
　　4.5　准确性要求 ··· 18
5　质量检测方法 ··· 19
　　5.1　检测流程 ·· 19
　　5.2　检测环境搭建 ·· 20
　　5.3　有效性检测方法 ··· 20
　　5.4　完整性检测方法 ··· 20
　　5.5　规范性检测方法 ··· 20
　　5.6　准确性检测方法 ··· 20
　　5.7　检测结果记录 ·· 20
6　检测结论与检测报告 ·· 21
　　6.1　检测结论 ·· 21
　　6.2　检测报告 ·· 21
附录A（规范性附录）准确性检测中的差错统计方法和差错率计算方法 ············ 22
附录B（资料性附录）检测记录表 ·· 24
附录C（资料性附录）质量检测报告 ··· 25
参考文献 ··· 26

前　言

本标准按照 GB/T 1.1—2009 给出的规则起草。

本标准由全国新闻出版标准化技术委员会（SAC/TC527）提出。

本标准由全国新闻出版标准化技术委员会（SAC/TC527）归口。

本标准主要起草单位：人教数字出版有限公司、人民教育出版社有限公司、上海华师智慧信息技术有限公司、中国新闻出版研究院、华东师范大学、北京东田教育科技有限公司、理工数传（北京）科技有限公司、天闻数媒科技有限公司。

本标准主要起草人：沙沙、张雅君、吴慧云、陈磊、钱冬明、马兴专、乔莉莉、韩钦、钟岑岑、谢冰、马锐金。

中小学数字教材质量要求与检测方法

1 范围

本标准规定了中小学数字教材的出版质量要求和检测方法。

本标准适用于中小学数字教材在研发、出版等环节中的质量检测与管理。主要适用于国家课程数字教材，地方课程数字教材可参照执行。

2 规范性引用文件

下列文件对于本文件的应用是必不可少的。凡是注日期的引用文件，仅注日期的版本适用于本文件。凡是不注日期的引用文件，其最新版本（包括所有的修改单）适用于本文件。

CY/T 50—2008 出版术语

CY/T 96—2013 电子书内容术语

CY/T 111—2015 电子图书质量基本要求

CY/T 114—2015 电子图书质量检测方法

CY/T 125—2015 中小学数字教材加工规范

CY/T XXX—XXXX 中小学数字教材元数据

3 术语和定义

以下术语和定义适用于本文件。

3.1

电子图书 e-book

通过相关设备直接呈现文字、图像、音频、视频等内容，具有相当篇幅的专题数字出版产品。

[CY/T 96—2013，定义 4.2.5]

3.2

数字教材 digital textbook

以中小学教科书为内容基础，并包含相关辅助资源、工具的，用于教学活动的电子图书。

注：改写 CY/T 125—2015，定义 3.4。

3.3

数字教材主体部分 main part of digital textbook

数字教材中由封面、扉页、版权记录、目次和正文等静态内容要素构成部分。

3.4

数字教材扩展部分 extended part of digital textbook

与数字教材的主体部分配套使用的、可独立运行的学习资源的集合。

注：扩展部分包括文本、图片、音频、视频、课件等组件。

3.5

课件　courseware

根据课程标准的要求，经过教学目标确定，教学内容和任务分析，教学活动结构及界面设计等环节，加以制作的课程软件。

[CY/T 125—2015，3.5]

3.6

点检　examine item by item

对规定的内容进行逐一检测的方法。

3.7

差错　error

通过计算、观察、测量得到的值或状况，与规定的或理论上正确的值或状况之间的差异。

注：改写 CY/T 114—2015，定义 2.5。

3.8

字符　character

用以组织、控制和表达信息的字母、数字、汉字和其他符号的统称。

4　质量要求

4.1　质量要素

中小学数字教材质量由有效性、完整性、规范性和准确性四个要素构成。

4.2　有效性要求

数字教材应能在规定的环境中使用，不允许出现数据损害、异常报错、无法打开等情况。

4.3　完整性要求

4.3.1　必备内容

数字教材应有封面、扉页、版权记录、目次、正文、使用环境说明和操作说明等。

4.3.2　条件必备内容

当数字教材对应的教科书中有前言、序、编者按、附录、索引或后记等时，数字教材中应有相应内容的组成部分。

4.4　规范性要求

数字教材规范性应符合以下要求：

a) 封面、扉页、版权记录、目次和正文应分别符合 CY/T 125—2015 中 4.2 的相关规定；

b) 前言、序、编者按、附录、索引和后记应符合 CY/T 125—2015 中 4.2 的相关规定；

c) 数字教材主体部分应具备 CY/T 125—2015 中 6.1 所规定的必备功能；

d) 扩展部分的文本组件应符合 CY/T 125—2015 中 4.3、5.1、6.2 的相关规定；

e) 扩展部分的图片组件应符合 CY/T 125—2015 中 4.3、5.2、6.2 的相关规定；

f) 扩展部分的音频组件应符合 CY/T 125—2015 中 4.3、5.3、6.2 的相关规定，以及 CY/T 48.2—2008 中 4.2.3、4.2.6 的相关规定；

g) 扩展部分的视频组件应符合 CY/T 125—2015 中 4.3、5.4、6.2 的相关规定；

h) 扩展部分的课件应符合 CY/T 125—2015 中 4.3、5.5、6.1、6.2 的相关规定；

i) 数字教材的元数据标引及扩展部分组件的元数据应符合 CY/T XXX—XXXX（中小学数字教材元数据）的规定。

4.5　准确性要求

数字教材准确性应符合以下要求：

a) 文字差错率小于等于万分之零点二五；

b) 图片差错率小于等于万分之五；
c) 音频差错率小于等于万分之五；
d) 视频差错率小于等于万分之五；
e) 样式差错率小于等于万分之零点五；
f) 链接和引用关系无差错；
g) 课件中的交互内容无差错。

5 质量检测方法

5.1 检测流程

应在搭建检测环境后依据 5.3、5.4、5.5、5.6 所列方法及数字教材的操作说明，按有效性、完整性、规范性和准确性的次序对数字教材进行检测。在检测过程中，若某一质量要素的检测结果不符合相应的质量要求，则无须进行下一个质量要素的检测，直接结束检测。检测流程见图1。

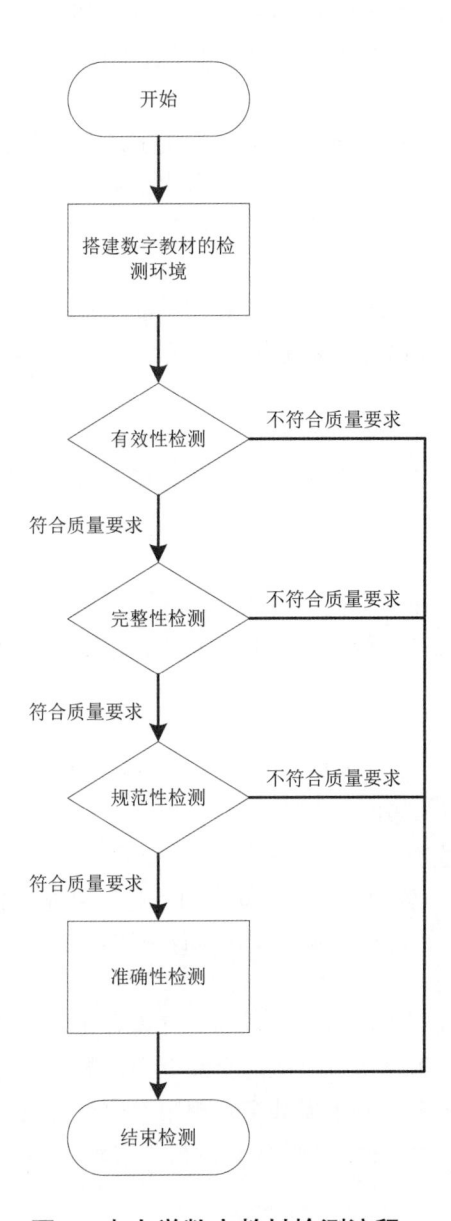

图 1　中小学数字教材检测流程

5.2 检测环境搭建

检测过程中，应根据被检测单位提供的数字教材使用环境说明搭建数字教材的检测环境。

5.3 有效性检测方法

逐一检测数字教材主体部分、扩展部分、使用说明是否符合 4.2 的要求，并对检测结果进行记录。

5.4 完整性检测方法

通过点检方式核对数字教材的内容是否符合 4.3 的要求，并对检测结果进行记录。

5.5 规范性检测方法

通过点检的方式核对数字教材的主体部分、扩展部分及元数据是否符合 4.4 的要求，并对检测结果进行记录。

5.6 准确性检测方法

5.6.1 概述

应对数字教材中的全部文字、图片、音频、视频内容，以及链接和引用关系、样式、课件中的交互内容等 7 个方面分别进行检测。7 个方面均符合 4.5 中所列要求视为数字教材符合准确性要求，否则应视为不符合准确性要求。准确性的差错统计方法和差错率计算方法见附录 A。

5.6.2 文字准确性检测

逐字检查数字教材主体部分、扩展部分中的所有文字是否存在差错，对发现的差错进行记录，统计被检测的字符总数，并计算差错率。图片中可分离的文字和视频中可分离的字幕也应属于文字准确性检测范围。差错统计方式、差错率计算方法见附录 A.1。

5.6.3 图片准确性检测

逐图检查数字教材主体部分、扩展部分、使用说明中的图片是否存在差错，对发现的差错进行记录，统计被检测的图片总数，并计算差错率。差错统计方式、差错率计算方法见附录 A.2。

5.6.4 音频准确性检测

打开数字教材中的音频组件和含有音频的课件，逐个音频检查是否存在差错，对发现的差错进行记录，统计被检测的音频总时长（以秒为单位），并计算差错率。差错统计方式、差错率计算方法见附录 A.3。

5.6.5 视频准确性检测

打开数字教材中的视频组件和含有视频的课件，逐个视频检查是否存在差错，对发现的差错进行记录，统计被检测的视频总时长（以秒为单位），并计算差错率。差错统计方式、差错率计算方法见附录 A.4。

5.6.6 样式准确性检测

逐一检查数字教材主体部分、扩展部分、使用说明的样式是否存在差错，对发现的差错进行记录，统计被检测的字符总数，并计算差错率。差错统计方式、差错率计算方法见附录 A.5。

5.6.7 链接和引用关系准确性检测

对所有目次、扩展组件标签、索引、参考文献引用点和使用说明的链接点或引用点进行逐一检查，查看是否存在差错，对发现的差错进行记录。差错统计方式见附录 A.6。

5.6.8 交互内容准确性检测

课件中具有用户操作或输入行为可穷尽特点的交互内容（如可自动判断正误的交互习题等），应采用人工方式或软件检测方式，穷尽所有可能的交互行为检测交互内容是否存在差错；课件中用户操作或输入行为不可穷尽的交互内容，应依据其交互规则，通过典型操作或典型输入行为检测交互内容是否存在差错；对发现的差错进行记录。差错统计方式见附录 A.7。

5.7 检测结果记录

检测过程中，如出现数字教材的有效性、完整性、规范性不符合 4.2、4.3、4.4 要求的情形或准确性检测中出现差错时,应详细记录所有不符要求的情形或差错的具体表现,及其触发方式和出现位置(可用页码、文件位置、文件名称、元数据字段名称、音视频时间段等方式描述）。检测人员应填写检测记录表（参见附录 B）。

6 检测结论与检测报告

6.1 检测结论

检测结论分为通过检测和不通过检测。

数字教材的有效性、完整性、规范性、准确性符合质量要求时为合格，否则为不合格。

数字教材的有效性、完整性、规范性、准确性均合格时，检测结论应为通过检测。其中任何一项不合格时，检测结论应为不通过检测。

6.2 检测报告

检测报告的内容包括（参见附录 C）：

a) 检测报告编号；

b) 送检单位名称；

c) 检测单位名称；

d) 检测数字教材题名；

e) 提交检测时间；

f) 提交材料清单；

g) 检测时间；

h) 检测人及签名；

i) 分项检测结果；

j) 检测结论；

k) 检测复核人及签字；

l) 检测报告附件（检测结果记录）。

附录 A
（规范性附录）
准确性检测中的差错统计方法和差错率计算方法

A.1 文字内容的差错统计方法和差错率计算方法

A.1.1 文字内容的差错统计方法

文字内容差错统计方法应符合 CY/T 114—2015 中 6.4.1.2 的相关规定。

A.1.2 文字内容的差错率计算方法

$$差错率 = \frac{差错数}{检测的全部字符数}$$

A.2 图片的差错统计方法和差错率计算方法

A.2.1 图片的差错统计方法

图片中出现以下任何一种情况应计 1 个差错：

a) 图片长宽比例明显错误；
b) 除历史资料性图片外，图片存在明显污点；
c) 除历史资料性图片外，图片存在颜色失真、过浓或过淡；
d) 水平倾斜大于 0.5 度；
e）图片中不可分离的文字错误；
g) 其他明显影响使用的错误。

A.2.2 图片的差错率计算方法

$$差错率 = \frac{差错数}{检测的全部图片数}$$

A.3 音频的差错统计方法和差错率计算方法

A.3.1 音频的差错统计方法

音频中如发现下列任何一种情况出现计为 1 个差错。除误读错字外，其他情况在 1 秒内持续或重复出现只计一个差错，若持续出现的时间超过 1 秒，则应根据出现的时长计算差错（持续几秒计几个）。

a) 除历史资料性音频外，声音不清晰或明显播放不连续；
b) 除历史资料性音频外，声音失真或有明显噪音、明显断音；
c) 声道错位；
d) 除内容需要外，两个声道的声音出现明显不均衡；
e) 语音中出现误读错字；
f) 其他明显影响使用的错误。

A.3.2 音频的差错率计算方法

$$差错率 = \frac{差错数}{检测的音频总时长}$$

A.4 视频的差错统计方法和差错率计算方法

A.4.1 视频的差错统计方法

视频中如发现下列任何一种情况出现计为 1 个差错。以下情况除字幕错误外，其余在 1 秒内持续或重复出现只计 1 个差错，若持续出现的时间超过 1 秒，则应根据出现的时长计算差错（持续几秒计几个）。视频中不可分离的字幕中有错别字，每个字应计 1 个差错。
    a) 除历史资料性视频外，视频图像不清晰或明显播放不连续；
    b) 除历史资料性视频外，视频图像中出现明显的马赛克；
    c) 除历史资料性视频外，视频图像或伴音失真；
    d) 除历史资料性视频外，视频图像与伴音不同步；
    e) 视频图像与字幕不同步；
    f) 视频中不可分离的字幕有错别字；
    g) 其他明显影响使用的错误。

A.4.2 视频的差错率计算方法

$$差错率 = \frac{差错数}{检测的视频总时长}$$

A.5 样式的差错统计方法和差错率计算方法

A.5.1 样式的差错统计方法

版式数字教材中双层版式文件中文字层与图像层偏差超过当前文字 1/3 个字符大小的按 0.2 个差错计数，单行文字最多按 1 个差错计数。每出现一处下列错误应按 1 个差错计数：
    a) 文字对位错误：单个或单行文字与其他文字不平行；
    b) 排版格式错误：段落、文字位置等不符合要求；
    c) 字体信息错误：字体、字号、加粗、倾斜、颜色、底色、上下脚标等不符合要求；
    d) 行外信息错误：注音、着重符等不符合要求。

流式数字教材中每出现一处下列差错按 1 个差错计数，差错包括：
    e) 排版格式错误：段落、文字位置等出现错位；
    f) 字体信息错误：字体、字号、加粗、倾斜、颜色、底色、上下脚标等不符合要求；
    g) 行外信息错误：注音、着重符等不符合要求。

A.5.2 样式的差错率计算方法

$$差错率 = \frac{差错数}{检测的全部字符数}$$

A.6 链接和引用关系的差错统计方法

出现 1 个链接点或引用的关联缺失或指向错误应计为 1 个差错，包括：
    a) 目录与正文章节的链接关系；
    b) 扩展部分组件的标签与相关组件之间的链接关系；
    c) 索引引用点与索引内容页码的引用关系；
    d) 参考文献引用点与参考文献的引用关系；
    e) 数字教材使用说明链接点与使用说明的链接关系。

A.7 交互内容的差错统计方法

具有交互功能的课件中出现所呈现的内容与用户的输入或操作行为不符合逻辑或不符合预设结果时，应计为 1 个差错。

附录 B
（资料性附录）
检测记录表

表 B.1 检测记录表（样表）

数字教材题名		版本标识		记录表编号	
送检单位		检测时间		检测人	
编号	检测项	差错出现位置	差错触发方式	差错描述	备注
1					
2					
3					
4					
5					
6					
7					
8					
9					
10					

注1："检测项"一栏中填写当前进行检测项目，包括有效性检测、完整性检测、规范性检测、准确性检测等4类。

附录 C
（资料性附录）
质量检测报告

表 C.1　质量检测报告（样表）

编号			检测时间		
送检单位名称			送检日期		
检测单位名称			送检单位提交的材料清单		
数字教材题名					
版本标识					
检测结果	检测项	质量要求		检测结果	检测人
	有效性	全部有效		□合格 □不合格	
	完整性	结构完整		□合格 □不合格	
	规范性	符合规范		□合格 □不合格	
	文字准确性	差错率 0.025‰		□合格 □不合格	
	图片准确性	差错率 0.5‰		□合格 □不合格	
	音频准确性	差错率 0.5‰		□合格 □不合格	
	视频准确性	差错率 0.5‰		□合格 □不合格	
	样式准确性	差错率 0.05‰		□合格 □不合格	
	链接和引用关系准确性	无差错		□合格 □不合格	
	交互内容准确性	无差错		□合格 □不合格	
检测结论			复核人		
备注					

参考文献

[1] 全国新闻出版信息标准化技术委员会. 数字期刊内容质量管理规范：CY/T 153—2016[S]. 北京：中国书籍出版社，2016.

[2] 国家新闻出版广电总局. 声像节目数字出版制作技术要求及检测方法：CY/T 100—2014[S]. 北京：中国书籍出版社，2014.

[3] 中华人民共和国新闻出版总署. 音像制品质量技术要求 第2部分：数字音频光盘(CD-DA)：CY/T 48.2—2008[S]. 北京：中国书籍出版社，2008.

[4] 中华人民共和国新闻出版总署. 音像制品质量技术要求 第4部分：数字视频光盘(VCD)：CY/T 48.4—2008[S]. 北京：中国书籍出版社，2008.

[5] 中华人民共和国新闻出版总署. 音像制品质量技术要求 第5部分：多用途数字视频光盘(DVD-Video)：CY/T 48.5—2008[S]. 北京：中国书籍出版社，2008.

ICS 01.140.40
A 19

中华人民共和国新闻出版行业标准

CY/T XXX—XXXX

中小学数字教材元数据

Metadata of primary and secondary school's digital textbook

XXXX－XX－XX 发布　　　　　　　　　　　　XXXX－XX－XX 实施

国家新闻出版广电总局 发布

目　次

前言 ·· 29
1 范围 ·· 30
2 规范性引用文件 ··· 30
3 术语和定义 ··· 30
4 数字教材元数据元素的描述结构、属性及扩展机制 ·· 31
5 数字教材整体元数据 ··· 31
6 数字教材扩展组件元数据 ··· 37
参考文献 ·· 41
索引 ·· 42

前　　言

本标准按照 GB/T1.1—2009 给出的规则起草。

本标准由全国新闻出版标准化技术委员会（SAC/TC527）提出。

本标准由全国新闻出版标准化技术委员会（SAC/TC527）归口。

本标准主要起草单位：人民教育出版社有限公司、中国新闻出版研究院、人教数字出版有限公司、华东师范大学、北京东田教育科技有限公司、理工数传（北京）科技有限公司、天闻数媒科技有限公司。

本标准主要起草人：钟岑岑、王志刚、陈磊、钱冬明、马兴专、乔莉莉、韩钦、沙沙、张雅君、马锐金。

中小学数字教材元数据

1 范围

本标准规定了中小学数字教材元数据的元素及其属性。

本标准适用于中小学数字教材的开发、应用和管理。

2 规范性引用文件

下列文件对于本文件的应用是必不可少的。凡是注日期的引用文件，仅所注日期的版本适用于本文件。凡是不注日期的引用文件，其最新版本（包括所有的修改单）适用于本文件。

GB/T 4880.3—2009 语种名称代码 第3部分：所有语种的3字母代码

GB/T 5795 中国标准书号

GB/T 7408—2005 数据元和交换格式 信息交换 日期和时间表示法

CY/T 90.4—2013 出版元数据 第4部分：扩展及应用

CY/T 110—2015 电子图书标识

CY/T 112—2015 电子图书版权记录

CY/T 125—2015 中小学数字教材加工规范

IETF RFC 2048:1996 多用途互联网邮件扩充协议（MIME） 第4部分：注册规程

3 术语和定义

下列术语和定义适用于本文件。

3.1

教科书 textbook

根据课程标准编定的系统地反映学科内容的教学用书。

[CY/T 125—2015，定义3.3]

3.2

数字教材 digital textbook

以中小学教科书为内容基础，并包含相关辅助资源、工具的，用于教学活动的电子图书。

注：改写 CY/T 125—2015，定义3.4。

3.3

数字教材主体部分 main part of digital textbook

数字教材中由封面、扉页、版权记录、目录、正文、封底等静态内容要素构成部分。

3.4

数字教材扩展部分 extended part of digital textbook

与数字教材的主体部分配套的，可独立运行的学习资源的集合。

注：扩展部分包括文本、图片、音频、视频、课件等组件。

4 数字教材元数据元素的描述结构、属性及扩展机制

4.1 数字教材元数据元素的描述结构

元数据元素用中文名称、定义、英文名称、元素标识、注释、数据类型、值域、约束条件等属性进行描述。

4.2 数字教材元数据元素的属性

4.2.1 中文名称

元数据元素的中文名称。

4.2.2 定义

对概念内涵或语词意义所做的界定。

4.2.3 英文名称

元数据元素的英文名称，一般用小写英文全称，英文单词之间用空格分隔。

4.2.4 元素标识

用于表示元数据元素的唯一标签。

元素标识由多个英文单词连写时中间没有空格，其中每一个单词开头为大写字母。

4.2.5 注释

用于解释元数据元素的说明。

4.2.6 数据类型

用来约束数据的解释。

例如：复合型、数值型、布尔型、字符串型、日期型等。

4.2.7 值域

元数据元素取值的有效范围。

4.2.8 约束/条件

对元数据元素选取要求的描述。该描述符分别为：

a) M：必选，表明该元数据元素必须选择。

b) O：可选，根据实际应用可以选择也可以不选。

c) C：条件必选，当满足"需要对数字教材扩展组件设置元数据"的条件时，该元数据元素必须选择。

4.3 数字教材元数据元素的扩展机制

在应用该标准时，数字教材元数据元素的扩展应遵循 CY/T 90.4—2013 的相关规定。

5 数字教材整体元数据

5.1 概述

数字教材整体元数据规定了描述数字教材整体特征所必需的元数据，包括18个必选的元数据元素和13个可选的元数据元素。

5.2 题名

定　　义：赋予数字教材内容的正式名称。

英文名称：title

元素标识：Title

注　　释：数字教材的题名可以由若干部分组成，如主要题名与其他说明题名的文字。

数据类型：复合型

值　　域：文本

约束/条件：M

5.3 责任者
定　　义：创作数字教材内容并负有责任的实体。
英文名称：contributor
元素标识：Contributor
注　　释：数字教材的责任者包括自然人和组织。
数据类型：字符串
值　　域：文本
约束 / 条件：M

5.4 责任方式
定　　义：责任者与数字教材内容之间的责任关系。
英文名称：responsibility
元素标识：Responsibility
注　　释：责任者创建数字教材内容的方式，包括著、主编、改编、绘、译等方式。
数据类型：字符串
值　　域：文本
约束 / 条件：M

5.5 出版者
定　　义：从事出版活动的专业机构。
英文名称：publisher
元素标识：Publisher
注　　释：数字教材的出版者。
数据类型：字符串
值　　域：文本
约束 / 条件：M

5.6 出版地
定　　义：出版者所在地。
英文名称：publication place
元素标识：PublicationPlace
注　　释：出版者所在行政区。
数据类型：字符串
值　　域：文本
约束 / 条件：M

5.7 摘要
定　　义：对数字教材的简要说明。
英文名称：description
元素标识：Description
注　　释：用文本形式简要注明数字教材的基本情况，根据实际应用需求，可包括内容、特点、功能等方面。
数据类型：字符串
值　　域：文本
约束 / 条件：M

5.8 语种
定　　义：描述数字教材内容的文字种类。

英文名称：language

元素标识：Language

注　　释：按 GB/T 4880.3—2009 执行。

数据类型：字符串

值　　域：字符串

约束／条件：M

5.9　标识符

定　　义：为数字教材分配的唯一标识。

英文名称：identifier

元素标识：Identifier

注　　释：数字教材标识符依照 CY/T 110—2015 确定。

数据类型：字符串

值　　域：字符串

约束／条件：M

5.10　版本

定　　义：同一出版者出版、同一载体、同一格式、内容相同的出版物。

英文名称：version

元素标识：Version

注　　释：用字符串形式注明该数字教材的版本状态，编辑性修改在"."后加以标注。例如：V2.2。

数据类型：字符串

值　　域：字符串

约束／条件：M

5.11　出版时间

定　　义：数字教材首次出版的时间。

英文名称：date

元素标识：Date

注　　释：同一版本数字教材多次出版时，以第一次出版的时间作为出版时间。

数据类型：日期型

值　　域：按 GB/T 7408—2005 执行。

约束／条件：M

5.12　类型

定　　义：内容表现形式的特征。

英文名称：content form

元素标识：ContentForm

注　　释：数字教材内容呈现方面的技术特征，例如：静态图文数字教材、视听数字教材、多媒体数字教材等。

数据类型：字符串

值　　域：文本

约束／条件：M

5.13　来源

定　　义：对数字教材来源的描述。

英文名称：source

元素标识：Source
注　　释：数字教材所对应的中小学教科书或课程标准的名称。
数据类型：字符串
值　　域：文本
约束 / 条件：M

5.14　来源标识符

定　　义：来源的 ISBN 号。
英文名称：source identifier
元素标识：SourceIdentifier
注　　释：数字教材所对应的中小学教科书或课程标准的 ISBN 号，应符合 GB/T 5795 的规定。
数据类型：字符串
值　　域：字符串
约束 / 条件：M

5.15　格式

定　　义：对数字教材进行描述和封装的技术方法。
英文名称：format
元素标识：Format
注　　释：用于确定数字教材所需要的运行软件，格式类型可按 MIME 类型（RFC 2048）执行。
数据类型：字符串
值　　域：字符串
约束 / 条件：M

5.16　权限

定　　义：数字教材使用时的版权信息。
英文名称：right
元素标识：Right
注　　释：用文本形式注明数字教材的权限，根据实际应用需求，可包括数字教材的版权记录、使用许可方式、责任追究等信息，其中，版权记录项应符合 CY/T 112—2015 的规定。
数据类型：字符串
值　　域：文本
约束 / 条件：M

5.17　关键词

定　　义：描述数字教材特征的主要词语。
英文名称：keyword
元素标识：Keyword
注　　释：最能体现该数字教材特征的一个或多个词语，应包含数字教材的主题词，例如：力学、多媒体。
数据类型：字符串
值　　域：文本
约束 / 条件：M

5.18　制作者

定　　义：从事内容制作的专业机构。
英文名称：production unit
元素标识：ProductionUnit

注　　释：数字教材的制作者。
数据类型：字符串
值　　域：文本
约束/条件：M

5.19　元-元数据

定　　义：描述数字教材元数据实例自身的信息。
英文名称：meta-metadata
元素标识：MetaMetadata
注　　释：用文本形式注明该元数据实例的标识符、贡献者、语种、创建时所采用的元数据方案等信息。
数据类型：字符串
值　　域：文本
约束/条件：M

5.20　学科分类

定　　义：按相对独立的知识体系划分类别。
英文名称：discipline category
元素标识：DisciplineCategory
注　　释：根据基础教育课程设置，该数字教材所对应的教学科目，包括语文、数学、外语、科学、物理、化学、生物等。
数据类型：字符串
值　　域：文本
约束/条件：O

5.21　定价

定　　义：出版者赋予数字教材的价格。
英文名称：price
元素标识：Price
注　　释：以人民币"元"为单位，并精确到小数点后两位数字。
数据类型：数值型
值　　域：实数
约束/条件：O

5.22　制作时间

定　　义：完成数字教材的日期。
英文名称：production time
元素标识：ProductionTime
注　　释：数字教材内容编辑制作完成的时间。
数据类型：日期型
值　　域：按 GB/T 7408—2005 执行。
约束/条件：O

5.23　链接地址

定　　义：可以获取数字教材的有效网络地址。
英文名称：link address
元素标识：LinkAddress
注　　释：使用 URL 地址或类似地址模式，进行在线访问的地址。

数据类型：字符串

值　　域：字符串

约束/条件：O

5.24　来源版次

定　　义：中小学教科书或课程标准的版次。

英文名称：source edition number

元素标识：SourceEditionNumber

注　　释：用文本形式注明数字教材所对应的中小学教科书或课程标准的版次。

数据类型：字符串

值　　域：文本

约束/条件：O

5.25　来源印次

定　　义：同一版本的中小学教科书或课程标准印刷的次数。

英文名称：source impression

元素标识：SourceImpression

注　　释：用文本形式注明数字教材所对应的中小学教科书或课程标准的印刷次数。

数据类型：字符串

值　　域：文本

约束/条件：O

5.26　审定情况

定　　义：数字教材经国家教育行政部门审定或授权审定的情况。

英文名称：source authorization

元素标识：SourceAuthorization

注　　释：用文本形式注明该数字教材的审定机构和通过时间。

数据类型：字符串

值　　域：文本

约束/条件：O

5.27　适用年级

定　　义：数字教材所适用的年级。

英文名称：grade

元素标识：Grade

注　　释：用文本形式注明该数字教材所适用的学段和年级水平，例如：义教七年级、高中一年级。

数据类型：字符串

值　　域：文本

约束/条件：O

5.28　册次

定　　义：在将某学科课程标准编排成若干册教科书的过程中，该课程标准在年级中的排列次序，或分类别、分层次的内容模块设置。

英文名称：volume

元素标识：Volume

注　　释：用文本形式注明该数字教材的册次，例如：七年级上、高中必修1。

数据类型：字符串

值　　域：文本

约束 / 条件：O

5.29 编辑加工者

定　　义：对数字教材内容编辑加工负有专项责任的责任者。
英文名称：editor
元素标识：Editor
注　　释：数字教材的编辑加工者包括责任编辑、美术编辑、技术编辑等主要责任者。
数据类型：字符串
值　　域：文本
约束 / 条件：O

5.30 大小

定　　义：数字教材实际具有的字节数。
英文名称：size
元素标识：Size
注　　释：以 KB 为单位记录数字教材的实际大小。
数据类型：数值型
值　　域：实数
约束 / 条件：O

5.31 技术要求

定　　义：使用数字教材所需要的软件、硬件等要求。
英文名称：technical requirement
元素标识：TechnicalRequirement
注　　释：用文本形式注明使用该数字教材所需要的操作系统、终端硬件、网络环境、应用软件等技术条件的类型和具体要求，例如：操作系统：Windows 8、Android 4.0 及以上；终端硬件：平板；网络带宽：最低 10 Mbps；浏览器：any。
数据类型：字符串
值　　域：文本
约束 / 条件：O

5.32 时空范围

定　　义：数字教材所涉及的空间或时间主题，所适用的空间或者所辖的范围。
英文名称：coverage
元素标识：Coverage
注　　释：数字教材所涉及的空间主题或所适用的空间范围可以是一个地名或地理坐标，时间范围可以是一个时间间隔、日期或日期范围。所辖范围可以是数字教材所适用的行政实体或地理区域。
数据类型：字符串
值　　域：文本
约束 / 条件：O

6 数字教材扩展组件元数据

6.1 概述

数字教材扩展组件元数据规定了描述数字教材扩展组件特征所必需的元数据，包括 9 个条件必选的元数据元素和 4 个可选的元数据元素。

6.2 标题

定　　义：赋予数字教材扩展组件内容的名称。

英文名称：title

元素标识：ComponentTitle

注　　释：数字教材扩展组件的标题可以由若干部分组成，如主要标题与其他说明标题的文字。

数据类型：复合型

值　　域：文本

约束/条件：C

6.3　类型

定　　义：数字教材扩展组件的媒体特征。

英文名称：type

元素标识：ComponentType

注　　释：根据数字教材扩展组件定义，扩展组件类型包括文本、图片、音频、视频、课件等。

数据类型：字符串

值　　域：文本

约束/条件：C

6.4　标识符

定　　义：为数字教材扩展组件分配的唯一标识。

英文名称：identifier

元素标识：ComponentIdentifier

注　　释：在给定的应用环境中对数字教材扩展组件进行标识的字符串，可采用数字对象唯一标识符等标识体系或自定义编码规则。

数据类型：字符串

值　　域：字符串

约束/条件：C

6.5　责任者

定　　义：创作数字教材扩展组件内容并负有责任的实体。

英文名称：contributor

元素标识：ComponentContributor

注　　释：数字教材扩展组件的责任者包括自然人和组织。

数据类型：字符串

值　　域：文本

约束/条件：C

6.6　责任方式

定　　义：责任者与数字教材扩展组件内容之间的责任关系。

英文名称：responsibility

元素标识：ComponentResponsibility

注　　释：责任者创建数字教材扩展组件内容的方式，包括著、主编、改编、绘、译等方式。

数据类型：字符串

值　　域：文本

约束/条件：C

6.7　摘要

定　　义：对数字教材扩展组件的简要说明。

英文名称：description

元素标识：ComponentDescription

注　　释：用文本形式简要注明数字教材扩展组件的基本情况，根据实际应用需求，可包括内容、特点、功能等方面。

数据类型：字符串

值　　域：文本

约束/条件：C

6.8　关键词

定　　义：描述数字教材扩展组件特征的主要词语。

英文名称：keyword

元素标识：ComponentKeyword

注　　释：最能体现该扩展组件特征的一个或多个词语，应包含扩展组件的主题词，例如：牛顿第一定律、练习题。

数据类型：字符串

值　　域：文本

约束/条件：C

6.9　格式

定　　义：对数字教材扩展组件进行描述和封装的技术方法。

英文名称：format

元素标识：ComponentFormat

注　　释：用于确定数字教材扩展组件所需要的运行软件，格式类型可按 MIME 类型（RFC 2048）执行。

数据类型：字符串

值　　域：字符串

约束/条件：C

6.10　关系

定　　义：数字教材扩展组件与相关学习资源的关联关系。

英文名称：relation

元素标识：ComponentRelation

注　　释：用文本形式注明该扩展组件与相关学习资源的关联关系，例如：ISBN 978-7-107-26217-3 pdf：第三章第二节。

数据类型：字符串

值　　域：文本

约束/条件：C

6.11　技术要求

定　　义：数字教材扩展组件执行或实现需要的软件、硬件等要求。

英文名称：technical requirement

元素标识：ComponentTechnicalRequirement

注　　释：用文本形式注明该扩展组件执行或实现所需要的操作系统、终端硬件、网络环境、应用软件等条件的类型和具体要求，例如：操作系统：Windows 8、Android 4.0 及以上；终端硬件：平板；网络带宽：最低 10 Mbps；浏览器：any。

数据类型：字符串

值　　域：文本

约束/条件：O

6.12 大小

定　　义：数字教材扩展组件实际具有的字节数。
英文名称：size
元素标识：ComponentSize
注　　释：以 KB 为单位记录数字教材扩展组件的实际大小。
数据类型：数值型
值　　域：实数
约束 / 条件：O

6.13 制作者

定　　义：从事内容制作的实体。
英文名称：production unit
元素标识：ComponentProductionUnit
注　　释：数字教材扩展组件的制作者包括自然人和组织。
数据类型：字符串
值　　域：文本
约束 / 条件：O

6.14 制作时间

定　　义：完成数字教材扩展组件的日期。
英文名称：production time
元素标识：ComponentProductionTime
注　　释：数字教材扩展组件内容编辑制作完成的时间。
数据类型：日期型
值　　域：按 GB/T 7408—2005 执行。
约束 / 条件：O

参考文献

[1] 全国信息与文献标准化技术委员会.信息与文献 都柏林核心元数据元素集：GB/T 25100—2010[S].北京：中国标准出版社，2010.

[2] 中华人民共和国教育部.信息技术 学习、教育和培训 学习对象元数据：GB/T 21365—2008[S].北京：中国标准出版社，2008.

[3] 全国信息与文献标准化技术委员会出版物格式分技术委员会.出版术语：CY/T 50—2008[S].北京：中国书籍出版社，2008.

[4] 中国新闻出版研究院.出版元数据 第2部分：核心数据元素集：CY/T 90.2—2013[S].北京：中国书籍出版社，2013.

[5] 中国新闻出版研究院.出版元数据 第3部分：通用数据元素集：CY/T 90.3—2013[S].北京：中国书籍出版社，2013.

[6] 全国新闻出版标准化技术委员会.电子图书元数据：CY/T 97—2013[S].北京：中国书籍出版社，2014.

索 引
汉语拼音索引

版本	5.10
编辑加工者	5.29
标识符（扩展组件）	6.4
标识符（整体）	5.9
标题	6.2
册次	5.28
出版地	5.6
出版时间	5.11
出版者	5.5
大小（扩展组件）	6.12
大小（整体）	5.30
定价	5.21
格式（扩展组件）	6.9
格式（整体）	5.15
关键词（扩展组件）	6.8
关键词（整体）	5.17
关系	6.10
技术要求（扩展组件）	6.11
技术要求（整体）	5.31
来源	5.13
来源版次	5.24
来源标识符	5.14
来源印次	5.25
类型（扩展组件）	6.3
类型（整体）	5.12
链接地址	5.23
权限	5.16
审定情况	5.26
时空范围	5.32
适用年级	5.27
题名	5.2
学科分类	5.20
语种	5.8
元-元数据	5.19
责任方式（扩展组件）	6.6
责任方式（整体）	5.4
责任者（扩展组件）	6.5

责任者（整体） ·· 5.3
摘要（扩展组件） ·· 6.7
摘要（整体） ··· 5.7
制作时间（扩展组件） ·· 6.14
制作时间（整体） ·· 5.22
制作者（扩展组件） ··· 6.13
制作者（整体） ··· 5.18

ICS 01.140.40
A 19

中华人民共和国新闻出版行业标准

CY/T XXX—XXXX

中小学数字工具书功能要求

Functional requirements of digital reference books for primary and secondary school

XXXX – XX – XX 发布　　　　　　　　　　XXXX – XX – XX 实施

国家新闻出版广电总局　发布

目　次

前言 ··· 46
1 范围 ··· 47
2 规范性引用文件 ··· 47
3 术语和定义 ··· 47
4 主要功能要求 ·· 48
　4.1 一般要求 ·· 48
　4.2 功能的约束性 ·· 48
　4.3 检索功能 ·· 48
　4.4 学习功能 ·· 48
　4.5 呈现功能 ·· 50
　4.6 输入功能 ·· 51
　4.7 系统和辅助功能 ··· 51
附录 A（资料性附录）中小学数字工具书的分类 ··· 52
附录 B（资料性附录）各类中小学数字工具书必备功能 ·· 53
参考文献 ·· 58

前　言

本标准按照 GB/T 1.1—2009 给出的规则起草。

本标准由全国新闻出版标准化技术委员会（SAC/TC527）提出。

本标准由全国新闻出版标准化技术委员会（SAC/TC527）归口。

本标准主要起草单位：人民教育出版社有限公司、人教数字出版有限公司、中国新闻出版研究院、华东师范大学、上海辞书出版社、中国大百科全书出版社有限公司。

本标准主要起草人：沙沙、陈磊、钱冬明、刘玲、孙宏达、张国强、张雅君、郑迅、方舟、田野、钟岑岑、吴慧云。

中小学数字工具书功能要求

1 范围

本标准规定了中小学数字工具书软件的检索、学习、呈现、输入以及系统和辅助等功能。

本标准适用于中小学数字工具书软件的设计与开发。

2 规范性引用文件

下列文件对于本文件的应用是必不可少的。凡是注日期的引用文件,仅注日期的版本适用于本文件。凡是未注日期的引用文件,其最新版本(包括所有的修改单)适用于本文件。

GB/T 15238—2000 术语工作 辞书编纂基本术语

GB/T 19103—2008 辞书编纂的一般原则与方法

CY/T 50—2008 出版术语

CY/T 96—2013 电子书内容术语

3 术语和定义

下列术语和定义适用于本文件

3.1

工具书 reference books

系统组织某方面资料,用于解难释义,指引线索的出版物。

[CY/T 50—2008,5.60]

3.2

数字出版产品 digital publishing products

以知识信息为内容,以数字技术为手段,以数字产品形态或内容服务形式面向公众传播的文化产品。

[CY/T 96—2013,4.2.2]

3.3

数字工具书 digital reference books

以数据集合形式系统组织某方面资料,以字条、词条、条目等为单元,用于解难释义、指引线索的数字出版产品。

3.4

中小学数字工具书 digital reference books for primary and secondary school

以中小学生为主要服务对象的数字工具书,包括字典类数字工具书、词典类数字工具书、百科全书类数字工具书等。

注:中小学数字工具书的分类参见附录 A。

3.5

字典 dictionary of Chinese characters

以字条为单元,对字头的形、音、义以及用法或其他属性做出说明的工具书。

注:修改 GB/T 15238—2000,定义 2.2。

3.6
词典 dictionary

以词条为单元，对词目作出说明或提供信息的工具书。

注：修改 GB/T 15238—2000，定义 2.3。

3.7
百科全书 encyclopedia

以条目为单元，汇集阐述人类各种门类或某一门类知识的较完备的工具书。

注：修改 GB/T 15238—2000，定义 2.4。

3.8
语文词典 dictionary of common words

收列普通词语，给出词语释义的词典。有的也兼收部分已进入常用词汇的专门词语。

注：修改 GB/T 15238—2000，定义 2.5。

3.9
专科词典 subject dictionary

收列某个（或多个）学科或知识领域的术语和专名，给出专业性释义的词典。

注：修改 GB/T 15238—2000，定义 2.6。

3.10
单语词典 monolingual dictionary

词目和释文使用同一种语言的词典。

注：修改 GB/T 15238—2000，定义 2.8。

3.11
双语词典 bilingual dictionary

词目和释文使用两种不同语言的词典。

注：修改 GB/T 15238—2000，定义 2.9。

4 主要功能要求

4.1 一般要求

中小学数字工具书应具备检索功能、学习功能、呈现功能、输入功能、系统和辅助功能等五项主要功能。

4.2 功能的约束性

中小学数字工具书功能的约束性包括：

a) 必备，各类中小学数字工具书的必备功能参见附录 B；
b) 可选；
c) 条件必备。

4.3 检索功能

中小学数字工具书的检索功能见表 1。

4.4 学习功能

中小学数字工具书的学习功能见表 2。

表 1 检索功能

序号	功能	描述	约束性	备注
1	基本检索	通过输入关键词，在数据集合中的各字段查找与关键词相匹配的内容，检索响应时间应小于1秒	必备	
2	汉字拆分检索	对汉语字典、词典类数字工具书，以对汉字进行分块拼字的方式完成关键词输入，主要用于非常见字的输入。	条件必备	字典、汉语语文词典类数字工具书必备
3	复合检索（高级检索）	通过多个关键词的逻辑关系运算结果进行检索，关键词的逻辑关系包括：与、或、非等。例如：检索包含"'物理'与'数学'"的内容，检索包含"'语文'或'历史'"的条目等	条件必备	专科词典、百科全书类数字工具书必备
4	汉语音序索引	以汉语字头、词目的汉语拼音次序进行索引	条件必备	字典、汉语语文词典类数字工具书必备
5	部首索引	以汉字的部首进行归类索引	条件必备	字典、汉语语文词典类数字工具书必备
6	笔画索引	以汉字的笔画数以及笔顺类序进行索引	条件必备	字典、汉语语文词典类数字工具书必备
7	英文字母索引	以词目、条头的英文字母次序进行索引	条件必备	英语学习相关的单语词典、双语词典类数字工具书
8	假名索引	在日语词典中，以词目的假名次序进行索引	条件必备	日语学习相关的外语词典、双语词典类数字工具书必备
9	罗马拼音索引	在日语词典中，以词目的罗马拼音次序进行索引	条件必备	日语学习相关的外语词典、双语词典类数字工具书必备
10	俄语字母索引	以词目、条头的俄语字母次序进行索引	条件必备	俄语学习相关的外语词典、双语词典类数字工具书必备
11	法语字母索引	以词目、条头的法语字母次序进行索引	条件必备	法语学习相关的外语词典、双语词典类数字工具书
12	德语字母索引	以词目、条头的德语字母次序进行索引	条件必备	德语学习相关的外语词典、双语词典类数字工具书
13	西班牙语字母索引	以词目、条头的西班牙语字母次序进行索引	条件必备	西班牙语学习相关的外语词典、双语词典类数字工具书
14	内容分类索引	对数字工具书的内容按学科专业领域、学科分类体系、知识点等方式进行分类，并依据分类进行内容索引	条件必备	专科词典必备
15	翻译检索	在双语词典中，输入其中某一种语言的检索词时，同时将该检索词翻译为另一种语言进行检索	可选	
16	全文检索	通过建立全文检索数据库，快速实现全文内容与检索词的匹配查找	可选	
17	模糊检索（关联检索）	具有除了对输入的检索关键词进行检索外，还对与关键词具有模糊关系的词进行检索。例如：输入关键词"辞书"时，同时检索关键词"工具书"	可选	

表 2 学习功能

序号	功能	描述	约束性	备注
1	学习本	用户可将数字工具书中的字条、词条或条目分类添加至学习本，并通过学习本直接查看这些内容。在不同内容的数字工具书中可用书签、单词本、生字本、生词本等具体功能名称	必备	
2	学习提示	数字工具书的某些字条、词条或条目具有与其内容相关的学习方法、关联知识等方面的提示信息	必备	

(续表)

序号	功能	描述	约束性	备注
3	字帖	对字典、汉语语文词典类数字工具书，可演示汉字的书写或支持用户通过鼠标、手写笔等设备进行汉字临摹	条件必备	字典类数字工具书必备
4	背诵	数字工具书允许用户选择若干词头（或字头）创建一个词表（或字表），并通过呈现各种提示信息辅助用户识记词表（或字表）中每个词（或字）的书写与意义	条件必备	外语学习相关的双语词典类数字工具书必备
5	学段分级	数字工具书中的内容可根据中小学的学段进行分级。例如：同一条目下的内容可按学段分为：小学、初中、高中三级，各级的内容有一定差异，适用于不同层次的学生	条件必备	适用于多个学段中小学课程的数字工具书必备
6	学习记录导出	在数字工具书的版权保护机制下，用户可将数字工具书的学习本或笔记以文本、图片等形式整体导出或部分导出	可选	
7	笔记	用户可在数字工具书内容的呈现页面上以文字批注的形式输入学习笔记	可选	
8	互动交流	提供与数字工具书配套的论坛或其他在线交流空间，支持多个用户之间的互动交流	可选	
9	测验	提供与数字工具书内容相关的测验题，并可进行自动批阅和测验成绩统计	可选	
10	学习内容定制	可向用户（或用户群体）提供定制性内容，这些内容只有拥有特定权限的用户可以查询到	可选	
11	学习进度功能	学生可以自主安排背诵、测验等学习活动的计划	可选	

4.5 呈现功能

中小学数字工具书的呈现功能见表3。

表3 呈现功能

序号	功能	描述	约束性	备注
1	静态内容完整显示	能对字条、词条、条目的图文等全部静态内容进行显示	必备	
2	静态内容部分呈现	在检索出多个结果时，对每个结果静态部分内容或摘要进行简略地显示	必备	
3	检索结果排序	按照一定规则区分检索结果的优先级，并对检索结果按优先级的次序进行呈现	必备	
4	标记	支持在数字工具书的页面上添加各类标记，包括：线、框、点等	必备	
5	亮度/颜色调节	用户可调节数字工具书显示时的亮度，以及背景色、字体颜色等	必备	
6	音频播放	数字工具书可以播放音频形式的内容，音频播放应支持44.1kb以上码流的音频文件	条件必备	字典、词典类数字工具书必备
7	缩放	数字工具书的显示窗口和版面中文字的字号大小可调	条件必备	字典、汉语语文词典、外语词典、双语词典类数字工具书必备
8	自适应版式	流式排版的中小学数字工具书能自动适应屏幕大小呈现内容	条件必备	流式排版的中小学数字工具书必备
9	视频播放	数字工具书可以播放视频形式的内容	可选	
10	多窗口呈现	支持用户同时打开多个窗口呈现内容，便于内容之间的衔接、比较、关联	可选	

4.6 输入功能

中小学数字工具书的关键词、笔记等内容输入通过表 4 所示的功能来实现。

表 4 输入功能

序号	功能	描述	约束性	备注
1	键盘输入	支持用户通过键盘（软键盘）来完成关键词、笔记等内容的输入	必备	
2	选字（词）输入	在数字工具书的内容中选中某个字（或词），被选中的字（或词）自动转化为检索的关键词	必备	
3	手写输入	支持通过手写装置和手写识别软件来完成关键词的输入	条件必备	字典、语文词典类数字工具书必备
4	图片输入	支持通过拍照装置、截屏软件和图片识别软件来完成关键词的输入	可选	
5	语音输入	支持通过语音输入设备及配套的语音识别软件来完成关键词的输入	可选	

4.7 系统和辅助功能

中小学数字工具书的系统和辅助功能见表 5。

表 5 系统和辅助功能

序号	功能	描述	约束性	备注
1	打印	数字工具书中呈现的内容能够通过外部设备打印	必备	
2	在线更新	数字工具书的内容可由其出版单位通过互联网进行增补、删减和修改	必备	
3	用户管理	用户可进行注册、登录个人账号，及对账号的信息进行编辑	必备	
4	帮助功能	对数字工具书所涉及学科领域、具体内容、当前版本的简要描述，以及对数字工具书使用方法的介绍	必备	
5	意见反馈	支持通过网络与数字工具书的出版、服务机构进行沟通	必备	
6	复制、粘贴	在数字工具书的版权保护机制下，数字工具书中的文本、图片内容可全部或部分被复制、粘贴到其他文档中使用	必备	
7	内部链接	当数字工具书的某一内容与其他内容相关时，可通过链接在不同内容之间进行跳转	必备	
8	内容导出	在数字工具书的版权保护机制下，将呈现的内容能够全部或部分以文本形式导出为独立文件。	可选	
9	外部链接	用户可通过数字工具书中设置的热区或按钮链接跳转至数字教材或其他数字工具书。	可选	
10	内容推送	部分内容可通过服务端向用户推荐阅读。	可选	
11	外部接口	具有可被其他软件和系统调用的信息输入、输出接口。	可选	
12	用户日志	保存用户使用数字工具书的行为记录，并可供用户查阅与管理。	可选	
13	查看历史记录	按时间次序记录用户已检索、阅读过的内容的基本信息，形成索引链接。用户可查阅这些基本信息，并通过索引链接呈现相应的内容。	可选	
14	邮箱、手机认证，密码找回	通过个人邮箱、手机进行用户登录时的身份确认，或在用户忘记密码时通过邮箱或手机找回密码。	可选	

附录A
（资料性附录）
中小学数字工具书的分类

A.1 中小学数字工具书的分类

中小学数字工具书的分类见表 A.1。

表A.1 中小学数字工具书的分类

中小学数字工具书分类		分类依据		
类	子类	基本单元	语言	收录内容
字典类数字工具书	字典类数字工具书	字条	汉语	汉字
词典类数字工具书	汉语语文词典类数字工具书	词条	汉语	普通词语（语文词典类数字工具书）
	外语词典类数字工具书		外语	
	双语词典类数字工具书		汉语和外语	
	专科词典类数字工具书		汉语	某个（或多个）学科领域的术语和专名
百科全书类数字工具书	百科全书类数字工具书	条目	汉语	各种门类或某一门类较完备的知识

附录B
（资料性附录）
各类中小学数字工具书必备功能

B.1 中小学字典类数字工具书必备功能

中小学字典类数字工具书必备功能见表B.1。

表B.1 中小学字典类数字工具书必备功能

序号	功能类型	功能	约束性	备注
1	检索功能	基本检索	必备	
2		汉字拆分检索	必备	
3		汉语音序索引	必备	
4		部首索引	必备	
5		笔画索引	必备	
6	学习功能	学习本	必备	
7		学习提示	必备	
8		字帖	必备	
9	呈现和阅读功能	静态内容完整呈现	必备	
10		静态内容部分呈现	必备	
11		检索结果排序	必备	
12		标记	必备	
13		亮度/颜色调节	必备	
14		音频播放	必备	
15		缩放	必备	
16		自适应版式	条件必备	流式排版的字典类数字工具书必备
17	输入功能	键盘输入	必备	
18		选字（词）输入	必备	
19		手写输入	必备	
18	系统和辅助功能	打印	必备	
19		在线更新	必备	
20		用户管理	必备	
21		帮助功能	必备	
22		意见反馈	必备	
23		复制、粘贴	必备	
24		内部链接	必备	

B.2 中小学汉语语文词典类数字工具书必备功能

中小学汉语语文词典类数字工具书的必备功能见表 B.2。

表 B.2　中小学汉语语文词典类数字工具书必备功能

序号	功能类型	功能	约束性	备注
1	检索功能	基本检索	必备	
2		汉字拆分检索	必备	
3		汉语音序索引	必备	
4		部首索引	必备	
5		笔画索引	必备	
6	学习功能	学习本	必备	
7		学习提示	必备	
9	呈现和阅读功能	静态内容完整呈现	必备	
10		静态内容部分呈现	必备	
11		检索结果排序	必备	
12		标记	必备	
13		亮度/颜色调节	必备	
14		音频播放	必备	
15		缩放	必备	
16		自适应版式	条件必备	流式排版的词典类数字工具书必备
17	输入功能	键盘输入	必备	
18		选字（词）输入	必备	
19		手写输入	必备	
18	系统和辅助功能	打印	必备	
19		在线更新	必备	
20		用户管理	必备	
21		帮助功能	必备	
22		意见反馈	必备	
23		复制、粘贴	必备	
24		内部链接	必备	

B.3 中小学外语词典类数字工具书必备功能

中小学外语词典类数字工具书的必备功能见表 B.3。

表 B.3　中小学外语词典类数字工具书必备功能

序号	功能类型	功能	约束性	备注
1	检索功能	基本检索	必备	
2		外语索引功能	必备	英语、日语、俄语、法语、德语、西班牙语学习相关的外语词典应分别具有英语字母、日语假名和罗马拼音、俄语字母、法语字母、德语字母、西班牙语字母索引功能
3	学习功能	学习本	必备	
4		学习提示	必备	

(续表)

序号	功能类型	功能	约束性	备注
5	呈现和阅读功能	静态内容完整呈现	必备	
6		静态内容部分呈现	必备	
7		检索结果排序	必备	
8		标记	必备	
9		亮度/颜色调节	必备	
10		音频播放	必备	
11		缩放	必备	
12		自适应版式	条件必备	流式排版的词典类数字工具书必备
13	输入功能	键盘输入	必备	
14		选字（词）输入	必备	
15		手写输入	必备	
16	系统和辅助功能	打印	必备	
17		在线更新	必备	
18		用户管理	必备	
19		帮助功能	必备	
20		意见反馈	必备	
21		复制、粘贴	必备	
22		内部链接	必备	

B.4 中小学双语词典类数字工具书必备功能

中小学双语词典类数字工具书必备功能见表 B.4。

表 B.4 中小学双语词典类数字工具书必备功能

序号	功能类型	功能	约束性	备注
1	检索功能	基本检索	必备	
2		外语索引功能	必备	英语、日语、俄语、法语、德语、西班牙语学习相关的双语词典应分别具有英语字母、日语假名和罗马拼音、俄语字母、法语字母、德语字母、西班牙语字母索引功能
3	学习功能	学习本	必备	
4		学习提示	必备	
5		背诵	必备	
6	呈现和阅读功能	静态内容完整呈现	必备	
7		静态内容部分呈现	必备	
8		检索结果排序	必备	
9		标记	必备	
10		亮度/颜色调节	必备	
11		音频播放	必备	
12		缩放	必备	
13		自适应版式	条件必备	流式排版的词典类数字工具书必备

(续表)

序号	功能类型	功能	约束性	备注
14	输入功能	键盘输入	必备	
15		选字（词）输入	必备	
16		手写输入	必备	
17	系统和辅助功能	打印	必备	
18		在线更新	必备	
19		用户管理	必备	
20		帮助功能	必备	
21		意见反馈	必备	
22		复制、粘贴	必备	
23		内部链接	必备	

B.5 中小学专科词典类数字工具书必备功能

中小学专科词典类数字工具书的必备功能见表 B.5。

表 B.5 中小学专科词典类数字工具书必备功能

序号	功能类型	功能	约束性	备注
1	检索功能	基本检索	必备	
2		复合检索（高级检索）	必备	
3		内容分类索引	必备	
4	学习功能	学习本	必备	
5		学习提示	必备	
6	呈现和阅读功能	静态内容完整呈现	必备	
7		静态内容部分呈现	必备	
8		检索结果排序	必备	
9		标记	必备	
10		亮度/颜色调节	必备	
11		音频播放	必备	
12		自适应版式	条件必备	流式排版的词典类数字工具书必备
13	输入功能	键盘输入	必备	
14		选字（词）输入	必备	
15	系统和辅助功能	打印	必备	
16		在线更新	必备	
17		用户管理	必备	
18		帮助功能	必备	
19		意见反馈	必备	
20		复制、粘贴	必备	
21		内部链接	必备	

B.6 中小学百科全书类数字工具书必备功能

中小学百科全书类数字工具书的必备功能见表 B.6。

表 B.6 中小学百科全书类数字工具书必备功能

序号	功能类型	功能	约束性	备注
1	检索功能	基本检索	必备	
2		复合检索（高级检索）	必备	
3	学习功能	学习本	必备	
4		学习提示	必备	
5	呈现和阅读功能	静态内容完整呈现	必备	
6		静态内容部分呈现	必备	
7		检索结果排序	必备	
8		标记	必备	
9		亮度/颜色调节	必备	
10		音频播放	必备	
11		自适应版式	条件必备	流式排版的百科全书类数字工具书必备
12	输入功能	键盘输入	必备	
13		选字（词）输入	必备	
14	系统和辅助功能	打印	必备	
15		在线更新	必备	
16		用户管理	必备	
17		帮助功能	必备	
18		意见反馈	必备	
19		复制、粘贴	必备	
20		内部链接	必备	

参考文献

[1] 全国术语标准化技术委员会. 辞书条目 XML 格式：GB/T 23829—2015 [S]. 北京：中国书籍出版社：2015.

[2] 国家新闻出版广电总局. 电子图书阅读功能要求：CY/T 113—2015 [S]. 北京：中国书籍出版社：2015.

[3] 国家新闻出版广电总局. 中小学数字教材加工规范：CY/T 125—2015 [S]. 北京：中国书籍出版社：2015.

ICS 35.240.99
L67

Q/PEPD

人教数字出版有限公司企业标准

Q/PEPD 5—2017

数字教材阅读器技术要求

2017-××-×× 发布　　　　　　　　　　　　　　2017-××-×× 实施

人教数字出版有限公司　　发布

目　次

前言 ... 61
1 范围 ... 62
2 规范性引用文件 ... 62
3 术语和定义 ... 62
4 技术功能要求 ... 63
　4.1 技术功能要求的一般原则 ... 63
　4.2 技术功能的具体要求 ... 63
5 兼容性要求 ... 65
　5.1 兼容性要求的原则 ... 65
　5.2 对数字教材的兼容性要求 ... 65
　5.3 对使用环境的兼容性要求 ... 65
6 扩展性要求 ... 65
7 基本信息交换要求 ... 65
　7.1 基本信息交换的一般要求 ... 65
　7.2 数字教材阅读器的元数据 ... 66

前　言

本标准依据 GB/T 1.1—2000 起草。

本标准由人教数字出版有限公司提出并解释。

本标准起草单位：国家科技支撑计划"学习资源数字出版与电子书包标准研究与检测工具开发"课题组。

本标准起草人：沙沙、钟岑岑。

数字教材阅读器技术要求

1 范围

本标准规范了数字教材阅读器的技术功能要求、兼容性要求、扩展性要求和基本数据交换要求。本标准用于指导数字教材阅读器（软件）的设计与开发。

2 规范性引用文件

下列文件对于本文件的应用是必不可少的。凡是注日期的引用文件,仅注日期的版本适用于本文件。凡是不注日期的引用文件，其最新版本（包括所有的修改单）适用于本文件。

CY/Z 25-2013 电子书内容标准体系表

CY/T 50-2008 出版术语

CY/T 98-2013 电子书内容术语

CY/T 125-2015 中小学数字教材加工规范

3 术语和定义

下列术语和定义适用于本标准。

3.1

电子图书　e-book

通过相关设备直接呈现文字、图像、音频、视频等内容，具有相当篇幅的专题数字出版产品。

[CY/T 96—2013，定义4.2.5]

3.2

数字教材　digital textbook

以经国家教育行政部门审定通过的国家课程教科书为内容基础，并包含相关辅助资源、工具的，用于教学活动的电子图书。

[CY/T 125—2015，3.5]

3.3

数字教材阅读器　reader of digital textbook

用于展示数字教材内容和实现数字教材部分预设功能的软件。

3.4

控件　control

数字教材阅读器中可用于实现某种技术功能的，可被独立调用并单独封装的操作对象。

4 技术功能要求

4.1 技术功能要求的一般原则

数字教材阅读器应面对中小学信息化教学中的基本需求而设计相应的功能,并通过适当的技术手段实现这些功能。

数字教材阅读器的技术功能应至少包括内容呈现功能、教学辅助功能、用户及版权管理功能、外部关联功能、系统功能等 5 个组成部分。

4.2 技术功能的具体要求

4.2.1 呈现功能

数字教材阅读器中可通过三种方式呈现数字教材的内容,具体的呈现功能要求见表1。
a) 通过数字教材阅读器中的内容呈现控件直接呈现内容;
b) 调用数字教材中的播放控件呈现内容;
c) 调用用户终端系统中的第三方播放工具呈现内容。

表1 呈现功能明细

序号	功能名称	功能描述	补充说明
1	文字呈现	能够完整、准确地呈现数字教材中的文字内容	应采用直接呈现的方式
2	图片呈现	能够完整地呈现数字教材中的图片内容,包括组图呈现(例如画廊、相册)和图片的放缩	对单幅图片应采用直接呈现的方式,对组图呈现可采用直呈现或调用数字教材中的控件来呈现。
3	音频呈现	能够完整地播放数字教材中的音频内容	可依据情况采用直接呈现或调用数字教材中的控件呈现;个别特殊情况,如该音频播放工具无法控件化时,可采用调用第三方播放工具呈现的方式。
4	视频呈现	能够完整地播放数字教材中的视频内容	可依据情况采用直接呈现或调用数字教材中的控件呈现;个别特殊情况,如该视频播放工具无法控件化时,可采用调用第三方播放工具呈现的方式。
5	3D呈现	能够完整的现实数字教材中的3D模型:包括一般3D模型的呈现、VR呈现和AR呈现。	可依据情况采用直接呈现或调用数字教材中的控件呈现;个别特殊情况,如该3D模型的解析、呈现工具无法控件化时,可采用调用第三方工具呈现的方式。
6	复合呈现	能够将由文字、图片、音频、视频、3D等多种媒体组成的复合型教学资源呈现出来	是上面5种呈现的组合

4.2.2 教学辅助功能

数字教材阅读器中宜通过集成各种工具控件,实现教学辅助功能。具体的教学辅助功能要求见表2。

表2 教学辅助功能明细

序号	功能名称	功能描述	补充说明
1	笔记功能	支持用户在数字教材上做笔记	笔记内容可保存在本地或服务端
2	书签功能	支持用户在数字教材的某一页	

63

		上设定一个书签，在打开数字教材时可快速定位该页。	
3	索引功能	支持用户通过目录或书后索引快速定位到相应的页	
4	查找功能	允许用户输入某一个关键词，并查找到数字教材中与该关键词匹配的所有内容	
5	提示功能	允许用户设计一个	
6	虚拟工具	在数字教材阅读器中添加一些与教学相关的数字化学习工具，如虚拟计算机、虚拟地球仪等	虚拟工具应以独立控件的形式存在，并符合相关的教育装备标准

4.2.3 用户及版权管理功能

数字教材的数字版权管理功能在用户端主要由数字教材阅读器承担，并应同时具备相应的用户管理功能。具体的用户及版权功能要求见表3。

表3 用户及版权管理功能明细

序号	功能名称	功能描述	补充说明
1	用户登录	允许用户通过用户名和密码的方式进行用户	需要与服务端关联
2	加密内容的解析	数字教材阅读器能够在获得许可的情况下解析数字教材中的加密内容	
3	用户信息管理	允许用户对个人信息进行添加和改动	需要与服务端关联

4.2.4 外部关联功能

数字教材阅读器应具备外部关联功能，能够将数字教材服务端、教学资源数据库、版权管理中心及第三方所提供的各种资源或服务等与数字教材进行整合。具体的外部关联功能要求见表4。

表4 外部关联功能明细

序号	功能名称	功能描述	补充说明
1	与服务端关联	数字教材阅读器与数字教材的服务端相关联，并交换必要的用户、版本、更新等信息	与用户登录、版本更新相关
2	与教学资源数据库关联	数字教材阅读器可调用特定的教学资源数据库中的资源，增强数字教材的内容	
3	与版权管理中心的关联	数字教材阅读器可与数字教材的版权管理中心关联，并接受版权管理中心发送的许可文件。	与加密内容的解析相关
4	与第三方服务的关联	数字教材阅读器可与其他第三方服	

| | | 务在一定条件下关联，并将第三方服务与数字教材进行整合 | |

4.2.5 系统功能

数字教材阅读器的系统功能主要指其作为一个软件系统可以为用户提供的一些辅助性功能（不直接与教学相关），具体的教学辅助功能要求见表5。

表5 系统功能明细

序号	功能名称	功能描述	说明
1	内容导出功能	通过数字教材阅读器将数字教材中的部分内容进行导出，包括另存在独立文件，导出至打印机、3D打印机等	
2	在线更新	包括对数字教材阅读器自身进行更新和对数字教材进行更新两个方面，主要指版本的在线升级	
3	帮助功能	对数字教材阅读器的当前版本、功能的简要描述，以及使用方法的介绍	
4	用户日志	保存用户使用数字教材阅读器的行为记录	

5 兼容性要求

5.1 兼容性要求的原则

数字教材阅读器的兼容性包括对数字教材的兼容性和对使用环境的兼容性。

5.2 对数字教材的兼容性要求

数字教材阅读器应对其设计时的目标数字教材实现全面兼容，即兼容数字教材的主体部分、扩展组件、使用说明、元数据等等一切构成单元。

数字教材阅读器应能够通过功能扩展实现对目标数字教材以外的数字教材的部分兼容或全面兼容。

5.3 对使用环境的兼容性要求

数字教材的使用环境兼容性包括对操作系统的兼容性、配套软件的兼容性、显示屏幕的适配性。数字教材阅读器无需兼容所有使用环境，但每个数字教材阅读器应有明确的环境兼容参数，并在符合参数的环境中有良好的兼容性。

在数字教材阅读器规定的环境兼容参数范围中，数字教材阅读器能够表现出对目标数字教材的全面兼容，可视为兼容性良好。

6 扩展性要求

数字教材阅读器在架构上应具有可扩展性，通过加入新的控件来提供扩展功能或其他服务。

7 基本信息交换要求

7.1 基本信息交换的一般要求

数字教材阅读器应能够进行以下2个方面的基本信息交换：
a）数字教材阅读器能够读取并解析数字教材及其拓展组件的元数据；
b）与其他教学系统或教学资源数据库关联时，数字教材阅读器能够接受并解析教学系统、教学资源数据库或数据库中资源的元数据，同时能够将数字教材阅读器自身的元数据发送至上述教学系统或教学资源数据库。

7.2 数字教材阅读器的元数据

数字教材阅读器的核心（必备）元数据如表6所示。在与其他教学系统或教学资源数据库进行数据交换时，可依据具体情况对数字教材阅读器的元数据进行扩展。

表6 核心（必备）元数据

序号	元素名称	标识	解释	约束	元素类型	数据类型
1	名称	name	数字教材阅读器的名称	M	值元素	字符串
2	语种	Language	数字教材阅读器使用的主要语言	M	值元素	字符串
3	技术要求	technical requirement	数字教材阅读器的使用技术环境要求	M	值元素	字符串
4	开发者	developer	数字教材阅读器开发机构（或开发人）	M	值元素	字符串
5	开发时间	date of development	数字教材阅读器开发完成时间	M	值元素	日期时间
6	版本	vision	数字教材阅读器的当前版本编号	M	值元素	字符串
7	元-元数据方案	meta-metadata schema	数字教材阅读器的元数据方案信息	M	容器元素	不适用

ICS 35.240.99
L67

Q/PEPD

人教数字出版有限公司企业标准

Q/PEPD 7—2017

数字教材版本管理标识规范

2017-××-××发布　　　　　　　　　　　　　　　　2017-××-××实施

人教数字出版有限公司　　发布

目　次

前言 69
1 范围 70
2 规范性引用文件 70
3 术语和定义 70
4 数字教材版本标识的形式和结构 70
　4.1 标识的构成 70
　4.2 内容版本序号 70
　4.3 编辑版本序号 71
　4.4 技术版本序号 71
　4.5 呈现功能 71
5 数字教材版本标识的使用 71
6 数字教材版本标识的管理 71

前　　言

本标准依据 GB/T 1.1—2000 起草。

本标准由人教数字出版有限公司提出并解释。

本标准起草单位：国家科技支撑计划"学习资源数字出版与电子书包标准研究与检测工具开发"课题组。

本标准起草人：沙沙、钟岑岑。

数字教材版本管理标识规范

1 范围

本标规范了数字教材版本标识的结构、形式、应用方式和管理方式。

本标准用于指导数字教材的设计、加工、更新中的版本记录和管理。

2 规范性引用文件

下列文件对于本文件的应用是必不可少的。凡是注日期的引用文件，仅注日期的版本适用于本文件。凡是不注日期的引用文件，其最新版本（包括所有的修改单）适用于本文件。

CY/Z 25-2013 电子书内容标准体系表

CY/T 50-2008 出版术语

CY/T 98-2013 电子书内容术语

CY/T 125-2015 中小学数字教材加工规范

3 术语和定义

下列术语和定义适用于本标准。

3.1

电子图书　e-book

通过相关设备直接呈现文字、图像、音频、视频等内容，具有相当篇幅的专题数字出版产品。

[CY/T 96—2013，定义4.2.5]

3.2

数字教材　digital textbook

以经国家教育行政部门审定通过的国家课程教科书为内容基础，并包含相关辅助资源、工具的，用于教学活动的电子图书。

[CY/T 125—2015，3.5]

4 数字教材版本标识的形式和结构

4.1 标识的构成

数字教材版本标识由3个部分构成，包括内容版本序号段、编辑版本序号段、技术版本序号段。不同序号段之间用"."进行分隔。例如：1.15.105、0.12.24。每个序号段的长度无限制。

4.2 内容版本序号

数字教材版本标识中的内容版本序号用于表示该数字教材的内容改动次数，位于数字教材版本标识的最前（即内容版本序号段）。当数字教材的内容发生实质变化时，内容版本序号应增加1。对数字教材内容的版式、颜色等进行编辑性调整，不视为内容的实质性变化。对错别字、病句、标点、标题层级等进行编辑、改动时，是否构成实质性影响应根据该次改动对数字教材的整体影响而定。

数字教材处于首次发布前的内部设计、加工、编辑等环节时，其内容版本序号为0。

4.3 编辑版本序号

数字教材版本标识中的编辑版本序号用于表示该数字教材的内容编辑次数，位于数字教材版本标识的次位（即编辑版本序号段）。

对数字教材内容进行的任何编辑加工时，在本次编辑加工的结果确定后，编辑版本序号应增加1。当内容版本序号发生改变时，编辑版本序号从0重新计数。

4.4 技术版本序号

数字教材版本标识中的技术版本序号用于表示该数字教材的技术改动次数，位于数字教材版本标识的最后（即技术版本序号段）。

对数字教材内容进行的任何技术改动时，在本次技术改动的结果确定后，技术版本序号应增加1。技术版本序号应连续增加，不因为内容版本的变化而从0重计。

4.5 呈现功能

数字教材版本标识应在以下场合使用：
a) 数字教材应在其版权页明显的地方以文字形式显示版本标识；
b) 数字教材元数据中应使用版本标识明确描述其版本；
c) 数字教材阅读器应能够以某种方式显示数字教材元数据中的版本标识，以帮助用户或数字教材研发人员明确当前数字教材的版本。
d) 数字教材存放于与资源数据库中时，应使用版本标识来明确其版本。记录数字教材版本的字段应为数据库的必备、必填字段。

5 数字教材版本标识的使用

数字教材版本标识应在以下场合使用：
a) 数字教材应在其版权页明显的地方以文字形式显示版本标识；
b) 数字教材元数据中应使用版本标识明确描述其版本；
c) 数字教材阅读器应能够以某种方式显示数字教材元数据中的版本标识，以帮助用户或数字教材研发人员明确当前数字教材的版本。
d) 数字教材存放于与资源数据库中时，应使用版本标识来明确其版本。记录数字教材版本的字段应为数据库的必备、必填字段。

6 数字教材版本标识的管理

应建立数字教材版本标识数据库，用于存放所有真实生成过的数字教材版本标识。数字教材版本标识数据库信息构成如表1所示。各信息元素的标签可以根据数据库具体情况拟定。

表1 数字教材版本标识数据库信息元素

序号	元素名称	描述	约束性	数据类型	值空间	备注
1	版本标识号	由内容版本序号、编辑版本序号和技术版本序号构成的数字教材版本标识	M	容器型	无	
1.1	内容序号	内容的改动次数	M	数值型	数值	
1.2	编辑序号	当前版本的内容编辑次数	M	数值型	数值	
1.3	技术序号	数字教材的技术加工或改动次数	M	数值型	数值	
2	数字教材	该版本标识对应的数字教材信息	M	容器型	无	
2.1	名称	数字教材的题名	M	数值型	字符串	
2.2	标识	数字教材的电子图书标识或企业内部项目编号	M	数值型	字符串	对没有电子图书标识的数字教材，可用企业内部项目编号代替
3	生成时间	版本标识号的生成时间	M	数值型	日期	
4	实体地址	该版本标识对应的数字教材的获取地址	M	数值型	字符串	应是URL地址
5	上一版本	同一数字教材，与本条数据所指的版本标识号时间最接近的上一个版本标识号	M	容器型	无	
5.1	内容序号	上一个版本的内容序号	M	数值型	数值	
5.2	编辑序号	上一个版本的内容序号	M	数值型	数值	
5.3	技术序号	上一个版本的技术序号	M	数值型	数值	
6	改动	当前版本与上一版本的改动之处	M	数值型	字符串	
7	录入信息	与本条版本标识数据录入相关的信息	M	容器型	无	
7.1	录入者	录入本条数据的人的ID	M	数值型	字符串	
7.2	录入时间	本条数据的录入时间	M	数值型	日期时间	
8	审核信息	对本条版本标识数据审核的相关信息	O	容器型	无	
8.1	审核人	审核人的ID	O	数值型	字符串	
8.2	审核时间	审核确定的时间	O	数值型	日期时间	
8.3	审核结论	对本条数据是否准确的评价	O	数值型	字符串	审核结论包括：通过或不通过

第一部分　课题标准成果

ICS 35.240.99
L67

Q/PEPD

人教数字出版有限公司企业标准

Q/PEPD 8—2017

互动教学课件格式标准

2017-××-×× 发布　　　　　　　　　　　　2017-××-×× 实施

人教数字出版有限公司　　发布

目　次

前言	75
引言	76
1 范围	77
2 规范性引用文件	77
3 术语和定义	77
4 互动教学课件信息构成	77
5 互动教学课件格式结构	77
5.1 互动教学课件格式基本结构	77
5.2 互动教学课件格式特殊结构	81
6 互动教学课件打包要求	81
附录 A （资料性附录） 元数据 XML 文件示例	82

前　言

本标准依据 GB/T 1.1—2000 起草。

本标准由人教数字出版有限公司提出并解释。

本标准起草单位：国家科技支撑计划"学习资源数字出版与电子书包标准研究与检测工具开发"课题组。

本标准起草人：钟岑岑、沙沙。

引　言

　　互动教学课件是信息化教学环境中的常用教学资源，具有 ppt、swf、html 等多种技术格式，目前，互动教学课件的建设与应用已经成为教育信息化和出版数字化领域中的重要任务。互动教学课件格式标准的目的在于提供一种互动教学课件在出版流通和教育应用过程中的传输格式，以解决技术格式不统一给数据交换带来的困扰，其主要目标是：

　　1）同时传递互动教学课件基本信息和实际文件，保持二者同步传输；
　　2）基于 XML，便于数据信息的交流；
　　3）打包传输互动教学课件，避免文件丢失。

　　本标准规定了互动教学课件在传输时的信息构成、格式结构和打包要求。通过采用统一的互动教学课件格式，可以消除错误并增加数据流通性，从而有利于互动教学课件在不同的发行渠道、运行环境之间交换和使用。

互动教学课件格式

1 范围

本标准规定了互动教学课件的信息构成、格式结构和打包要求。
本标准适用于互动教学课件在出版和应用过程中的传输。

2 规范性引用文件

下列文件对于本文件的应用是必不可少的。凡是注日期的引用文件，仅所注日期的版本适用于本文件。凡是不注日期的引用文件，其最新版本（包括所有的修改单）适用于本文件。

GB/T 4880.3—2009　语种名称代码　第3部分：所有语种的3字母代码
GB/T 7408—2005　数据元和交换格式　信息交换　日期和时间表示法
GB/T 18793—2002　信息技术　可扩展置标语言（XML）1.0
CY/T 95.2—2013　中国出版物在线信息交换　第2部分：图书产品信息格式规范
IETF RFC 1951：1996　数据压缩格式规范
IETF RFC 2048：1996　多用途互联网邮件扩充协议（MIME）　第4部分：注册规程

3 术语和定义

3.1

互动教学课件

基于教学内容的用于课堂教学的软件。

3.2

互动教学课件格式

对互动教学课件文档组织结构的描述，用于互动教学课件在传输中的数据交换。

4 互动教学课件信息构成

互动教学课件由两个主要元素组成，分别是课件元数据和课件实体。课件元数据用于描述互动教学课件及信息交换层面的相关信息，课件实体是承载互动教学课件内容和功能的所有数据。

5 互动教学课件格式结构

5.1 互动教学课件格式基本结构

5.1.1 概述

互动教学课件的文件目录下包括元数据XML文件和课件实体文件两部分，所形成的互动教学课件格式基本结构如图1所示。

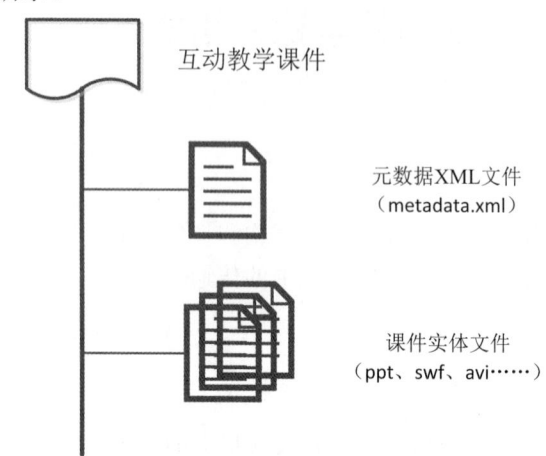

图 1 互动教学课件格式基本结构

元数据XML文件是一个纯文本结构树，描述互动教学课件的元数据信息。为了保证元数据XML文件能被找到，它的名字统一为metadata.xml。

课件实体文件是互动教学课件所包含的内容文件、媒体素材或其他以文件形式存在的数据，可包括ppt、swf、jpg、avi、mp3、html、zip等文件格式。

5.1.2 互动教学课件元数据构成

5.1.2.1 元数据元素的描述结构

元数据元素用中文名称、定义、英文名称、元素标识、注释、数据类型、值域、约束等属性进行描述。

a) 中文名称。元数据元素的中文名称。
b) 定义。对概念内涵或语词意义所做的界定。
c) 英文名称。元数据元素的英文名称，一般用小写英文全称，英文单词之间用空格分隔。
d) 标识符。用于表示元数据元素的唯一标签。元素标识由多个英文单词连写时中间没有空格，其中每一个单词开头为大写字母。
e) 注释。用于解释元数据元素的说明。
f) 数据类型。用来约束数据的解释。例如：复合型、数值型、布尔型、字符串型、日期型等。
g) 值域。元数据元素取值的有效范围。
h) 约束。对元数据元素选取要求的描述。包括：
　　——必选：表明该元数据元素必须选择。
　　——可选：根据实际应用，该元数据元素可以选择也可以不选。

5.1.2.2 必选元数据元素

互动教学课件元数据包括18个必选元素，这些必选元素见表1所示。

表 1 互动教学课件的必选元数据元素

序	中文	定义	英文名称	标识符	注释	数据	值域

号	名称					类型	
1	标题	赋予互动教学课件的名称	title	Title	一般指互动教学课件正式公开的名称	字符串	文本
2	标识符	为互动教学课件分配的唯一标识	identifier	Identifier	在给定的应用环境中对互动教学课件进行标识的字符串，可采用数字对象唯一标识符等标识体系或自定义编码规则	字符串	字符串
3	出版者	从事出版活动的专业机构	publisher	Publisher	互动教学课件的出版者	字符串	文本
4	出版时间	互动教学课件首次出版的时间	publishing time	PublishingTime	同一版本互动教学课件多次出版时，以第一次出版的时间作为出版时间	日期型	按 GB/T 7408—2005 执行
5	其他责任者	对互动教学课件做出贡献的其他责任实体	contributor	Contributor	其他责任者包括自然人和组织	字符串	文本
6	责任方式	其他责任者与互动教学课件之间的责任关系	responsibility	Responsibility	其他责任者对互动教学课件做出贡献的方式，包括设计、发布、审核等	字符串	文本
7	关键词	描述互动教学课件特征的主要词语	keyword	Keyword	最能体现该互动教学课件特征的一个或多个词语，应包含互动教学课件的主题词	字符串	文本
8	描述	对互动教学课件的简要说明	description	Description	用文本形式简要注明互动教学课件的基本情况，可包括内容、特点、适用范围等方面	字符串	文本
9	语种	描述互动教学课件内容的文字种类	language	Language	用标准的语言编码进行标识	字符串	按 GB/T 4880.3—2009 执行
10	学科分类	按相对独立的知识体系划分类别	discipline category	DisciplineCategory	根据基础教育课程设置，互动教学课件所对应的教学科目，包括语文、数学、外语、科学、物理、化学、生物等	字符串	文本
11	适用年级	互动教学课件所适用的年级	grade	Grade	用文本形式注明该互动教学课件所适用的学段和年级水平，例如：义教七年级、高中一年级	字符串	文本
12	技术格式	对互动教学课件实体进行描述和封装的技术方法	technical format	TechnicalFormat	格式类型可按MIME类型（RFC 2048）执行	字符串	字符串

13	技术要求	使用互动教学课件所需要的软件、硬件等要求	technical requirement	TechnicalRequirement	用文本形式注明使用该互动教学课件所需要的操作系统、终端硬件、网络环境、应用软件等技术条件的类型和具体要求	字符串	文本
14	版本	互动教学课件的版本状态	version	Version	用字符串形式注明版本信息，编辑性修改在"."后加以标注	字符串	字符串
15	权限	互动教学课件使用时的版权信息	right	Right	用文本形式注明互动教学课件的权限，可包括互动教学课件的产权声明、使用许可方式、责任追究等信息	字符串	文本
16	关联资源	互动教学课件所包含的图片、音频、视频等多媒体资源	related resource	RelatedResource	用多媒体资源的名称表示	字符串	文本
17	时空范围	互动教学课件所涉及的空间或时间主题，所适用的空间或者所辖的范围	coverage	Coverage	互动教学课件所涉及的空间主题或所适用的空间范围可以是一个地名或地理坐标，时间范围可以是一个时间间隔、日期或日期范围，所辖范围可以是互动教学课件所适用的行政实体或地理区域。	字符串	文本
18	起始文件	互动教学课件实体在运行时所需的入口文件	starter file	StarterFile	用文件的名称表示	字符串	文本

5.1.2.3 可选元数据元素

根据实际应用，互动教学课件元数据可以参照CY/T 95.2—2013等标准选用可选元素。

5.1.3 元数据 XML 文件

5.1.3.1 元数据 XML 文件要求

元数据XML文件用XML来实现，在书写上遵循GB/T 18793—2002标准。元数据XML文件由文件头、文件主体和文件尾三部分构成。一个完整的元数据XML文件示例见附录A。

5.1.3.2 文件头

文件头的表示为：
<?xml version="1.0"?>
<Metadata>
如果文件中使用字符集，应使用XML声明的格式。

5.1.3.3 文件主体

文件主体应包含5.1.2.2定义的所有必选元数据元素，可以包含可选元数据元素。元数据元素的XML标签用相应元素的标识符表示。

5.1.3.4 文件尾

文件尾的表示为：

</Metadata>

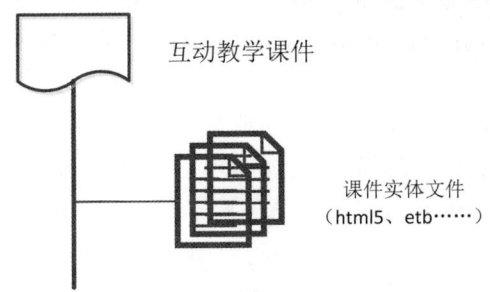

5.2 互动教学课件格式特殊结构

对于一些互动教学课件（如：html5动画），若其课件实体文件中已包含元数据XML文件，则该互动教学课件的文件目录下只包括课件实体文件，所形成的互动教学课件格式特殊结构如图2所示。

图 2 互动教学课件格式特殊结构

课件实体文件内的元数据元素信息应与5.1.2一致。

6 互动教学课件打包要求

为了传输，应将互动教学课件组合成单独的一个文件，如.zip，.rar，.cab等。宜优先使用ZIP压缩来打包互动教学课件，任何ZIP文件格式应与IETF RFC 1951：1996定义一致，如有特殊情况，也可使用.rar，.cab等其他打包形式。

附 录 A
（资料性附录）
元数据 XML 文件示例

```
<?xml version="1.0"?>
<Metadata>
    <Title>重力演示</Title>
    <Identifier>PEPKJ201400002-4</Identifier>
    <Publisher>人教数字出版有限公司</Publisher>
    <PublishingTime>20170418T151624</PublishingTime>
    <Contributor>张三</Contributor>
    <Responsibility>制作</Responsibility>
    <Keyword>初中物理、重力、力学、动画<\Keyword>
    <Description>本课件用于XX<\Description>
    <Language>chi<\Language>
    <DisciplineCategory>物理<\DisciplineCategory>
    <Grade>义教八年级<\Grade>
    <TechnicalFormat>html<\TechnicalFormat>
    <TechnicalRequirement>操作系统：Windows 8、Android 4.0及以上；终端硬件：平板；网络带宽：最低10 Mbps；浏览器：any<\TechnicalRequirement>
    <Version>v1.0<\Version>
    <Right>人教数字出版有限公司保留所有权利<\Right>
    <RelatedResource>A.avi，B.mp3<\RelatedResource>
    <Coverage>经典力学<\Coverage>
    <StarterFile>index.html<\StarterFile>
</Metadata>
```

ICS 35.240.99
L67

Q/PEPD

人教数字出版有限公司企业标准

Q/PEPD 9—2017

百科知识资源元数据

2017-××-×× 发布　　　　　　　　　　2017-××-×× 实施

人教数字出版有限公司　　发布

目　次

前言 ... 85
1 范围 ... 86
2 规范性引用文件 ... 86
3 术语和定义 ... 86
4 百科知识资源元数据元素的描述结构、属性及扩展机制 ... 87
　　4.1 百科知识资源元数据元素的描述结构 ... 87
　　4.2 百科知识资源元数据元素的属性 ... 87
　　4.3 百科知识资源元数据元素的扩展机制 ... 87
5 百科知识资源必选元数据 ... 88
　　5.1 词条名 ... 88
　　5.2 创建者 ... 88
　　5.3 创建时间 ... 88
　　5.4 标识符 ... 88
　　5.5 学科分类 ... 88
　　5.6 关联资源 ... 89
6 百科知识资源可选元数据 ... 89
　　6.1 关键词 ... 89
　　6.2 描述 ... 89
　　6.3 出版者 ... 89
　　6.4 其他责任者 ... 90
　　6.5 责任方式 ... 90
　　6.6 语种 ... 90
　　6.7 来源 ... 90
　　6.8 适用年级 ... 90
　　6.9 编辑次数 ... 91
　　6.10 链接地址 ... 91
　　6.11 时空范围 ... 91
　　6.12 权限 ... 91

参考文献 ... 93

前　言

本标准依据 GB/T 1.1—2000 起草。

本标准由人教数字出版有限公司提出并解释。

本标准起草单位：国家科技支撑计划"学习资源数字出版与电子书包标准研究与检测工具开发"课题组。

本标准起草人：钟岑岑、沙沙。

百科知识资源元数据

1 范围

本标准规定了百科知识资源元数据的元素及其属性。
本标准适用于百科知识资源的开发、应用和管理。

2 规范性引用文件

下列文件对于本文件的应用是必不可少的。凡是注日期的引用文件，仅所注日期的版本适用于本文件。凡是不注日期的引用文件，其最新版本（包括所有的修改单）适用于本文件。
GB/T 4880.3—2009　语种名称代码　第3部分：所有语种的3字母代码
GB/T 7408—2005　数据元和交换格式　信息交换　日期和时间表示法
GB/T 15238—2000　术语工作　辞书编纂基本术语

3 术语和定义

3.1

百科知识资源

收录众多学科或知识领域的术语和专名，以词条为单元对这些术语和专名进行专业性释义和拓展介绍的数字资源。

3.2

词条

由词目和对词目的说明两部分组成的整体，其中说明部分由文本正文和图片、音频、视频等多媒体资源组成。

注：改写 GB/T 15238—2000，定义 4.12

3.3

词目

词条中被说明的对象。
[GB/T 15238—2000，定义 4.15]

3.4

百科知识资源元数据

描述百科知识资源词条并解释其属性特征的数据。

4 百科知识资源元数据元素的描述结构、属性及扩展机制

4.1 百科知识资源元数据元素的描述结构

元数据元素用中文名称、定义、英文名称、元素标识、注释、数据类型、值域、约束条件等属性进行描述。

4.2 百科知识资源元数据元素的属性

4.2.1 中文名称

元数据元素的中文名称。

4.2.2 定义

对概念内涵或语词意义所做的界定。

4.2.3 英文名称

元数据元素的英文名称，一般用小写英文全称，英文单词之间用空格分隔。

4.2.4 元素标识

用于表示元数据元素的唯一标签。
元素标识由多个英文单词连写时中间没有空格，其中每一个单词开头为大写字母。

4.2.5 注释

用于解释元数据元素的说明。

4.2.6 数据类型

用来约束数据的解释。
例如：复合型、数值型、布尔型、字符串型、日期型等。

4.2.7 值域

元数据元素取值的有效范围。

4.2.8 约束/条件

对元数据元素选取要求的描述。该描述符分别为：
a）M：必选，表明该元数据元素必须选择。
b）O：可选，根据实际应用可以选择也可以不选。

4.3 百科知识资源元数据元素的扩展机制

在应用该标准时，百科知识资源元数据元素的扩展宜遵循以下原则：
a）百科知识资源元数据元素扩展的对象为可选的数据元素。
b）扩展的数据元素，与已有元素之间无语义重复或冲突。
c）由相关部门建立元数据管理机制，对扩展的元数据元素进行规范管理。

5 百科知识资源必选元数据

5.1 词条名

定　　义：赋予词条的名称。
英文名称：title
元素标识：Title
注　　释：一般为词目本身。
数据类型：字符串
值　　域：文本
约束/条件：M

5.2 创建者

定　　义：创作词条内容并负有责任的实体。
英文名称：creator
元素标识：Creator
注　　释：词条的责任者包括自然人和组织。
数据类型：字符串
值　　域：文本
约束/条件：M

5.3 创建时间

定　　义：创建词条的日期。
英文名称：creation time
元素标识：CreationTime
注　　释：词条内容编辑制作完成的时间。
数据类型：日期型
值　　域：按 GB/T 7408—2005 执行。
约束/条件：M

5.4 标识符

定　　义：为词条分配的唯一标识。
英文名称：identifier
元素标识：Identifier
注　　释：由阿拉伯数字组成，在创建词条时由系统按数值依次加一的顺序自动生成。
数据类型：字符串
值　　域：字符串
约束/条件：M

5.5 学科分类

定　　义：按相对独立的知识体系划分类别。
英文名称：discipline category

元素标识：DisciplineCategory

注　　释：根据基础教育课程设置，该词条所对应的教学科目，包括语文、数学、外语、科学、物理、化学、生物等。

数据类型：字符串

值　　域：文本

约束/条件：M

5.6　关联资源

定　　义：词条所包含的图片、音频、视频等多媒体资源。

英文名称：related resource

元素标识：RelatedResource

注　　释：用多媒体资源的名称表示。

数据类型：字符串

值　　域：文本

约束/条件：M

6　百科知识资源可选元数据

6.1　关键词

定　　义：描述词条特征的主要词语。

英文名称：keyword

元素标识：Keyword

注　　释：最能体现该词条特征的一个或多个词语，应包含词条的主题词。

数据类型：字符串

值　　域：文本

约束/条件：O

6.2　描述

定　　义：对词条的简要说明。

英文名称：description

元素标识：Description

注　　释：用文本形式简要注明词条的基本情况，可包括内容、特点、适用范围等方面。

数据类型：字符串

值　　域：文本

约束/条件：O

6.3　出版者

定　　义：从事出版活动的专业机构。

英文名称：publisher

元素标识：Publisher

注　　释：百科知识资源的出版者。

数据类型：字符串
值　　域：文本
约束/条件：O

6.4 其他责任者

定　　义：对词条做出贡献的其他责任实体。
英文名称：contributor
元素标识：Contributor
注　　释：其他责任者包括自然人和组织。
数据类型：字符串
值　　域：文本
约束/条件：O

6.5 责任方式

定　　义：其他责任者与词条之间的责任关系。
英文名称：responsibility
元素标识：Responsibility
注　　释：其他责任者对词条做出贡献的方式，包括设计、发布、审核等。
数据类型：字符串
值　　域：文本
约束/条件：O

6.6 语种

定　　义：描述词条内容的文字种类。
英文名称：language
元素标识：Language
注　　释：用标准的语言编码进行标识。
数据类型：字符串
值　　域：按 GB/T 4880.3—2009 执行。
约束/条件：O

6.7 来源

定　　义：对词条来源的描述。
英文名称：source
元素标识：Source
注　　释：该词条部分或全部源自的来源所标识的资源的名称。
数据类型：字符串
值　　域：文本
约束/条件：O

6.8 适用年级

定　　义：词条所适用的年级。

英文名称：grade
元素标识：Grade
注　　释：用文本形式注明该词条所适用的学段和年级水平，例如：义教七年级、高中一年级。
数据类型：字符串
值　　域：文本
约束/条件：O

6.9　编辑次数

定　　义：同一词条的内容被编辑修改的次数。
英文名称：revision number
元素标识：RevisionNumber
注　　释：用整数注明该词条的编辑次数。
数据类型：数值型
值　　域：整数
约束/条件：O

6.10　链接地址

定　　义：可以获取词条的有效网络地址。
英文名称：link address
元素标识：LinkAddress
注　　释：使用 URL 地址或类似地址模式，进行在线访问的地址。
数据类型：字符串
值　　域：字符串
约束/条件：O

6.11　时空范围

定　　义：词条所涉及的空间或时间主题，所适用的空间或者所辖的范围。
英文名称：coverage
元素标识：Coverage
注　　释：词条所涉及的空间主题或所适用的空间范围可以是一个地名或地理坐标，时间范围可以是一个时间间隔、日期或日期范围。所辖范围可以是词条所适用的行政实体或地理区域。
数据类型：字符串
值　　域：文本
约束/条件：O

6.12　权限

定　　义：词条使用时的版权信息。
英文名称：right
元素标识：Right
注　　释：用文本形式注明词条的权限，可包括词条的产权声明、使用许可方式、责任追究等信息。
数据类型：字符串

值　　域：文本
约束/条件：O

参考文献

[1] 全国信息与文献标准化技术委员会.信息与文献 都柏林核心元数据元素集：GB/T 25100—2010[S].北京：中国标准出版社，2010.

[2] 中华人民共和国教育部.信息技术 学习、教育和培训 学习对象元数据：GB/T 21365—2008[S].北京：中国标准出版社，2008.

[3] 中国新闻出版研究院.出版元数据 第2部分：核心数据元素集：CY/T 90.2—2013[S].北京：中国书籍出版社，2013.

[4] 中国新闻出版研究院.出版元数据 第3部分：通用数据元素集：CY/T 90.3—2013[S].北京：中国书籍出版社，2013.

[5] 中小学数字工具书功能要求[S].

ICS 35.240.99
L67

Q/PEPD

人教数字出版有限公司企业标准

Q/PEPD 2—2017

电子书包终端技术规范

2017-××-×× 发布　　　　　　　　　　　　2017-××-×× 实施

人教数字出版有限公司　　发布

目　次

前言	97
1 范围	98
2 规范性引用文件	98
3 定义和术语	99
4 技术要求	99
4.1 设计要求	99
4.2 外观和结构	99
4.3 运算性能要求	100
4.4 内存与存储要求	100
4.5 显示	100
4.6 音视频	100
4.7 输入方式	100
4.8 接口	101
4.9 网络连接	101
4.10 安全	101
4.11 质量	101
4.12 无障碍使用	101
4.13 电源适应性	101
4.14 环境适应性	102
4.15 电磁兼容性	103
4.16 可靠性	103
4.17 限用物质的限量	103
4.18 电池	103
4.19 防溅	104
4.20 防尘	104
5 试验方法	104
5.1 试验环境条件	104
5.2 外观和结构检查	104
5.3 运算性能试验	104
5.4 内存与存储试验	104
5.5 显示试验	105
5.6 音视频试验	108
5.7 输入方式试验	110
5.8 接口试验	113
5.9 网络连接试验	113
5.10 安全试验	113
5.11 质量试验	114

5.12 无障碍使用试验 114
　　5.13 电源适应性试验 114
　　5.14 环境适应性试验 114
　　5.15 电磁兼容性试验 116
　　5.16 可靠性试验 117
　　5.17 限用物质测定 117
　　5.18 电池试验 117
　　5.19 防溅 118
　　5.20 防尘 119
6 质量评定程序 119
　　6.1 一般规定 119
　　6.2 检验分类和检验项目 119
　　6.3 定型检验 120
　　6.4 逐批检验 120
　　6.5 周期检验 120
7 标志、包装、运输和贮存 120
　　7.1 标志 121
　　7.2 包装 121
　　7.3 运输 121
　　7.4 贮存 121
附录 A （规范性附录） 故障的分类与判据 122

前　言

本标准依据 GB/T 1.1—2000 起草。

本标准由人教数字出版有限公司提出并解释。

本标准起草单位：国家科技支撑计划"学习资源数字出版与电子书包标准研究与检测工具开发"课题组。

本标准起草人：钱冬明、祝智庭、李莹、余云涛、殷述军、陈志云、张福新、管珏琪、陶成良、李凯、邱慧娴、王易冰、李如意、沙沙、钟岑岑。

电子书包终端技术规范

1 范围

本标准规定了电子书包终端的技术要求、试验方法、质量评定程序、标志、包装、运输和贮存。本标准适用于各种类型的电子书包终端,是设计、制造、选型、测试和验收电子书包终端的依据。

2 规范性引用文件

下列文件对于本文件的应用是必不可少的。凡是注日期的引用文件,仅注日期的版本适用于本文件。凡是不注日期的引用文件,其最新版本(包括所有的修改单)适用于本文件。

GB/T 191　包装储运图示标志
GB/T 2421.1　电工电子产品环境试验　概述和指南
GB/T 2422　电工电子产品环境试验　术语
GB/T 2423.1　电工电子产品环境试验　第2部分：试验方法 试验A：低温
GB/T 2423.2　电工电子产品环境试验　第2部分：试验方法 试验B：高温
GB/T 2423.3　电工电子产品环境试验　第2部分：试验方法 试验Cab:恒定湿热试验
GB/T 2423.5　电工电子产品环境试验　第2部分：试验方法　试验Ea和导则:冲击
GB/T 2423.6　电工电子产品环境试验　第二部分:试验方法 试验Eb和导则:碰撞
GB/T 2423.8　电工电子产品环境试验 第2部分：试验方法 试验Ed：自由跌落
GB/T 2423.10　电工电子产品环境试验 第2部分：试验方法 试验Fc和导则：振动(正弦)
GB/T 2828.1　计数抽样检验程序 第1部分：按接收质量限(AQL)检索的逐批检验抽样计划
GB/T 4857.2　包装 运输包装件基本试验　第2部分：温湿度调节处理
GB/T 4208-2008　外壳防护等级(IP代码)
GB/T 4857.5　包装 运输包装件　跌落试验方法
GB 4943.1　信息技术设备.安全.第1部分：通用要求
GB/T 5080.7　设备可靠性试验　恒定失效率假设下的失效率与平均无故障时间的验证试验方案
GB/T 5271.14　信息技术　词汇　第14部分　可靠性、可维护性与可用性
GB/T 6107　使用串行二进制数据交换的数据终端设备和数据电路终接设备之间的接口
GB 9254　信息技术设备的无线电骚扰限值和测量方法
GB/T 9385　计算机软件需求规格说明规范
GB/T 9969　工业产品使用说明书 总则
GB 13000　信息技术 通用多八位编码字符集（UCS）
GB/T 14436　工业产品保证文件 总则
GB/T 15532　计算机软件测试规范
GB 15629.3　信息技术 系统间远程通信和信息交换 局域网和城域网 特定要求 第3部分：带碰撞检测的载波侦听多址访问（CSMA/CD）的访问方法和物理层规范

GB 15629.11（所有部分） 信息技术 系统间远程通信和信息交换 局域网和城域网 特定要求 第11部分：无线局域网媒体访问控制和物理层规范

GB 15934 电器附件 电线组件和互连电线组件

GB/T 17618 信息技术设备抗扰度限值和测量方法

GB 18030 信息技术 中文编码字符集

GB/T 18031 信息技术 数字键盘汉字输入通用要求

GB/T 18313-2001 声学 信息技术设备和通信设备空气噪声的测量

GB 18455 包装回收标志

GB/T 18790 联机手写汉字识别技术要求与测试规程

GB/T 19246 信息技术 通用键盘汉字输入通用要求

GB/T 21023 中文语音识别系统通用技术规范

GB/T 26125 电子电气产品 六种限用物质(铅、汞、镉、六价铬、多溴联苯和多溴二苯醚)的测定

GB 31241 便携式电子产品用锂离子电池和电池组 安全要求

SJ/T 11364 电子信息产品污染控制标识要求

3 定义和术语

下列术语和定义适用于本文件。

3.1

电子书包终端 e-SchoolBag Terminal

一种用于教学和学习的数字终端产品。包括数字终端硬件、终端的操作系统以及数字终端所标配的教学功能。

3.2

标配教学功能 standard teaching function

应用于教学配置的基本功能。包括信息分享与控制、动态屏幕标注、文件传送、随堂测验、考试与讲评、学习监控、学习工具和数据管理功能。

4 技术要求

4.1 设计要求

设计产品时，应遵循系列化、标准化和向上兼容的原则。

硬件系统和单元设计应当有适当的逻辑余地，硬件系统应具有一定的自检功能。硬件应具有可扩展性。

软件系统应和说明书中的描述一致，并符合中华人民共和国工业和信息化部令第9号《软件产品管理办法》的要求。

4.2 外观和结构

4.2.1 产品表面不应有明显的凹痕、划伤、裂缝、变形等现象。表面涂履层不应起泡、龟裂和脱落。金属零部件无锈蚀和其他机械损伤。产品的零部件各操作开关、按键应灵活、可靠方便，锁紧装置不得自行释放。

4.2.2 产品表面说明功能的文字、符号、标志应清晰、端正、牢固，并应符合相应的国家标准。

4.2.3 产品除特殊按键外，各按键应平整一致，其压力离散性应不大于0.3 N。每个按键在规定的负荷条件下，通断寿命应大于10^7次。按键压力及行程应符合表1的规定。

表1 按键压力和行程

按键压力 N	按键行程 mm
0.3～0.8	0.3～1.5

4.2.4 产品所有外部接口的使用寿命应能承受至少5000次的设备插拔，而不应出现机械以及电气结构的损坏。

4.3 运算性能要求

产品处理器运算性能应在产品标准中明确规定，计算能力不低于9000 dMIPS。

4.4 内存与存储要求

产品内存与存储应满足以下要求：
产品内存容量应达到2GB；
产品存储容量需要满足基本程序（操作系统、教学软件）的需要，至少为64GB；
产品存储宜支持存储扩充。

4.5 显示

产品显示应满足以下要求：
a) 产品屏幕尺寸不低于（203±10）mm；
b) 产品屏幕分辨率横向应达到1280像素以上，纵向应达到800像素以上；
c) 发光型显示器的最大亮度不低于200 nits；反射式显示器，其反射率应达到35%以上，屏幕黑白对比度应达到500:1以上。

4.6 音视频

产品音视频应满足以下要求：
d) 产品应提供内置扬声器，最大音量不低于80 dB；
e) 产品应配置内置麦克风作为音频输入设备；
f) 产品应支持立体声音频输出；
g) 产品宜支持视频输出；
h) 产品应提供前置摄像头，像素不低于200万；
i) 产品宜提供后置摄像头，像素不低于500万。

4.7 输入方式

4.7.1 手写输入

产品应配备手写输入功能,产品配备的手写输入法软件应符合GB/T 18790的规定。

4.7.2 键盘输入

产品宜配备键盘输入功能,键盘输入应符合GB/T 19246和GB/T 18031的规定。

4.7.3 语音输入

产品宜配备语音输入功能,产品配备的语音输入功能应符合GB/T 21023的规定。

4.8 接口

产品具有的串行接口应符合GB/T 6107的规定。

产品具有的并行接口、通用串行总线接口及其他接口应符合和相关标准的规定。

4.9 网络连接

4.9.1 无线接入

产品应具备无线接入功能,应符合GB15629.11的规定。

4.9.2 有线接入

产品宜具备有线接入功能,应符合GB15629.3的规定。

4.10 安全

4.10.1 一般安全

产品的一般安全要求应符合GB 4943.1的规定。

4.10.2 电池安全

锂离子电池和电池组的安全应符合GB 31241的规定。

4.11 质量

对一般电子书包终端产品,带有标准使用保护装置单件质量应不高于1.5 Kg。

4.12 无障碍使用

产品宜提供快捷功能键,如快捷运行阅读器,供用户无障碍使用。为配合用户通过读屏软件使用产品,应具备音频输入输出功能。

4.13 电源适应性

4.13.1 对于交流供电的产品,应能在220 V±22 V、50 Hz±1 Hz 的条件下正常工作。

4.13.2 对于直流供电的产品,应能在直流电压标称值(100±5)%的条件下正常工作。直流电压标称值由产品标准规定。

4.13.3 电线组件的要求应符合 GB 15934 的规定。

4.13.4 产品处理器应支持动态电源管理,以保证最高性能,并兼顾低功耗。低功耗时功耗不高于全速运行的20%。

4.14 环境适应性

4.14.1 气候环境适应性

产品的气候环境适应性应符合表2的规定。

表2 气候环境

气候条件		参数
温度	工作	0 ℃～35 ℃
	贮存运输	-25℃～55 ℃
相对湿度	工作	40%～90%
	贮存运输	20%～93%（40 ℃）
大气压		86 kPa～106 kPa

4.14.2 机械环境适应性

产品的振动适应性、冲击适应性、碰撞适应性、自由跌落适应性和运输包装件跌落适应性应分别符合表3、表4、表5、表6和表7的规定。

表3 振动适应性

试验项目	试验内容	参数	
初始和最后振动响应检查	频率范围	10 Hz～55 Hz	
	扫频速度	≤1 oct/min	
	驱动振幅或加速度	0.15 mm	20 m/s²
定频耐久性试验	驱动振幅或加速度	75 mm(10 Hz～25 Hz) 0.15 mm(25 Hz～58 Hz)	20 m/s²
	持续时间	30 min±1 min	
扫频耐久试验	频率范围	10 Hz～55 Hz～10 Hz	
	驱动振幅或加速度	0.15 mm	20 m/s²
	扫频速度	≤1 oct/min	
	循环次数	5	
注:表中驱动振幅为峰值			

表4 冲击适应性

峰值加速度 m/s²	脉冲持续时间 ms	冲击波形
150	11	半正弦波形

表5 碰撞适应性

102

峰值加速度 m/s²	脉冲持续时间 ms	碰撞次数	碰撞波形
100	16	1000	半正弦波

表6 自由跌落适应性

跌落高度	次数
60 cm	除显示屏外的五个面,各一次

表7 运输包装件跌落适应性

包装件质量（M） kg	跌落高度 mm
M≤20	1000
20＜M≤50	500
50＜M≤100	250
100＜M≤200	100
200＜M≤500	50
M＞500	25

4.15 电磁兼容性

4.15.1 无线电骚扰限值

适用于交流供电的产品。产品的无线电骚扰限值应符合GB 9254的规定。在产品标准中应明确规定选用A级或B级所规定的无线电骚扰限值。

4.15.2 抗扰度限值

抗扰度限值应符合GB/T 17618的规定。

4.16 可靠性

以平均失效间隔时间（MTBF）衡量产品的可靠性水平,产品的m_1值应大于5000 h。

4.17 限用物质的限量

产品中限用物质的限量要求应符合GB/T 26572的规定。

4.18 电池

4.18.1 电池保护

产品采用的电池应具有如下保护：过充电保护,过放电保护,过流保护,短路保护,过温保护,在过充电、过放电、过流,短路和过温状态下,电池不应出现爆炸、起火、冒烟或者漏液等状况。短路保护瞬时充电后,电池电压应不小于标称电压。

4.18.2 电池循环寿命

产品电池的充放电循环次数应不小于500次。循环次数指当连续3次放电容量低于其标称容量的80%时记录的充放电次数。

4.18.3 持续供电时间

产品电池的持续供电时间应不少于6 h。

4.18.4 电池的容量

产品的厂商应在产品上明确标识当前产品所配电池的容量。

4.19 防溅

应符合GB 4208-2008 IP X3的等级要求，各垂直面在60°范围内淋水，无有害影响。

4.20 防尘

应符合GB 4208-2008 IP 4X的等级要求，直径1.0 mm的物体试具完全不得进入壳内。

5 试验方法

5.1 试验环境条件

除另有规定外，其它试验在下述正常大气状态下进行：
a) 温度：15 ℃～35 ℃；
b) 相对湿度：25%～75%；
c) 大气压：86 kPa～106 kPa。

5.2 外观和结构检查

5.2.1 外观和结构检测

用目测法和有关检测工具进行外观和结构检查，应符合4.2的要求。

5.2.2 按键检测

用目测检验按键排列是否正确。检验按键按动是否灵活，接触是否可靠。用精度为0.02 mm级的量具检验按键的行程，用误差不超过10%的压力计检验按键的压力。

在专用设备"按键寿命试验台"上进行按键寿命测试，按键压力根据各种机型的压力测定值，使之正好能送进数为准。

5.2.3 外部接口使用寿命检测

使用与待测试接口匹配的插头，沿待测试接口的轴向，插入、拔出待测试接口，每插入、拔出一次计为一次插拔循环。

5.3 运算性能试验

用相关测试软件检查被测产品的计算能力，应达到4.3中规定的数值。

5.4 内存与存储试验

根据产品标准中定义的内存容量大小，开机检查。

根据产品标准中定义的存储容量大小，开机检查。

用目测法检验是否提供扩展存储接口。

5.5 显示试验

5.5.1 屏幕尺寸试验

测量屏幕对角线的尺寸，屏幕尺寸应符合4.5 a）的规定。

5.5.2 屏幕分辨率试验

屏幕画面水平和垂直的像素值应符合4.5 b）的规定。

5.5.3 亮度试验

5.5.3.1 发光型显示器试验

在光线强度低于10 lx的暗室中，试验装置布置如图1所示：

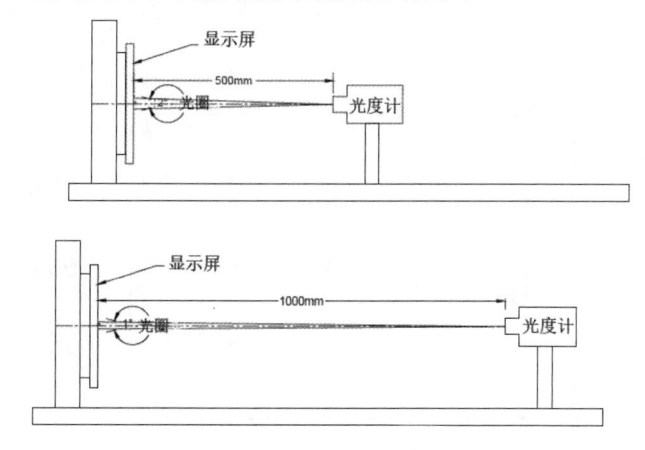

图1 LCD液晶显示屏测量距离

光度计置放于距离被测显示屏固定距离的位置，该固定距离是由光度计的测量光圈进行测量，当光度计置放于距离被测屏500 mm时使用2º光圈，当光度计被置放于距离被测屏1000 mm时使用1º光圈。标准测量值应该是垂直于显示屏表面进行测量的。

测试步骤：

a) 在测试开始前，装置至少需要预热30分钟；

b) 显示亮度被定为5点的值或者5个点的平均值；

c) 白屏测量，五个测量点的位置如图2所示。

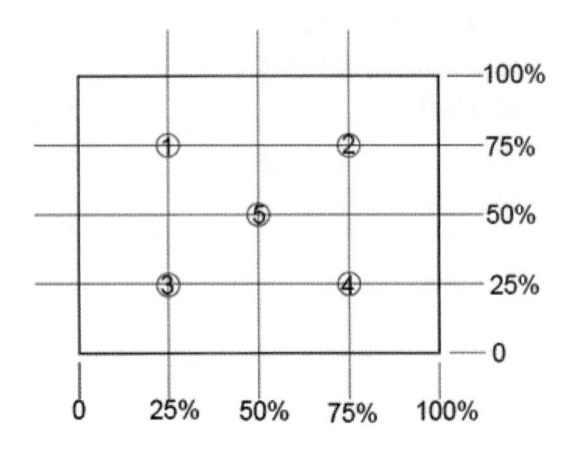

图2 五个测量点

d) 选择13个点中的最大值和5个点中的最小值从而得到其均匀值，计算式为：均匀值=亮度最小值/亮度最大值。

e) 测量点：LCD液晶显示屏表面的13个测量点如图3所示。

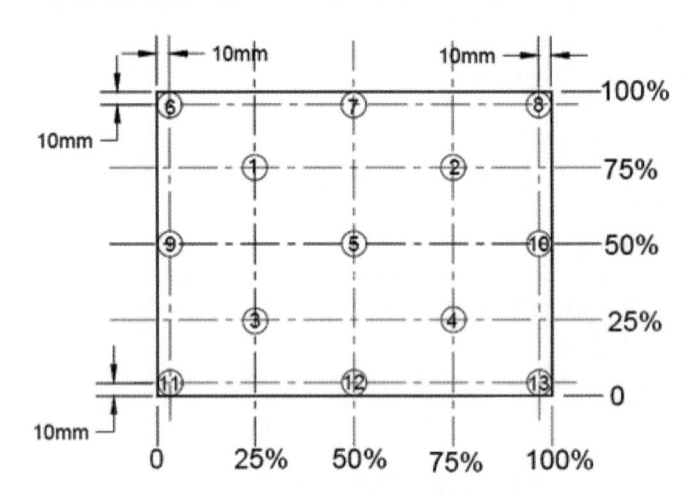

图3 屏幕均匀度测量点（13）

5.5.3.2 反射型显示器试验

环境照度：（850±150）lx。

试验装置布置如图4所示。

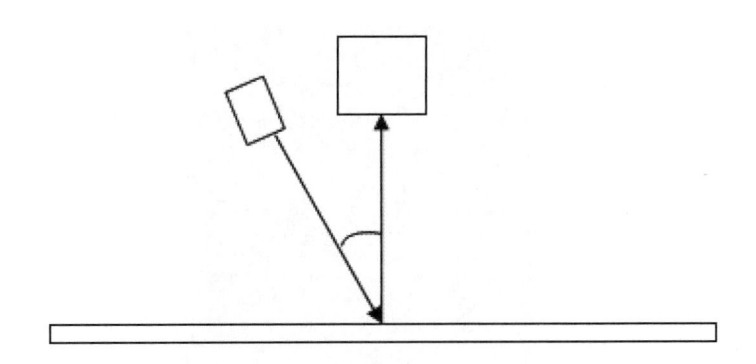

图4 检测装置放置图

反射率测试步骤如下：
a) 采用16阶全局模式使屏幕显示全白图片，保持三秒；
b) 采用16阶全局模式将屏幕刷新，仍显示全白图片，保持三秒；
c) 采用16阶全局模式将屏幕刷新，仍显示全白图片，保持三秒；
d) 采用16阶全局模式使屏幕显示测试图片，测试图片如图6所示，屏幕被分割为16块黑白相间色块，保持三分钟，每个色块编号见图7所示；
e) 使用分光测试仪测试，依次对图5上每个色块进行测量，获得采集值L*；

根据反射率计算公式1每个色块的反射率；

$$R=[(L*+16)/116]^3 \times 100\% \dots\dots\dots\dots\dots\dots\dots\dots\dots\dots\dots\dots(1)$$

式中：
R ——屏幕反射率；
$L*$ ——采集值。

对8个白色色块求平均值即为白反射率 R_{WS}；

对8个黑色色块求平均值即为黑反射率 R_{DS}。

图5 测试图片

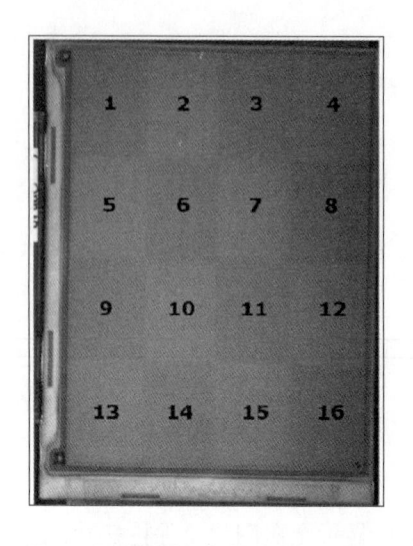

图6　测试图片在屏上显示图例

对比度计算方式如下：
白反射率和黑反射率按公式2计算：
$$Contract = R_{WS} / R_{DS} \quad\quad\quad\quad\quad\quad\quad\quad\quad\quad (2)$$
式中：
Contract——对比度；
R_{WS}——白反射率；
R_{DS}——黑反射率。

5.6　音视频试验

5.6.1　内置扬声器试验

环境条件：温度：21.2 ℃；相对湿度：54 %。
设备放置：将待测设备安装在标准测试台（置放于半消声室几何中心）上，试验装置布置如图7和图8所示。

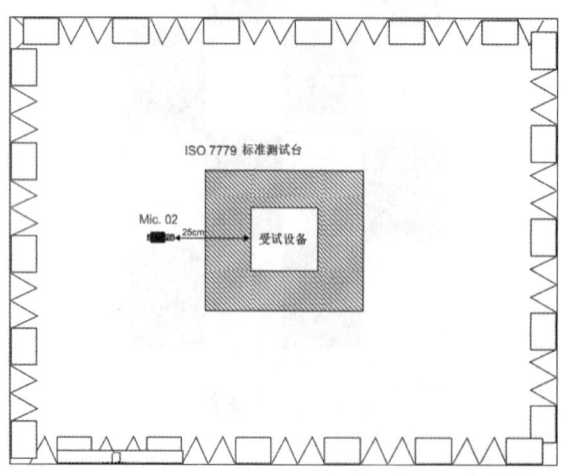

图7　受试设备与麦克风的位置关系（顶视图）

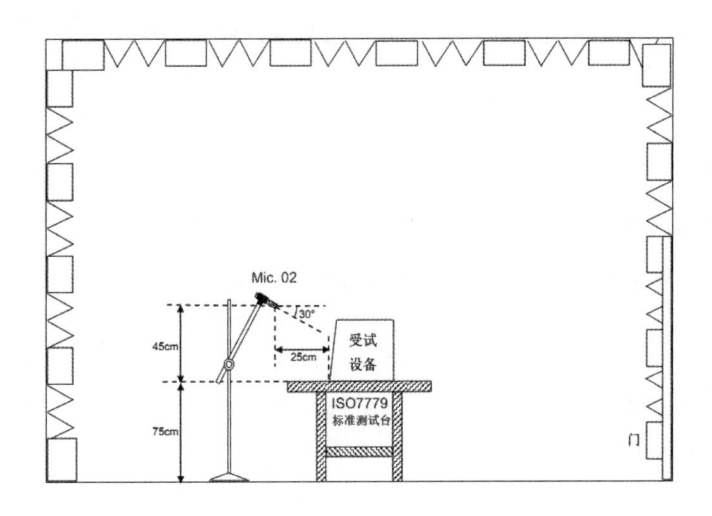

图8 受试设备与麦克风的位置关系（侧视图）

测试方法：测试产品在不同模式下的声压级，测量的持续时间为30秒。测试结果应满足4.6 a）的要求。声压级应符合GB/T 18313-2001第8章的规定，以分贝为单位（参考：20μPa）。

频带宽度：以1/3倍频带为基准，测试频带宽度为200 Hz～20 KHz。

频率测量：频率测量采用A-Weighted标准（A-Weighted描述人耳对不同频段的声音变化的敏感程度的标准）。

不精确度：不精确度= 0.44 dB(A)；报告中所测不精确度的扩展值是遵循一定规定的，即为其扩展值是由其标准值乘以扩充因子k=2，该扩充因子符合一个覆盖率接近于95%的正态分布。

测试结果记录表见表8。

表8 不同模式下声压级检测结果

序号	模式	声压级(dB(A)) Mic. 02（测量值）	背景噪声修正(dB(A)) K1A	声压级(dB(A)) Mic. 02（修正值）
0	背景噪声			
1	#01_待机声响			
2	#01_压力声响100%			
3	#01_典型噪声			

5.6.2 音频输入试验

根据产品标准定义，检查是否配置有麦克风。

5.6.3 音频输出试验

在无噪声环境下，开机随机播放一个音乐文件，检查产品左、右声道的音频输出效果。

5.6.4 视频输出试验

开机随机播放一个视频文件，用目视方式检查产品的视频输出效果。

5.6.5 摄像头试验

使用产品摄像头拍摄照片，用相关测试软件测试照片，像素值应符合4.6中e）或f）的规定。

5.7 输入方式试验

5.7.1 手写输入试验

5.7.1.1 手写输入试验总则

依据GB/T 18790的规定检查产品的手写输入功能。

5.7.1.2 防掌触试验

使用测力计（测量范围：1-5000 gf），设备平台，触摸板半径为8 mm、45 HS的硅橡胶的触头检验设备的防掌触功能，测试设备见图9。

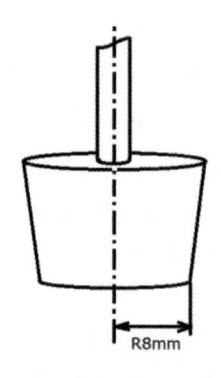

图9 测试设备

测试条件：每个产品配置一块触摸面板，在每个面板上有五处需要进行检测，见图10，测量条件应在触摸面板的有效区域内，并且至少距离其有效区域边缘2 mm。

图10 防掌触功能检测点

测试标准：作用在每个测试点上的触力激活值都大于3000 g。
测试结果记录表见表9。

表9 防掌触功能检测结果表

S/N	触力（g）					测试结果
	1	2	3	4	5	

样品						

5.7.1.3 原笔迹输入试验

若产品支持原笔迹输入需要：

使用触头R≤0.8 mm的触笔检验产品的原笔迹输入功能，每个产品可配置一块特定面板。

测试条件：

a) 开启系统并校准触摸性能；
b) 打开某一特定测试应用程序，设置最细笔芯的大小；
c) 每块书写位置上共有9个区域需要定位笔进行点触测试，见图11，测量位置应该在书写区域的有效范围内，并且至少距离有效区域边缘3 mm；

1	2	3
4	5	6
7	8	9

图11 原笔迹输入功能检测点

d) 触力的大小应该超出面板激活值。

测试标准：显示触点位置偏移物理上目标触点的距离值应该在1 mm范围内。

5.7.1.4 绘图试验

使用触头R≤0.8 mm的触笔检验产品的绘图功能，每个产品可配置一块特定面板。

测试条件：

a) 开启系统&校准触摸性能；
b) 打开某一特定测试应用程序，设置最细笔芯的大小；
c) 在有效区域内，用触笔绘制如图12所示线条和随机圆（圆的直径应该在1～5 mm范围之内，线条5-8应该在距离有效区域边缘2 mm处）；

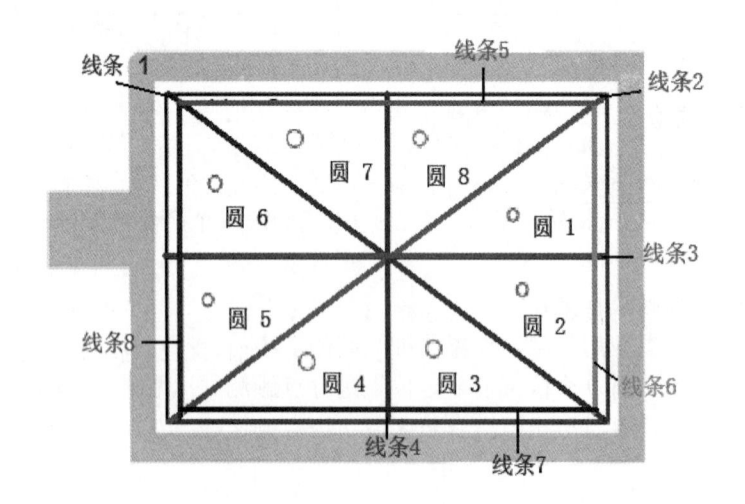

图12 绘图功能检测点

d) 绘图力的大小应该超出面板的触力对应的激活值。

测试标准：

a) 操作系统中的应用程序可以正确无误地检测线条和圆的笔迹，并且毫无破裂和变形的痕迹；

b) 线条和圆的检测位置偏移物理目标位置的距离值在 1mm 之内（笔迹检测）。

5.7.1.5 触力试验

测试设备：测力计。

测量范围：1～5000 gf。

设备平台，触笔：触头R≤0.8 mm，见图13。

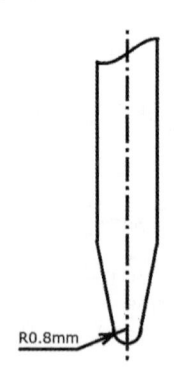

图13 检测设备

测试条件：每个产品配置一块书写面板，每块面板上共有5个区域需要定位笔进行点触测试，见图14，测量位置应该在书写面板的有效区域内，并且至少距离有效边缘2 mm。

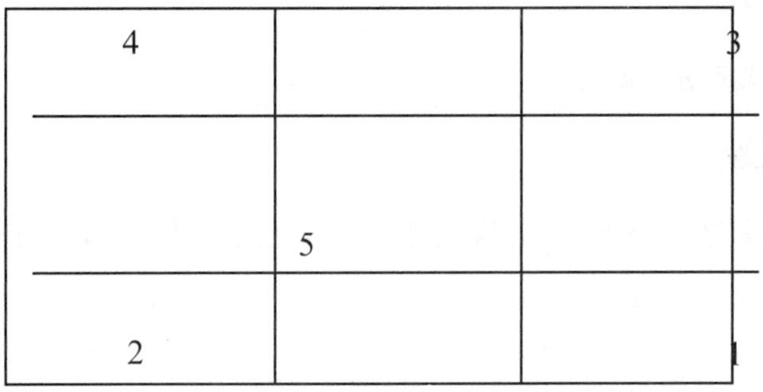

```
┌─────────┬─────────┬─────────┐
│    4    │         │    3    │
├─────────┼─────────┼─────────┤
│         │         │         │
│         │    5    │         │
├─────────┼─────────┼─────────┤
│    2    │         │    1    │
└─────────┴─────────┴─────────┘
```

图14 触力检测点

测试标准：每个测试点的触力激活值≤60 g。

测试结果记录表见表10。

表10 点触测试结果表

S/N	触力(g)					测试结果
	1	2	3	4	5	
样品						

5.7.2 键盘输入试验

按GB/T 19246的规定，用目测法检验键盘排列是否正确；用手检验按键按动是否灵活，接触是否可靠。

在平放设备键盘情况下，使用精度为2 mm级的量具测量被测产品键盘相邻键帽中心距离及键帽与键帽间的间隙。

5.7.3 语音输入试验

按GB/T 21023的规定检查产品的语音输入功能。

5.8 接口试验

产品的串行接口、并行接口、通用串行总线接口及其他接口按产品标准的规定进行。

5.9 网络连接试验

5.9.1 无线接入试验

在无线网络畅通环境下，设备连接无线网络，可正常联网。

5.9.2 有线接入试验

在有线网络畅通条件下，设备连接有线网络，可正常联网。

5.10 安全试验

5.10.1 一般安全试验

按GB 4943.1的规定进行试验。

5.10.2 电池安全试验

锂电池的安全试验按GB 8897.4的规定进行，锂电池组的安全试验按GB 19521.11的规定进行。

5.11 质量试验

使用称重器检测产品质量，应符合4.11的要求。

5.12 无障碍使用试验

正常运行设备，使用定制的快捷功能键，可快速跳转至相应的功能界面；并可实现快捷功能键的自定义。

产品的音频输入输出性能要求见5.6的试验方法。

5.13 电源适应性试验

5.13.1 交流电源适应能力试验

按表11组合对受试样品进行试验，在每种组合条件下检查受试样品工作是否正常。

表11 交流电源适应性

标称值组合	电压 V	频率 Hz
1	220	50
2	198	49
3	198	51
4	242	49
5	242	51

5.13.2 直流电源适应能力试验

按单向和双向方式分别调节直流电源电压，使其偏离标称值+5%，在每种组合条件下检查受试样品工作是否正常。

5.13.3 电线组件试验

按GB 15934的规定进行。

5.13.4 节能试验

产品节能试验要求如下：
a）播放高清视频，测试系统功耗；
b）在待机状态下，测试产品功耗。

5.14 环境适应性试验

5.14.1 一般要求

环境试验方法的总则、名词术语应符合GB/T 2421.1、GB/T 2422的有关规定。

以下各项试验中，规定的初始检测和最后检测，统一按本标准5.2进行外观和结构的检查，并按产品标准规定运行程序一遍，受试产品工作应正常。

当结构一体化产品中装入的某些设备，对其试验方法有特殊要求时，产品标准中应予以说明。

5.14.2　温度下限试验

5.14.2.1　工作温度下限试验

按GB/T 2423.1"试验Ab"进行。受试样品须进行初始检测，严酷程度取表2规定的工作温度下限值，加电运行程序2 h，受试样品工作应正常。

5.14.2.2　贮存运输温度下限试验

按GB/T 2423.1"试验Ab"进行。严酷程度取表1规定的贮存运输温度下限值，受试样品在不工作条件下存放16 h。恢复时间为2 h，并进行最后检测。

为防止试验中受试样品结霜和凝露，允许将受试样品用聚乙烯薄膜密封后进行试验。必要时还可以在密封套内装吸潮剂。

5.14.3　温度上限试验

5.14.3.1　工作温度上限试验

按GB/T 2423.2"试验Bb"进行。受试样品须进行初始检测，严酷程度取表2规定的工作温度上限值，加电运行程序2 h，受试样品工作应正常。

5.14.3.2　贮存运输温度上限试验

按GB/T 2423.2"试验Bb"进行。严酷程度取表2规定的贮存运输温度上限值，受试样品在不工作条件下存放16 h。恢复时间为2 h，并进行最后检测。

5.14.4　恒定湿热试验

5.14.4.1　工作条件下的恒定湿热试验

按GB/T 2423.3"试验Cab"进行，严酷程度取表2规定的工作温度、湿度上限值。受试样品须进行初始检测。试验持续时间为2 h。在此期间加电运行程序，工作应正常。恢复时间为2 h，并进行最后检测。

5.14.4.2　贮存运输条件下的恒定湿热试验

按GB/T 2423.3"试验Cab"进行。受试样品须进行初始检测，严酷程度取表2规定的贮存运输温度、湿度上限值。受试样品在不工作条件下存放48 h。恢复时间为2 h，并进行最后检测。

5.14.5　振动试验

5.14.5.1　试验说明

按GB/T 2423.10"试验Fc"进行。受试样品按工作位置固定在振动台上，进行初始检测。受试样品在不工作状态下，按表3规定值，分别在3个互相垂直方向进行振动。

5.14.5.2 初始振动响应检查

试验在给定频率范围内，在一个扫频循环上完成。试验过程中记录危险频率，一个试验方向上最多不超过4个危险频率。

5.14.5.3 定频耐久试验

用初始振动响应检查记录的危险频率进行定频试验，如果两种危险频率同时存在，则不能只选其中一种。

在试验规定频率范围内如无明显危险频率，或危险频率超过4个，则不做定频的耐久试验，仅做扫频耐久试验。

5.14.5.4 扫频耐久试验

按表3给定的频率范围由低到高，再由高到低，作为一次循环。按表3规定的循环次数进行，已做过定频耐久试验的样品不再做扫频耐久试验。

5.14.5.5 最后振动响应检查

对于已做过定频耐久试验的受试样品须做此项试验，对于做过扫频耐久试验的样品，可将最后一次扫频试验作为振动响应检查。本试验须将记录的共振频率与初始振动响应检查记录的共振频率相比较，若有明显变化，应对受试样品进行修整，重新进行该项试验。

试验结束后，进行最后检测。

5.14.6 冲击试验

按GB/T 2423.5 "试验Ea"进行，受试样品须进行初始检测，安装时要注意重力影响，按表4规定值，在不工作条件下，分别对三个互相垂直轴线方向各进行一次冲击试验。试验后进行最后检测。

5.14.7 碰撞试验

按GB/T 2423.6 "试验Eb"进行。受试样品须进行初始检测，安装时要注意重力影响，按表5规定值，在不工作条件下，分别对三个互相垂直轴线方向进行碰撞。试验后进行最后检测。

5.14.8 自由跌落试验

对受试样品进行初始检测，关机，将受试样品按GB/T 2423.8的规定和表6的规定值进行跌落，选除显示屏面外的五面，每面跌落一次。试验后显示屏不应破损，外壳不应断裂，产品结构不应出现翘起错误等异常，装上电池加电工作正常。

5.14.9 运输包装件跌落试验

对受试样品进行初始检测，将运输包装件处于准备运输状态，按GB/T 4857.2的规定进行预处理。

将运输包装件按GB/T 4857.5的要求和表7的规定值进行跌落试验。要求六面三棱一角各跌落一次。试验后按产品标准的规定检查包装件的损坏情况，并对受试样品进行最后检测。

5.15 电磁兼容性试验

5.15.1 无线电骚扰试验

按GB 9254的规定进行试验。

5.15.2 抗扰度试验

按GB/T 17618的规定进行试验。

5.16 可靠性试验

5.16.1 试验条件

本标准规定可靠性试验目的为确定产品在正常使用条件下的可靠性水平，试验周期内综合应力规定如下：

——电应力：受试样品在输入电压标称值（220V）的±10%变化范围内工作（直流供电产品电压变化为±5%）。一个周期内各种条件工作时间的分配为：电压上限25%，标称值50%，电压下限25%。

——温度应力：受试样品在一个周期内由正常温度（具体值由产品标准规定）升至表2规定的温度上限值再回到正常温度。温度变化率的平均值为0.7℃/min～1℃/min，或根据受试样品的特殊要求选用其他值。在一个周期内，保持在上限和正常温度的持续时间之比应为1：1左右。

一个周期称为一个循环，在总试验期间内循环次数不应小于3次。每个周期的持续时间应不大于$0.2m_0$，电应力和温度应力应同时施加。

5.16.2 试验方案

可靠性试验按GB/T 5080.7进行，可靠性鉴定试验和可靠性验收试验的方案由产品标准规定。在整个试验过程中，应按产品标准规定运行程序一遍，故障的判据和计入方法按附录A的规定，并只统计关联故障数。

5.16.3 试验时间

试验时间应持续到总试验时间及总故障数均能按选定的试验方案作出接收或拒收判决时截止。多台受试样品试验时，每台受试样品的试验时间不得小于所有受试样品的平均试验时间的一半。

5.17 限用物质测定

按GB/T 26125 的规定进行试验。

5.18 电池试验

5.18.1 电池保护试验方法

试验环境：温度为20 ℃±5 ℃。

a) 过充电保护试验

电池在按照标准充电方式结束充电后，用恒流恒压持续给电池加载8 h，恒流恒压源电流按容量不同，电流设定为1 C或最大负载电流（C代表被测试电池的容量，单位mAh，下同），电压为2倍标称电压。

b) 过放电保护试验

按容量不同将移动电源系统以0.5C_5A（C_5代表被测试电池用5小时将电池电量全部放完所能得到的容量，单位mAh）持续放电4 h，或以最大负载电流持续放电2倍标称容量除以放电电流的时间，记录保护动作电压。

c) 短路保护试验

电池在按照标准充电方式结束充电后，将正负极用0.1 Ω电阻器短路0.5 h，将正负极断开，按容量不同，以1 C电流或生产厂规定的最大充电电流瞬时充电5 s，然后用电压表测量移动电源系统电压。

以上实验结果均应符合本部分4.18.1规定的要求。

5.18.2 电池循环寿命试验

对电池以0.5 C恒流充电，当电池端电压达到充电限制电压时，改为恒压充电，直到充电电流小于或等于0.01 CmA，停止充电，放置0.5 h～1 h，然后以0.5 C恒流放电至截至电压（n×3）V，放电结束后，放置0.5 h～1 h，再进行下一个充放电循环。不允许以0.5 C电流充放电的移动电源系统，采用0.2 C电流按上述顺序完整充放电。当连续3次放电容量小于其标称容量的80%，停止试验，并记录此时循环的次数，即是循环寿命测试结果。判断次数是否符合4.18.2的规定。

5.18.3 持续供电时间试验

持续供电时间试验应包括以下应用情景：

应用情境1：待机状态下。

应用情境2：在阅读状态下，即以运行电子阅读器为主。

应用情境3：关闭液晶显示屏播放音乐。

持续供电时间应满足4.13.3的要求，各应用情景所占比例见表12。

表12 应用情境

应用	待机（LCD 开启）	电子阅读器（无线接入功能开启）	本地视频（720p）	MP3 播放（LCD 关闭）	视频流 通过无线接入功能播放 720P 视频流
所占比例	30%	40%	5%	5%	20%

5.19 防溅

5.19.1 摆管式淋水试验

试样放置：选择适当半径的摆管，使样品台面高度处于摆管直径位置上，将试样放在台上，是其顶部到样品喷水口的距离不大于200 mm，样品台不旋转。

试验条件：水流量按摆管的喷水孔数计算，每孔为0.07 L/min。淋水时，摆管中点两边各60°弧段内的喷水孔的喷水喷向样品。被试样品放在摆管半圆中心。摆管沿垂线；两边各摆动 60°，共120°.每次摆动（2*120°）约4 s。

试验时间：连续淋水10 min。

5.19.2 淋水喷头试验

试样放置：使试验顶部到手持喷头喷水口的平行距离在300 mm至500 mm之间。

试验条件：试验时应安装带平衡重物的挡板，水流量为10 L/min。
试验时间：按被检样品外壳表面积计算，每平方米为1 min（不包括安装面积），最少5 min。
合格标准：在整个测试过程中，系统及组件没有出现故障，以及间歇性失灵，开机后正常工作。

5.20 防尘

按GB 4208-2008中 IP 4X的规定进行。

6 质量评定程序

6.1 一般规定

产品在定型时（设计定型、生产定型）和生产过程中应按本标准和产品标准中的补充规定进行检验，并应符合这些规定的要求。

6.2 检验分类和检验项目

本标准规定检验分类如下：
a) 定型检验；
b) 质量一致性检验。

各类检验项目和顺序分别按表13的规定。若产品标准中有补充的检验项目时，则应将其插入表13的相应位置，并依次排序。

表13 检验项目

检验项目	技术要求	试验方法	定型检验	质量一致性检验	
				逐批检验	周期检验
外观	4.2	5.2	○	○	○
运算性能	4.3	5.3	○	—	—
内存与存储	4.4	5.4	○	—	—
显示	4.5	5.5	○	○	○
音视频	4.6	5.6	○	○	○
输入方式	4.7	5.7	○	○	○
接口	4.8	5.8	○	○	○
网络连接	4.9	5.9	○	—	—
安全	4.10	5.10	○	○[a]	○[a]
质量	4.11	5.11	○	—	—
无障碍使用	4.12	5.12	○	—	—
电源适应性	4.13	5.13	○	—	—
环境适应性	4.14	5.14	○	—	—
电磁兼容性	4.15	5.15	○	—	—
可靠性	4.16	5.16	○	—	—
限用物质的限量	4.17	5.17	○	—	#
电池	4.18	5.18	○	—	#

| 防溅 | 4.19 | 5.19 | ○ | — | # |
| 防尘 | 4.20 | 5.20 | ○ | — | # |

注："○"表示应进行的检验项目；"—"表示不检验的项目；"#"表示可选检验的项目。
a 在逐批检验和周期检验中，安全试验仅做接地和连接保护措施、接触电流和保护导体电流以及抗电强度三项试验。

6.3 定型检验

6.3.1 产品在定型时应通过定型检验。

6.3.2 定型检验由产品制造单位的质量检验部门或由产品制造单位指定的通过国家相关规定认可的检测机构负责进行。

6.3.3 定型检验中产品可靠性平均无障碍时间试验的样品数量由产品批量、试验时间和成本确定，其余检验项目的样品数量为 2 台。

6.3.4 定型检验中的各试验项目故障的判定和计入方法见附录 A。除可靠性鉴定一项外，其余项目均按以下规定进行。检验中出现故障或某项通不过时，应停止试验。查明故障原因，提出故障分析报告，重新进行该项试验。若在以后的试验中再次出现故障或某项通不过时，在查明故障原因，排除故障，并提出故障分析报告后，应重新进行定型检验。

6.3.5 检验后应提交定型检验报告。

6.4 逐批检验

6.4.1 批量生产或连续生产的产品，应进行全数逐批检验，检验中，出现任一项不合格时，应返修后重新进行检验。若再次出现任一项不合格时，该台产品被判为不合格产品。逐批检验中的外观检验、功能检验允许按 GB/T 2828.1 进行抽样检验，产品标准中应具体规定抽样方案和拒收后的处理方法。

6.4.2 逐批检验由产品制造单位质量检验部门负责进行。

6.5 周期检验

6.5.1 连续生产的产品，每年至少进行一次周期检验。

6.5.2 周期检验由产品制造单位的质量检验部门或由产品制造单位指定的通过合格评定国家认可机构认可的检测机构负责进行。根据订货方的要求，制造单位应提供该产品近期的例行检验报告。

6.5.3 周期检验样品应在逐批检验合格产品中随机抽取，产品可靠性平均无障碍时间试验的样品数量由产品批量、试验时间和成本确定，其余检验项目的试验样品数量为 2 台。

6.5.4 周期检验中检验项目的故障判定和计入方法见附录 A。除可靠性验收试验外，其余项目的故障处理按以下规定进行。检验中出现故障或任一项通不过时，应查明原因，提出故障分析报告。经修复后重新进行该项检验。之后，再顺序做以下各项试验，当再次出现故障或某项通不过时，在查明故障原因，提出故障分析报告，再经修复后，应重新进行各项周期检验。如重新进行例行检验中又出现某项通不过，则判该批产品通不过周期检验。

6.5.5 经周期检验中的环境试验的样品，应印有标记，一般不应作为合格品出厂。

6.5.6 检验后要提交周期检验报告。

7 标志、包装、运输和贮存

7.1 标志

产品的包装箱内所附文件应包含以下说明信息：产品技术规格说明书、产品使用说明书、制造商信息或销售商信息（针对进口产品）、生产厂信息或产地信息（针对进口产品）、产品标准、产品认证标志、安全警示标志或中文警示说明、产品质量检验合格证明、商品修理更换退货责任说明

包装箱外应标有制造厂名称，产品型号，并喷刷或贴有"易碎物品"、"怕雨"等运输标志，产品包装储运图示标志应符合GB/T 191的规定。

包装箱外喷刷或粘贴的标志不应因运输条件和自然条件而退色变色脱落。

产品包装的回收标志应符合GB 18455的规定。

7.2 包装

包装箱应符合防潮、防尘、防震的要求，包装箱内应有装箱明细表、检验合格证、用户手册（使用说明书）、备附件及有关的随机文件和软件。用户手册应符合GB/T 9969的规定。检验合格证应符合GB/T 14436的规定。

7.3 运输

包装后的产品应能以任何交通工具，运往任何地点，在长途运输时不得装在敞开的船舱和车厢，中途转运时不得存放在露天仓库中，在运输过程中不允许和易燃、易爆、易腐蚀的物品同车（或其它运输工具）装运，并且产品不允许经受雨、雪或液体物质的淋袭与机械损伤。

7.4 贮存

产品贮存应存放在原包装箱内，存放产品的仓库环境温度为0 ℃～40 ℃，相对湿度为30%～85%。仓库内不允许有各种有害气体、易燃、易爆的产品及有腐蚀性的化学物品，并且应无强烈的机械振动、冲击和强磁场作用，包装箱应垫离地面至少20 cm，距离墙壁、热源、冷源、窗口或空气入口至少50 cm。若无其他规定时，贮存期一般应为六个月。若在生产厂存放超过六个月者，则应重新进行逐批检验。

附 录 A
（规范性附录）
故障的分类与判据

A.1 故障定义和解释

按GB/T 5271.14规定的故障定义，出现以下情况之任一种均解释为故障。
a) 受试样品在规定条件下，出现了一个或几个性能参数不能保持在规定值的上下限之间；
b) 受试样品在规定应力范围内工作时，出现了机械零件、结构件的损坏和卡死，或出现了元器件的失效或断裂，而使受试样品不能完成其规定的功能。

A.2 故障分类

故障类型分为关联性故障（简称关联故障）和非关联性故障（简称非关联故障）。

关联故障是受试样品预期会出现的故障，通常都是由产品本身条件引起的。它是在解释试验结果和计算可靠性特征值时应要计入的故障。

非关联故障则是受试样品出现非预期的故障，这类故障不是由受试样品本身条件引起的，而是由试验要求之外的条件引起的。非关联故障在解释试验结果和计算可靠性特征值时不计入，但应在试验中做记录，以便于分析和判断。

A.3 关联故障判据

关联故障判据包括：
a) 必须经更换元器件、零部件才能排除的故障；
b) 损耗件（如电池等）在其寿命周期内发生的故障；
c) 需要对接插件、电缆进行修整，以消除短路和接触不良，方可排除的故障；
d) 在试验过程中需要重新对存储部件进行格式化才能排除的故障；
e) 出现造成测试和维护使用人员的不安全或危险或造成受试样品和设备严重损坏而必须立即中止试验的故障。一旦出现此类故障，应立即做出拒收判定；
f) 程序的偶然停运或运行失常，但无需做任何维修和调整，再经启动就能恢复正常，这种偶然的跳动故障，凡积累达三次者（指同一受试样品），计为一次关联故障，不足三次者均作非关联故障处理；
g) 不是同一因素引起而同时发生两个以上的关联故障，则应如数计入。如果是同一因素引起的，则只计一次；
h) 承担试验的检验单位，根据故障情况和分析结果，有资格认定某种故障为关联故障。

A.4 非关联故障判据

非关联故障判据包括：
a) 从属性故障

由于受试样品中某一元器件、零部件失效或出现设备故障而直接引起受试样品另一相关元器件或零部件的失效而造成的，或者由于试验条件已经超出规定的范围（如突然断电、电网电压的频率的变化、温湿度变化、严重的机械环境和干扰等）而造成的故障。

b) 误用性故障

由于操作人员的过失而造成的故障,如安装不当,施加了超过规定的应力条件,或者按产品标准的规定允许调整的部件没有得到正确的调节等,而造成的故障。

c) 诱发性故障

在检修期间,因为维修人员的过失而造成的故障。

d) 承担试验的检验单位,根据事故情况和分析结果,有资格认定某种故障为非关联故障。

ICS 35.240.99
L67

Q/PEPD

人教数字出版有限公司企业标准

Q/PEPD 3—2017

电子书包终端标配软件规范

2017-××-×× 发布　　　　　　　　　　　　2017-××-×× 实施

人教数字出版有限公司　发布

目　次

前言 ... 126
1 范围 ... 127
2 规范性引用文件 ... 127
3 定义和术语 ... 127
4 技术要求 ... 127
　4.1 操作系统 ... 127
　4.2 教学功能 ... 128
5 试验方法 ... 129
　5.1 终端操作系统测试 ... 129
　5.2 标配教学功能测试 ... 129
6 系统验收 ... 131

前　言

本标准依据 GB/T 1.1—2000 起草。

本标准由人教数字出版有限公司提出并解释。

本标准起草单位：国家科技支撑计划"学习资源数字出版与电子书包标准研究与检测工具开发"课题组。

本标准起草人：钱冬明、祝智庭、李莹、余云涛、殷述军、陈志云、张福新、管珏琪、陶成良、李凯、邱慧娴、王易冰、李如意、沙沙、钟岑岑。

电子书包终端标配软件规范

1 范围

本标准规定了电子书包操作系统要求及应提供的支持教与学的功能和测试方法。
本标准适用于各种类型的电子书包终端，是开发电子书包系统功能的依据。

2 规范性引用文件

下列文件对于本文件的应用是必不可少的。凡是注日期的引用文件，仅注日期的版本适用于本文件。凡是不注日期的引用文件，其最新版本（包括所有的修改单）适用于本文件。

GB/T 8567-2006　计算机软件文档编制规范
GB/T 9385-2008　计算机软件需求规格说明规范
GB/T 9386-2008　计算机软件测试文档编制规范
GB 13000　信息技术　通用多八位编码字符集（UCS）
GB/T 15532-2008　计算机软件测试规范
GB 18030　信息技术　中文编码字符集
GB/T 20918-2007　信息技术　软件生存周期过程
GB/T 28035-2011　软件系统验收规范

3 定义和术语

下列术语和定义适用于本文件。

3.1

电子书包终端　e-SchoolBag Terminal

一种用于教学和学习的数字终端产品。包括数字终端硬件、终端的操作系统以及数字终端所标配的教学功能。

3.2

标配教学功能　standard teaching function

应用于教学配置的基本功能。包括信息分享与控制、动态屏幕标注、文件传送、随堂测验、考试与讲评、学习监控、学习工具和数据管理功能。

4 技术要求

4.1 操作系统

产品的操作系统应满足以下要求：
a) 编码字符集应至少符合 GB 18030 强制部分的要求，并应与 GB13000 相应部分建立映射关系，产品安装的字库应符合有关国家标准和行业标准的规定；
b) 产品操作系统管理软硬件及外设资源并为用户提供操作界面；
c) 产品操作系统应支持多任务处理；支持多媒体播放、处理等功能；
d) 产品操作系统应内置基本的硬件驱动程序；
e) 产品操作系统应内置基本的网络浏览器；
f) 为少数民族开发的产品，应能处理当地民族语言，并能符合相应标准的规定。

具体的操作系统要求，需要在具体产品中标注。

4.2 教学功能

4.2.1 要求总则

课堂主体教师和学生的电子书包系统功能存在差异。电子书包的系统功能架构既要满足教师的教，又要满足学生的学，电子书包系统中教师端的教的功能将配合和支持学生端的学，两端建立耦合关系。从用户教与学的需求出发，结合"课堂互动学习、小组协同探究、个人按需学习"三类应用模式，本规范分别定义电子书包终端系统中教师端、学生端应配置的教学功能，主要从以下四个方面考虑功能配置要求：
a) 支持教师知识陈述、例证、情景呈现和任务布置；
b) 支持教师创设交互学习环境；
c) 支持教师课堂管理；
d) 辅助教师端的教与支持学生端的学。

4.2.2 信息分享与控制

产品应支持以下功能：
a) 支持教师端屏幕内容、单个或多个学生端屏幕内容可共享至课堂交互显示设备（如电子白板等）；
b) 支持教师端屏幕内容能实时共享至所有学生端屏幕，且支持学生端对共享内容的自主控制；
c) 支持教师端屏幕内容、单个或多个学生端屏幕内容能实时共享至所有学生端屏幕。

4.2.3 动态屏幕标注

产品应支持教师端讲评，提供高亮显示、画线等标注功能。

4.2.4 文件传送

产品应支持以下功能：
a) 支持教师端实时地将指定文件或文件夹传送至学生端；
b) 支持学生端实时地将指定文件或文件夹传送至教师端。

4.2.5 随堂测验

产品应支持以下功能：
a) 支持教师端可以发起随堂测验，学生端可以方便地做测试；

b) 支持教师端全程跟踪用户测试过程并提供实时反馈，试卷自动收集并自动评分，学生端可以看到测试的结果；
c) 支持教师端汇总学生成绩，提供测试反馈并归档学生测验结果。

4.2.6 考试与讲评

产品应支持以下功能：
c) 支持教师端管理、发布考试；支持实时查看学生端提交情况和完成情况；
d) 支持学生端完成、提交考试；
e) 支持教师端跟踪学生考试过程，考试结束时对客观题可自动评分，主观题待教师评阅后，用户可查看考试结果；
a) 支持教师端对考试结果在正确率、难度等方面的统计分析。

4.2.7 学习监控

支持教师端查看学生的学习进度。

4.2.8 学习工具

产品的学习工具功能要求如下：
a) 应为教师端、学生端提供阅读器、多媒体播放工具等通用学习工具；
b) 宜为教师端、学生端预置学科相关的学习工具；
c) 应为用户提供用于学习的专用界面。支持用户个性化定制学习工具。

4.2.9 数据管理功能

产品应支持教师端对教与学过程相关数据的记录管理。

5 试验方法

5.1 终端操作系统测试

产品所有应用程序和操作系统里修改过或添加的软件库应能在该终端操作系统下正常运行。同时操作系统应满足4.1中的要求。

5.2 标配教学功能测试

5.2.1 测试目的

检查产品提供的教学功能是否与4.2描述一致。
验证系统是否满足设计文档、需求规格说明、软件设计说明和软件产品说明等规定的软件质量要求。
通过测试，发现系统缺陷。

5.2.2 测试类别

标配教学功能应为系统测试。

5.2.3 测试要求

5.2.3.1 测试对象

测试对象应是完整的产品系统。

5.2.3.2 测试的组织和管理

委托第三方实施系统测试。系统测试人员配备见表1。

表1 软件测试人员配备情况表

工作角色	具体职责
测试项目负责人	管理监督测试项目,提供技术指导,获取适当的资源,制定基线,技术协调,负责项目的安全保密和质量管理
测试分析员	确定测试计划、测试内容、测试方法、测试数据生成方法、测试(软、硬件)环境、测试工具、评价测试工作的有效性
测试设计员	设计测试用例,确定测试用例的优先级,建立测试环境
测试程序员	编写测试辅助软件
测试员	执行测试、记录测试结果
测试系统管理员	对测试环境和资产进行管理和维护
配置管理员	设置、管理和维护测试,配置管理数据库
注:一个人可承担多个角色的工作,一个角色可由多个人承担	

5.2.3.3 测试内容

系统测试的测试内容应从适合性、准确性、互操作性、安全保密性、成熟性、容错性、易恢复性、易学性等方面(有选择的)来考虑,测试要求参见GB/T 15532。

电子书包终端产品的系统测试内容应至少包含:

a) 功能测试:按GB/T 9385的规定,检查系统需求规格说明是否符合规范;按本标准4.2的规定检查系统提供功能;
b) 兼容性测试:考察系统在不同运行环境中的适应能力;
c) 可用性测试:产品在特定使用环境下为特定用户用户特定用途时所具有的有效性、效率和用户主观满意度。系统的可用性特征包括:易学习性、易用性、效率以及满意度等。可用性测试可委托第三方可用性机构完成;
d) 系统并发性测试:在系统真实运行环境中测试系统可承载的最大用户数。

5.2.3.4 测试环境

测试环境应包括测试的运行环境和测试工具,具体要求如下:

a) 测试运行环境应符合系统运行要求(如在一个50人的课堂教学环境中),通常是系统正式工作环境。
b) 测试工具宜是经过认可的工具。

5.2.3.5 测试过程

测试过程包括测试策划、测试设计、测试执行和测试总结,参照GB/T 15532的规定。

5.2.3.6 文档

测试后形成的文档应包括：
a）测试计划；
b）测试说明；
c）测试报告；
d）测试记录；
e）测试问题报告。

可根据需要对上述文档及文档内容进行裁剪。裁剪要求见表12。

表2 测试文档的取舍与合并要求

文档	性质				
	规模（巨、大、中）	规模（小、微）		完整性级别（A、B）	完整性级别（C、D）
测试计划	✓	✓	•	✓	✓	•
测试说明	✓	✓		✓	✓	
测试报告	✓	✓		✓	✓	
测试记录	✓	✓	•	✓	✓	•
测试问题报告	✓	✓		✓	✓	
注：✓表示选取，•表示合并				

6 系统验收

系统经测试后提交第三方评审机构验收。系统验收条件及验收详细要求参照GB/T 28035-2011软件系统验收规范中的规定。

验收不合格的系统应完善并测试后重新提交检验。

ICS 35.240.99
L67

Q/PEPD

人教数字出版有限公司企业标准

Q/PEPD 4—2017

学习资源数字出版标识

2017-××-×× 发布　　　　　　　　　　　　2017-××-×× 实施

人教数字出版有限公司　发布

目　次

前言 ... 134
1 范围 ... 135
2 规范性引用文件 ... 135
3 术语和定义 ... 135
4 学习资源的数字出版标识规范 ... 135
　4.1 语法表示 ... 135
　4.2 定位码 ... 136
　4.3 序列码 ... 136
5 学习资源数字出版标识符分配原则 ... 136
　5.1 分配对象 ... 136
　5.2 分配粒度 ... 137
参考文献 ... 138

前　言

本标准依据 GB/T 1.1—2000 起草。

本标准由人教数字出版有限公司提出并解释。

本标准起草单位：国家科技支撑计划"学习资源数字出版与电子书包标准研究与检测工具开发"课题组。

本标准起草人：陈磊、钱冬明、沙沙、张雅君、刘颖丽、钟岑岑、谢冰。

学习资源数字出版标识

1 范围

本标准提出了学习资源数字出版的标识符结构、编码规则。

本标准适用于国家科技支撑计划项目内中小学学习资源的数字出版标识。

2 规范性引用文件

下列文件对于本文件的应用是必不可少的。凡是注日期的引用文件，仅注日期的版本适用于本文件。凡是不注日期的引用文件，其最新版本（包括所有的修改单）适用于本文件。

GB 18030—2005 信息技术 中文编码字符集

3 术语和定义

下列术语和定义适用于本标准。

3.1

学习资源 learning resource

任意形式、任何粒度的教学内容及其他有价值的对象。

3.2

数字出版标识符 digital publishing identifier

用于新闻出版数字资源的唯一、永久、可供数字化系统应用的标识代码。

3.3

学习资源数字出版标识符 digital publishing identifier of learning resource

用于标识学习资源的数字出版标识符的总称。

3.4

标识对象 referent

由一个数字出版标识符所标识的特定的学习资源。

4 学习资源的数字出版标识规范

4.1 语法表示

学习资源数字出版标识符的语法含义表示如下：

a）学习资源数字出版标识符的语法规定了构成一个学习资源数字出版标识符的字符形式与顺序。

b）学习资源数字出版标识符由定位码和序列码两部分组成，中间以分隔符"_"分隔。学习资源数字出版标识符序列码长度无限制。学习资源数字出版标识符的组成结构如图1所示：(生成标准和依据，最后的成果演示)

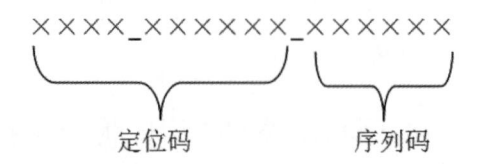

```
xxxx_xxxxxx_xxxxxx
     |         |
   定位码     序列码
```

图1 新闻出版数字资源唯一标识符组成结构

4.2 定位码

定位码由标示类型、出版社版本、学段、学科、年级、册及载体版本的字符和数字组成。学段与学科间用"_"连接。定位码编码规则如表1所示。

表1 学习资源数字出版标识符定位码编码规则一览表

类型		出版社版本		学段		学科		年级		册		载体版本	
EB	学生用书	P	PEP（人教版）	X	小学	YW	语文	1	一年级	A	上册	A	A版
									1必修				
ER	教师用书	E	ESPH（广州版）	C	初中	YY	英语	2	二年级	B	下册	B	B版
									2必修		必修		
		G	GEPH（粤教版）	G	高中	SX	数学	3	三年级	X	必修	R	光盘
									3必修				
						WL	物理	4	四年级	C	全册		
						HX	化学	5	五年级				
						SW	生物	6	六年级				
						DL	地理	7	七年级				
						LS	历史	8	八年级				
						ZZ	政治	9	九年级				
1-2位		3位		4位		6-7位		8位		9位		10位	

示例1：ERPX_YW3B

示例2：EBPG_SX2BA

4.3 序列码

学习资源数字出版标识符序列码由任意长度的一组字符构成，可以嵌入其他标识符（如ISBN、ISSN、ISRC等）。

示例3：U03L000

示例4：1AP007

5 学习资源数字出版标识符分配原则

5.1 分配对象

学习资源数字出版标识符可以分配给对应中小学任意版本、任意学科和年级的教材及配套教辅。

5.2 分配粒度

学习资源数字出版标识符可以分配给学习资源的任何组成部分,如某一章节、某一独立段落、某幅图片、引用的某一部分等,或者分配者认为最恰当的粒度。

参考文献

[1] GB/T 5795—2006 中国标准书号
[2] GB/T 9999-2001 中国标准连续出版物号
[3] GB/T 13396-2008 中国标准录音制品编码
[4] GB/T 23730.1-2009 中国标准视听作品号 第1部分：视听作品标识符
[5] GB/T 23730.2-2009 中国标准视听作品号 第2部分：版本标识符
[6] GB/T 23733-2009 中国标准音乐作品编码
[7] GB/T 23732-2009 中国标准文本编码
[8] ONIX Code Lists Issue 11 for Release_3.0
[9] http://www.ifla.org/VII/s13/isbdrg/ISBD_Area_0_WWR.htm
[10] 国家图书馆.新版中国机读目录格式使用手册.北京：北京图书馆出版社，2004.

第二部分

相关行业标准

ICS 01.140.40
A 19
备案号：43965-2014

新闻出版行业标准化指导性技术文件

CY/Z 25-2013

电子书内容标准体系表

Diagram of standard system for ebook contents

2013-11-20 发布

2013-11-20 实施

国家新闻出版广电总局　发布

目　次

前言 ··· 143
1　范围 ·· 144
2　规范性引用文件 ·· 144
3　术语和定义 ·· 144
5　电子书内容标准体系结构 ··· 145
　　4.1　标准体系结构框架 ·· 145
　　4.2　标准明细表的组成 ·· 146
　　4.3　相关标准的组成 ·· 146
5　电子书内容标准明细表 ·· 147
　　5.1　内容基础标准 ··· 147
　　5.2　内容制作标准 ··· 147
　　5.3　内容格式标准 ··· 148
　　5.4　内容传播标准 ··· 148
　　5.5　内容管理标准 ··· 149
附录A（资料性附录）　电子书内容相关标准 ··· 150
附录B（资料性附录）　电子书内容标准统计表 ·· 156
参考文献 ·· 157

前　言

本标准按照 GB/T1.1-2009 给出的规则起草。

本标准的附录 A 为资料性附录。

本标准由全国新闻出版标准化技术委员会（SAC/TC527）提出并归口。

本标准主要起草单位：中国新闻出版研究院、北京拓标卓越信息技术研究院、天闻数媒科技（北京）有限公司。

本标准主要起草人（以汉语拼音为序）：安秀敏、蔡京生、冯宏声、张倩影、刘颖丽、彭兆平、向江、魏玉山、张书卿、郑铁男。

电子书内容标准体系表

1 范围

本标准提供了新闻出版业电子书内容标准化体系的层次结构和标准明细表。

本标准用于指导电子书内容制作、内容发布和内容管理等标准的制、修订。

2 规范性引用文件

下列文件对于本文件的应用是必不可少的。凡是注日期的引用文件，仅所注日期的版本适用于本文件。凡是不注日期的引用文件，其最新版本（包括所有的修改单）适用于本文件。

GB/T 13016—2009 标准体系表编制原则和要求

GB/T 19000—2008 质量管理体系 基础和术语

GB/T 20000.1—2002 标准化工作指南 第1部分：标准化和相关活动的通用词汇

3 术语和定义

3.1

标准 standard

为在一定的范围内获得最佳秩序，经协商一致制定并由公认机构批准，共同使用的和重复使用的一种规范性文件

[GB/T 20000.1—2002,2.3.2]

3.2

体系（系统） system

相互关系或相互作用的一组要素。

[GB/T 19000—2003,3.2.1]

注：系统可以指整个实体。系统的组件可能也是一个系统，此组件可称为子系统。

3.3

标准体系 standard system

一定范围内的标准按其内在联系形成的科学的有机整体。

[GB/T 13016—2009,3.3]

3.4

标准体系表 diagram of standard system

一定范围的标准体系内的标准按其内在联系排列起来的图表。

注：标准体系表用以表达标准体系的构思、设想、整体规划，是表达标准体系概念的模型。

[GB/T 13016—2009,3.4]

3.5

数字出版产品 digital publishing products

以知识信息为内容，以数字技术为手段，以数字产品形态或内容服务形式面向公众传播的文化产品。

注：数字出版产品包括电子书和内容数据库等。

3.6

电子书 ebook

通过相关设备直接呈现文字、图像、音频、视频等内容的数字出版产品。

注：电子书包括电子图书、电子期刊和电子报等。

3.7

电子图书 e-book

通过相关设备直接呈现文字、图像、音频、视频等内容，具有相当篇幅的专题数字出版产品。

3.7.1

电子期刊 e-journal

数字期刊 digital journal；d-journal

通过相关设备直接呈现文字、图像、音频、视频等内容，一年出版一期以上（含一期）的连续性数字出版产品。

3.7.2

电子报 electronic newspaper；e-newspaper

数字报 digital newspaper；d-newspaper

通过相关设备直接呈现文字、图像、音频、视频等内容，以刊载新闻、信息或时事评论为主的连续性数字出版产品。

3.8

电子书内容标准体系表 diagram of standard system for ebook content

电子书内容产业链上具有内在联系的标准所组成的科学有机整体。

3.9

相关标准 relative standard

与本体系关系密切且需直接采用的其他标准体系的标准。

[GB/T 13016—2009,3.8]

3.10

规范 specification

阐明要求的文件。

[GB/T 19000—2008,3.7.3]

3.11

规程 code of practice

为设备、构件或产品的设计、制作、安装、维护或使用而推荐惯例或程序的文件。

注：规程可以是标准、标准的一部分或与标准无关的文件。

[GB/T 20000.1—2002,2.3.5]

3.12

一致性检查 consistency check

确定彼此依赖的对象是否遵循预先约定要求的数据验证活动。

4 电子书内容标准体系结构

4.1 标准体系结构框架

根据 GB/T 13016—2009 的规定，电子书内容标准体系由"A 电子书内容标准"和"B 电子书内容相关标准（见附录 A）"两部分构成，均包括内容基础标准、内容制作标准、内容格式标准、内容传播标准和内容管理标准五个分体系，如图 1 所示。

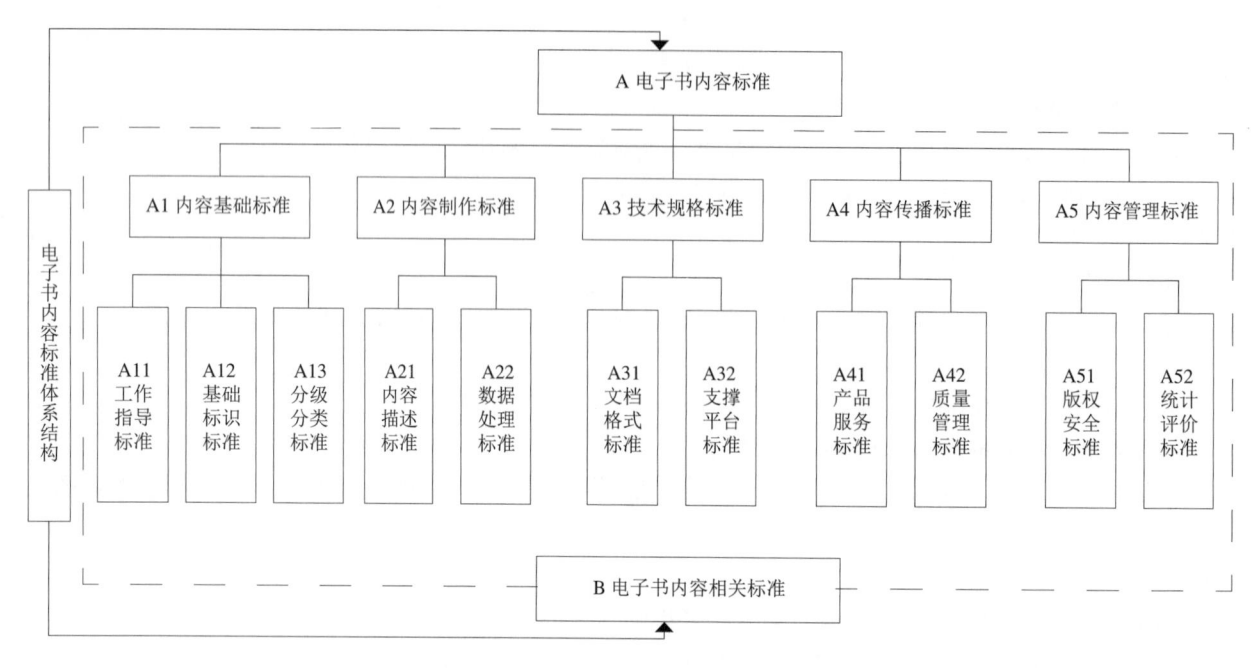

图 1 电子书内容标准体系结构

4.2 标准明细表的组成
4.2.1 明细表的分类
电子书内容标准明细表根据 4.1 的规定，将需要制定的标准分别纳入五个分体系，分体系名称和代码表示如下：

——A1 内容基础标准，包括 A11 工作指导标准，A12 基础标识标准，A13 分级分类标准；
——A2 内容制作标准，包括 A21 内容描述标准，A22 数据处理标准；
——A3 内容格式标准，包括 A31 文档格式标准，A32 支撑平台标准；
——A4 内容传播标准，包括 A41 产品服务标准；
——A5 内容管理标准，包括 A51 质量管理标准，A52 版权安全标准，A53 统计评价标准。

4.2.2 明细表的表示
电子书内容标准明细表的结构表示如下：
a) 分体系名，分支体系的名称；
b) 标准序号，由标准所在分体系代码和顺序号组成；
c) 标准名称，包括在编、待编标准的名称；
d) 研制方向，对标准研制方向的简要说明；
e) 研制状态，"在编"表示标准在制定中，"待编"表示标准暂未制定；
f) 宜定等级，表示标准研制次序，"高"为优先级，"中"为次优级。

4.3 相关标准的组成
4.3.1 相关标准的分类
相关标准（见附录 A）包括与电子书内容相关的已发布的国家标准、行业标准、国际标准以及待发布的标准等。根据 4.1 的规定，将相关标准系分别纳入五个分体系，分体系名称和代码表示如下：

——B1 内容基础标准，包括 B11 工作指导标准，B12 基础标识标准，B13 分级分类标准；
——B2 内容制作标准，包括 B21 内容描述标准，B22 数据处理标准；
——B3 内容格式标准，包括 B31 文档格式标准，B32 支撑平台标准；
——B4 内容传播标准，包括 B41 产品服务标准；
——B5 内容管理标准，包括 B51 质量管理标准，B52 版权安全标准，B53 统计评价标准。

4.3.2 相关标准的表示

相关标准明细表的结构表示如下：
a) 分体系名，分支体系的名称；
b) 标准序号，由相关标准所在分体系代码和顺序号组成；
c) 标准名称，已发布的标准名称和待发布标准的名称；
d) 标准编号，国家标准、行业标准、国际标准和其他标准的代码。

5 电子书内容标准明细表

5.1 内容基础标准

内容基础标准由工作指导、基础标识和分级分类三类标准组成，见表1。

表 1 内容基础标准

分体系名	标准序号	标准名称	研制方向	研制状态	宜定级别
A11 工作指导	A11.1	电子书内容标准体系表	覆盖电子书完整产业链的标准体系，包括电子书内容描述、制作、格式、传播、管理等。梳理并规范当前和今后需要制定的标准以及与其密切相关的标准。	在编	高
	A11.2	电子书内容标准编写指南	指导电子书内容标准编写工作的技术性文件。	待编	中
	A11.3	电子书内容术语	提出电子书内容的常用术语。	在编	高
A12 基础标识	A12.1	电子书特殊字描述规范	对电子书中的生僻字、特殊字符、公式等描述要求进行规范。	待编	高
	A12.2	电子书（内容）标识	对电子书（内容）唯一标识符的结构、分配、使用和管理等规则进行规范。	在编	高
	A12.3	电子书内容对象标识应用规范	对电子书内容数字对象唯一标识符的分配使用和管理等细节方面的要求进行规范。	待编	高
	A12.4	电子书内容二维码	对电子书基本信息二维码的结构、显示格式和元数据等进行规范。	待编	中
	A12.5	电子书参与方标识应用规范	对电子书内容提供者(含团体、个人)、制作者、转播者、集成者等的唯一标识的使用进行规范。	待编	中
A13 分级分类	A13.1	电子书分类与代码	以不同分类维度对电子书内容媒体形式表现特征和代码等进行统一规范。	待编	高
	A13.2	电子书内容管理分类	对电子书内容管理与应用的分类进行统一规范。	待编	中

5.2 内容制作标准

内容制作标准由内容结构、数据处理两类标准组成，见表2。

表 2 内容制作标准

分体系名	标准序号	标准名称	研制方向	研制状态	宜定级别
A21 内容描述	A21.1	电子书版权页信息规范	对电子书版权页必载版权信息、编排规则、显示位置等要求进行规范。	在编	高
	A21.2	电子书描述元数据	对电子书内容整体信息进行描述的元数据规范。	在编	高
	A21.3	电子书通用内容结构	基于电子书概念，提出可用于各类电子书，具有共性的、通用的内容结构规范。	待编	中

分体系名	标准序号	标准名称	研制方向	研制状态	宜定级别
A21 内容 描述	A21.4	电子图书内容结构	基于电子图书完整结构内容的规范。	待编	中
	A21.5	电子期刊内容结构	基于电子期刊完整结构内容的规范。	待编	中
	A21.6	电子报内容结构	基于电子报完整结构内容的规范。	待编	中
A22 数据 处理	A22.1	电子书内容对象数据通用技术格式	对电子书内容对象数据（文字、图像、音频、视频、动漫等）的一般技术指标进行规范。	待编	高
	A22.2	电子书内容文件命名规则	对电子书内容数据文件的命名的基本要素及规则进行规范。	待编	中
	A22.3	数字内容对象存储、复用与交换规范 第1部分：对象模型	基于本体 OWL 标准的对象模型，描述对象类型、属性及其对象间的多种关联关系等。	在编	高
	A22.4	数字内容对象存储、复用与交换规范 第2部分：对象封装、存储和交换	基于 OAI_ORE 的对象元数据格式、OAIS 的对象存储系统模型，对数字内容对象信息包的提交接口、查询接口和获取接口等进行规范。	在编	高
	A22.5	数字内容对象存储、复用与交换规范 第3部分：对象一致性检查方法	规范数字对象属性必备性、对象属性、取值规范性、对象之间的语义关系的验证等。	在编	高

5.3 内容格式标准

内容格式标准由文档格式和支撑平台两类标准组成，见表3。

表3 内容格式标准

分体系名	标准序号	标准名称	研制方向	研制状态	宜定级别
A31 文档 格式	A31.1	电子书内容格式基本要求	提出电子书内容格式的呈现、封装、发布和输出的基本要求。	在编	高
	A31.2	电子书版面通用要求规范	对电子书版面的通用要求表现方式的规则进行规范。	待编	中
	A31.3	电子书内容呈现格式	对电子书内容结构呈现方式的完整格式进行规范。	在编	中
	A31.4	电子书内容封装格式	对电子书内容格式的封装、打包等要求进行规范。	待编	中
A32 支撑 平台	A32.1	电子书内容平台基本要求	规范电子书内容发布、上传、下载、浏览检索、版权保护等功能的基本要求。	在编	高
	A32.2	电子书内容平台服务功能基本规范	规范电子书内容平台的信息安全、支付、评论、推荐等功能的基本要求。	在编	高

5.4 内容传播标准

内容传播标准由产品发布和产品服务两类标准组成，见表4。

表4 内容传播标准

分体系名	标准序号	标准名称	研制方向	研制状态	宜定级别
A41 产品 服务	A41.1	电子书产品发布规程	对电子书产品的交换、下载、转换以及产品说明等进行规范。	待编	中
	A41.2	电子书产品服务规范	对电子书的售后服务内容、服务质量进行规范。	待编	中
	A41.3	电子书出版从业者规范	对从事电子书制作者和发布者等的资质、行为等进行规范。	待编	中
	A41.4	电子书经营管理要求	对电子书产品的价格、管理制度、销售与质检人员素质等提出要求。	待编	中

5.5 内容管理标准

内容管理标准由质量管理、版权安全、统计评价三类标准组成，见表5。

表 5 内容管理标准

分体系名	标准序号	标准名称	研制方向	研制状态	宜定级别
A51 质量 管理	A51.1	电子书阅读器功能技术要求及监测规范	提出电子书阅读器的技术功能和检测要求的技术性文件。	在编	高
	A51.2	电子书内容质量基础规范	提出电子书内容文字、图像、格式等的质量保障要求。	在编	高
	A51.3	电子书编校质量检查规范	提出电子书编校质量检查和统计方法，差错率认定原则等。	在编	高
	A51.4	电子书格式一致性规程	对电子书内容格式及取值符合性等的检测和验收规范。	待编	高
A52 版权 安全	A52.1	电子书内容版权保护通用规范	对电子书内容版权保护的业务流程和功能需求进行规范。	在编	中
	A52.2	电子书版权封装	提出电子书版权封装的技术要求。	待编	中
A53 统计 评价	A53.1	电子书评价指标	提出电子书内容的评价指标体系和评价方法。	待编	中
	A53.2	电子图书使用量统计	提出电子图书在线浏览、阅读量、下载等统计指标和方法。	待编	中
	A53.3	电子期刊使用量统计	提出电子期刊在线浏览、阅读量、下载等统计指标和方法。	在编	中
	A53.4	电子报使用量统计	提出以报纸形态展示的阅读量、下载等统计指标和方法。	待编	中

附录 A
（资料性附录）
电子书内容相关标准

A.1 电子书内容相关标准明细表
A.1.1 基础内容相关标准
基础内容相关标准见表 A.1。

表 A.1 基础内容相关标准

分体系名	标准序号	标准名称	标准编号
B11 工作 指导	B11.01	标准体系表编制原则和要求	GB/T 13016—2009
	B11.02	企业标准体系表编制指南	GB/T 13017—2008
	B11.03	新闻出版标准体系表	CY/T XXXX（待发布）
	B11.04	标准化工作指南 第 1 部分：标准化和相关活动的通用词汇	GB/T 20000.1—2002
	B11.05	标准编写规则 第 1 部分：术语	GB/T 20001.1—2001
	B11.06	术语工作 原则与方法	GB/T 10112—1999
	B11.07	分类与编码通用术语	GB/T 10113—2003
	B11.08	汉语信息处理词汇 第 01 部分：基本术语	GB/T 12200.1—1990
	B11.09	汉语信息处理词汇 第 02 部分：汉语和汉字	GB/T 12200.2—1994
	B11.10	信息技术 词汇 第 1 部分：基本术语	GB/T 5271.1—2000
	B11.11	数据处理 词汇 第 5 部分：数据的表示法	GB/T 5271.5—2008
	B11.12	信息技术 词汇 第 4 部分：数据的组织	GB/T 5271.4—2000
	B11.13	信息技术 词汇 第 6 部分：数据的准备和处理	GB/T 5271.6—2000
	B11.14	信息技术 词汇 第 29 部分：人工智能 语音识别与合成	GB/T 5271.29—2006
	B11.15	信息技术 词汇 第 8 部分：安全	GB/T 5271.8—2001
	B11.16	电工术语 数字录音和录像	GB/T 2900.75—2008
	B11.17	出版术语	CY/T 50—2008
	B11.18	出版物发行术语	GB/T 27936-2011
	B11.19	电子出版物术语	GB/T 17933—1999
	B11.20	信息安全技术术语	GB/T 25069—2011
	B11.21	知识管理 第 2 部分：术语	GB/T 23703.2—2010
	B11.22	信息技术 词汇第 18 部分：分布式数据处理	GB/T 5271.18—2008
	B11.23	术语工作 文后参考文献及源标识符	GB/T 23289—2009

第二部分 相关行业标准

B12 基础 标识	B12.01	中国标准书号	GB/T 5795—2006
	B12.02	中国标准连续出版物号	GB/T 9999—2001
	B12.03	中国标准音像制品编码	GB/T 13396—2009
	B12.04	中国标准音乐作品编码	GB/T 23733—2009
	B 12.05	中国标准视听作品号 第1部分：视听作品标识符	GB/T23730.1—2009
	B 12.06	中国标准视听作品号 第2部分：版本标识符	GB/T23730.2—2009
	B 12.07	新闻出版数字资源唯一标识符	CY/T 83—2013
	B 12.08	中国标准文本编码	GB/T 23732—2009
	B 12.09	中国标准名称标识符	CY/T 82—2013
	B 12.10	MPR出版物 第1部分：MPR码编码规则	GB/T 27937.1—2011
	B 12.11	MPR出版物 第2部分：MPR码符号规范	GB/T 27937.2—2011
	B 12.12	信息交换用汉字编码字符集 基本集	GB 2312—80
	B 12.13	信息交换用汉字编码字符集 第四辅助集	GB 7590—87
	B 12.14	信息交换用汉字编码字符集—辅助集	GB 12345—90
	B 12.15	信息技术 信息交换用汉字编码字符集 基本集的扩充	GB/T 18030—2000
	B 12.16	信息技术 通用多八位编码字符集（UCS） 第一部分：体系结构与基本多文种平面	GB 13000.1-93
B13 分级 分类	B13.01	新闻出版信息分类代码集	CY/T 44—2008
	B13.02	新闻出版业务主题词表	CY/T 46—2008
	B13.03	图书、音像制品、电子出版物营销分类法	CY/T 51—2008
	B13.04	中文新闻信息分类与代码	GB/T 20093—2006
	B13.05	国民经济行业分类	GB/T 4754—2011
	B13.06	广播电视节目资料分类法	GY/Z 199—2004
	B13.07	地理信息分类与编码规则	GB/T 25529—2010
	B13.08	知识产权文献与信息 分类及代码	GB/T 21373—2008
	B13.09	学科分类代码	GB/T 13745—2009
	B13.10	出版物分类要求与分类方法选择	CY/T 91—2013
	B13.11	文献主题标引规则	GB/T 3860—2009

A.1.2 内容制作相关标准

内容制作相关标准见表A.2。

表A.2 内容制作相关标准

分体系名	标准序号	标准名称	标准编号
B21 内容 描述	B21.01	开放式电子图书出版物结构	GB/Z 18906—2002
	B21.02	企业核心元数据	GB/T 24663—2009
	B21.03	信息与文献 都柏林核心元数据元素集	GB/T 25100—2010
	B21.04	电子出版物外观标识	CY/T 36—2001
	B21.05	新闻出版业务基础数据元	CY/T 45—2008
	B21.06	图书在版编目数据	GB/T 12451—2001
	B21.07	出版元数据 第1部分：框架	CY/T 90.1-2013
	B21.08	出版元数据 第2部分：核心数据元素集	CY/T 90.2-2013
	B21.09	出版元数据 第3部分：通用数据元素集	CY/T 90.3-2013
	B21.10	出版元数据 第4部分：扩展及应用	CY/T 90.4-2013
	B21.11	出版元数据 第5部分：维护与管理	CY/T 90.5-2013
	B21.12	信息技术 数据元的规范和标准化 第1部分：数据元规范和标准化框架	GB/T 18391.1—2009
	B21.13	信息技术 数据元的规范和标准化 第2部分：数据元分类	GB/T 18391.2—2009
	B21.14	信息技术 数据元的规范和标准化 第3部分：数据元的基本属性	GB/T 18391.3—2009
	B21.15	信息技术 数据元的规范和标准化 第4部分：数据定义格式的规则和指南	GB/T 18391.4—2009
	B21.16	信息技术 数据元的规范和标准化 第5部分：数据元命名和标识规则	GB/T 18391.5—2009
	B21.17	信息技术 数据元的规范和标准化 第6部分：数据元的注册	GB/T 18391.6—2009
	B21.18	信息技术 实现元数据注册系统(MDR)内容一致性的规程 第1部分：数据元	GB/T 23824.1—2009
	B21.19	信息技术 实现元数据注册系统(MDR)内容一致性的规程 第3部分：值域	GB/T 23824.3—2009
	B21.20	文献著录 第1部分：总则	GB/T 3792.1—2009
	B21.21	文献著录 第2部分：普通图书著录规则	GB/T 3792.2—2006
	B21.22	文献著录 第3部分：连续性资源	GB/T 3792.3—2009
	B21.23	文献著录 第4部分：非书资料	GB/Z 3792.4—2009
	B21.24	文献著录 第9部分：电子资源	GB/T 3792.9—2009
	B21.25	MPR出版物 第3部分：通用制作规范	GB/T 27937.3—2011
	B21.26	知识管理 第1部分：框架	GB/T 23703.1—2009
	B21.27	知识管理 第3部分：组织文化	GB/T 23703.3—2010
	B21.28	知识管理 第4部分：知识活动	GB/T 23703.4—2010
	B21.29	知识管理 第5部分：实施指南	GB/T 23703.5—2010
	B21.30	项目管理 知识领域	GB/Z 23693—2009
	B21.31	文献档案资料数字化工作导则	GB/T 20530—2006

第二部分 相关行业标准

分体系名	标准序号	标准名称	标准编号
B22 数据 处理	B22.01	信息技术 信息交换用数据压缩 具有嵌入字典的自适应编码 DCLZ 算法	GB/T 16686—1996
	B22.02	信息处理数据加密物理层互操作性要求	GB/T 15278—1994
	B22.03	信息技术 安全技术 n 位块密码算法的操作方式	GB/T 17964—2000

A.1.3 内容格式相关标准

内容格式相关标准见表 A.3。

表 A.3 内容格式相关标准

分体系名	标准序号	标准名称	标准编号
B31 文档 格式	B31.01	数字阅读终端内容呈现格式	CY/T 88-2013
	B31.02	EPUB Publications 3.0 EPUB Content Documents 3.0 EPUB Media Overlays 3.0 EPUB Open Container Format (OCF) 3.0	（IPDF）
	B31.03	多媒体系统和设备 多媒体的电子出版和电子图书电子出版的通用格式	IEC 62448—2009
	B31.04	中文办公软件文档格式规范	GB/T 20916—2007
	B31.05	文献管理 长期保存的电子文档文件格式 第 1 部分：PDF1.4(PDF/A-1) 的使用	GB/T 23286.1—2009
	B31.06	中文新闻信息置标语言	GB/T 20092—2006
	B31.07	信息技术 文档描述和处理语言 用于 XML 的规则语言描述 (RELAX) 第 1 部分：RELAX 核心	GB/Z 26248.1—2010
	B31.08	辞书条目 XML 格式	GB/T 23829—2009
	B31.09	地理信息 元数据 XML 模式实现	GB/T 19256.8—2009
	B31.10	元数据的 XML Schema 置标规则	GB/T 24639—2009
	B31.11	信息技术 可扩展置标语言 (XML)1.0	GB/T 18793—2002
	B31.12	信息和文献 WARC 文件格式	ISO 28500—2009
	B31.13	版式电子文件长期保存格式需求	DA/T 47—2009
	B31.14	基于文件的电子信息的长期保存	GB/Z 23283—2009
B32 支撑 平台	B32.01	基于加解密技术的数字版权保护平台基本要求	CY/T 89—2013
	B32.02	信息安全技术 公钥基础设施安全支撑平台技术框架	GB/T 25055—2010
	B32.03	物流公共信息平台应用开发指南 第 8 部分：软件开发管理	GB/T 22263.8—2010
	B32.04	物流公共信息平台应用开发指南 第 7 部分：平台服务管理	GB/T 22263.7—2010
	B32.05	制造业产业链协作平台功能规范	GB/T 25469—2010
	B32.06	面向制造业信息化的 ASP 平台功能体系结构	GB/T 25460—2010
	B32.07	制造业信息化共性技术资源服务平台功能规范	GB/T 25470—2010
	B32.08	面向制造业信息化的 ASP 平台测评规范	GB/T 25459—2010
	B32.09	面向制造业信息化的企业集成平台测评规范	GB/T 25483—2010
	B32.10	工业基础类平台规范	GB/T 25507—2010
	B32.11	网络远程教育平台总体要求	GB/T 21644—2008
	B32.12	信息安全技术 路由器安全技术要求	GB/T 18018.3—2007

A.1.4 内容传播相关标准

内容传播相关标准见表 A.4。

表 A.4 内容传播相关标准

分体系名	标准序号	标准名称	标准编号
B41 产品 服务	B41.01	图书流通信息交换规则	CY/T 39—2006
	B41.02	新闻出版信息交换格式	CY/T 47—2008
	B41.03	地理空间数据交换格式	GB/T 17798—2007
	B41.04	图书征订代码	CY/T 8—1993
	B41.05	中国图书在线信息交换 图书产品信息格式规范	GB/T 30330—2013
	B41.06	出版物发货单	CY/T 52—2009
	B41.07	出版物退货单/退货差错回告单	CY/T 53—2009
	B41.08	出版物在途查询单/回告单	CY/T 54—2009
	B41.09	为消费者提供商品和服务的购买信息	GB/T 21737—2008
	B41.10	电子数据交换用支付方式代码	GB/T 15424—1995
	B41.11	工业产品售后服务 总则	GB/T 16784—2008
	B41.12	市场、民意和社会调查 服务要求	GB/T 26316—2010
	B41.13	地理信息 注册服务规范	GB/Z 25599—2010
	B41.14	地理信息 服务	GB/T 25530—2010
	B41.15	地理信息 目录服务规范	GB/Z 25598—2010
	B41.16	服务标准制定导则 考虑消费者需求	GB/T 24620—2009
	B41.17	信息技术 服务管理 第1部分：规范	GB/T 24405.1—2009
	B41.18	信息与文献 书目数据元目录 第3部分：情报检索	GB/T 19688.3—2005
	B41.19	信息与文献 交互式文本检索命令集	GB/T 19689—2005

A.1.5 内容管理相关标准

内容管理相关标准见表 A.5。

表 A.5 内容管理相关标准

分体系名	标准序号	标准名称	标准编号
B51 质量 管理	B51.01	校对符号及其用法	GB/T 14706—1993
	B51.02	音像制品质量技术要求 第1部分：盒式音带	CY/T 48.1—2008
	B51.03	音像制品质量技术要求 第2部分：数字音频光盘（CD-DA）	CY/T 48.2—2008
	B51.04	音像制品质量技术要求 第3部分：VHS像带	CY/T 48.3—2008
	B51.05	音像制品质量技术要求 第4部分：数字视频光盘（VCD）	CY/T 48.4—2008

… 第二部分　相关行业标准

B51 质量 管理	B51.06	音像制品质量技术要求　第5部分：多用途数字视频光盘（DVD-Video）	CY/T 48.5—2008
	B51.07	MPR出版物　第4部分：MPR码印制质量要求及检验方法	GB/T 27937.4—2011
	B51.08	MPR出版物　第5部分：基本管理规范	GB/T 27937.5—2011
	B51.09	第三方物流服务质量要求	GB/T 24359—2009
B52 版权 安全	B52.01	信息安全技术 公钥基础设施 电子签名格式规范	GB/T 25064—2010
	B52.02	数字签名	GB/T 25061—2010
	B52.03	信息技术安全技术实体鉴别　第1部分：概述	GB 15843.1—1999
	B52.04	信息安全技术　信息安全事件分类分级指南	GB/Z 20986—2007
	B52.05	信息技术安全技术实体鉴别　第2部分：采用对称加密算法的机制	GB 15843.2—1997
	B52.06	信息技术安全技术实体鉴别　第3部分：用非对称签名技术的机制	GB 15843.3—1998
	B52.07	信息技术安全技术实体鉴别　第4部分：采用密码校验函数的机制	GB 15843.4—1999
	B52.08	带消息恢复的数字签名方案	GB 15851—1995
	B52.09	密码校函数的数据完整性机制	GB/T 15852—1995
	B52.10	网络代理服务器的安全技术要求	GB/T 17900—1999
	B52.11	信息技术 安全技术 密钥管理　第1部分：框架	GB/T 17901.1—1999
	B52.12	信息技术 安全技术 带附录的数字签名　第1部分：概述	GB/T 17902.1—1999
	B52.13	信息技术 安全技术 抗抵赖　第1部分：概述	GB/T 17903.1—1999
	B52.14	信息技术 安全技术 抗抵赖　第2部分：使用对称技术的机制	GB/T 17903.2—1999
	B52.15	信息技术 安全技术 抗抵赖　第3部分：使用非对称技术的机制	GB/T 17903.3—1999
B53 统计 评价	B53.01	信息安全技术 路由器安全技术要求	GB/T 18018.3—2007
	B53.02	信息技术 安全技术 n位块密码算法的操作方式	GB/T 17964—2000
	B53.03	企业信用评价指标体系分类及代码	GB/T 23794—2009
	B53.04	知识管理　第6部分：评价	GB/T 23703.6—2010
	B53.05	数据的统计处理和解释　二项分布参数的估计与检验	GB/T 4088—2008
	B53.06	企业质量信用等级划分通则	GB/T 23791—2009
	B53.07	标准化经济效果评价　第1部分：原则和计算方法	GB 3533.1—2009
	B53.08	质量管理体系 技术状态管理指南	GB/T 19017—2008
	B53.09	质量管理体系 质量计划指南	GB/T 19015—2008
	B53.10	技术评审组织程序	GB/T 20538.6—2006

附录 B
（资料性附录）
电子书内容标准统计表

新闻出版业电子书内容标准体系中的各类标准的统计表见表 B.1。

表 B.1 电子书内容标准统计表

分体系名称	电子书内容标准		电子书相关标准
	在编	待编	
内容基础	3	7	50
内容制作	6	5	34
内容格式	4	2	26
内容传播	0	4	19
内容管理	5	5	34
总计	16	23	163
	39		

参考文献

[1] GB/T 19000—2008 质量管理体系 基础和术语
[2] GB/T 13017—2008 企业标准体系表编制指南
[3] GB/T 2000.1—2002 标准化工作指南 第1部分：标准化和相关活动的通用词汇

ICS 01.140.40
A 19
备案号：43966-2014

中华人民共和国新闻出版行业标准

CY/T 96—2013

电子书内容术语

Ebook content terminology

2013-11-20 发布　　　　2013-11-20 实施

国家新闻出版广电总局　发布

目　　次

前言	160
1　范围	161
2　规范性引用文件	161
3　术语体系结构	161
3.1　体系的构成	161
3.2　词条的组成	161
4　内容基础术语	162
4.1　通用基础术语	162
4.2　产品形态术语	162
4.3　代码标识术语	164
5　内容制作术语	166
5.1　内容结构术语	166
5.2　设计制作术语	170
6　技术规格术语	173
6.1　文档格式术语	173
6.2　系统功能术语	174
7　内容传播术语	175
7.1　内容发布术语	175
7.2　服务功能术语	178
8　内容管理术语	178
8.1　版权保护术语	178
8.2　安全管理术语	180
9　缩略语	182
参考文献	183
索引	
汉语拼音索引	184
英文对应词索引	192

前　　言

本标准按照 GB/T1.1—2009 给出的规则起草。

本标准由全国新闻出版标准化技术委员会（TC527）提出并归口。

本标准主要起草单位：中国新闻出版研究院、天闻数媒科技（北京）有限公司、北京拓标卓越信息技术研究院。

本标准主要起草人（以汉语拼音为序）：安秀敏、蔡京生、冯宏声、张倩影、刘颖丽、彭兆平、向江、魏玉山、张书卿、郑铁男。

电子书内容术语

1 范围

本标准规定了电子书领域常用术语和定义。

本标准适用于电子书领域的信息交换等。

2 规范性引用文件

下列文件对于本文件的应用是必不可少的。凡是注日期的引用文件，仅所注日期的版本适用于本文件。凡是不注日期的引用文件，其最新版本（包括所有的修改单）适用于本文件。

GB/T 5271.1　信息技术词汇　第1部分：基本术语

GB/T 5271.4　信息技术词汇　第4部分：数据的组织

GB/T 15237.1　术语工作 词汇　第1部分：理论与应用

GB/T 18391.1　信息技术 元数据注册系统(MDR)　第1部分：框架

GB/T 23732　中国标准文本编码

GB/T 25069　信息安全技术 术语

CY/T 50　出版术语

3 术语体系结构

3.1 体系的构成

按照电子书的生命周期，将电子书内容术语体系划分为五个部分，如图1所示：

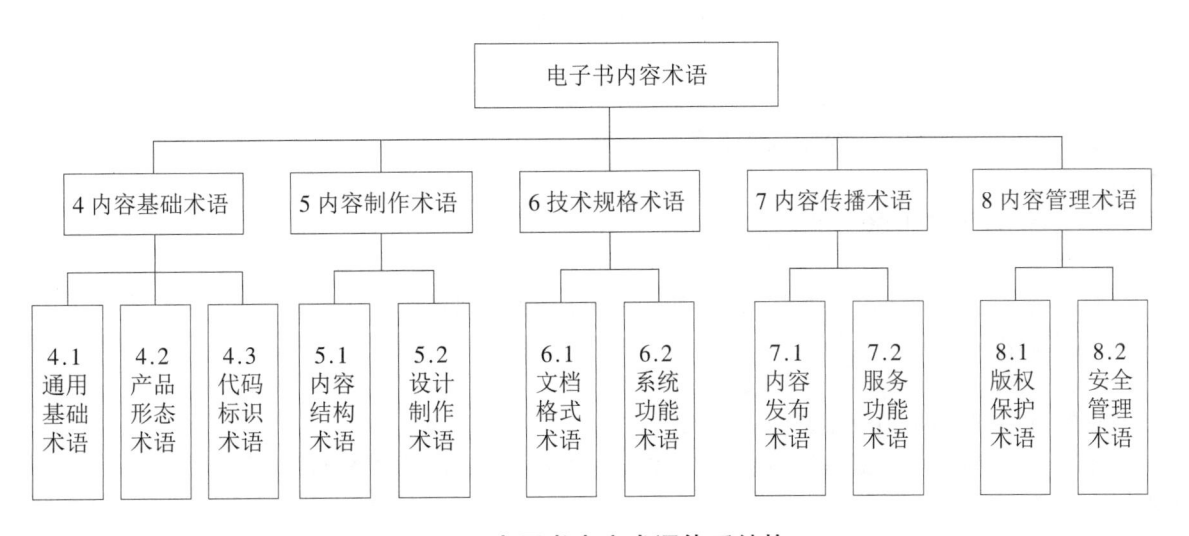

图1　电子书内容术语体系结构

3.2 词条的组成

词条由编号、术语、等同词、对应词、定义或注释组成。

4 内容基础术语

4.1 通用基础术语

4.1.1
出版 publishing
出版活动 publishing activity
对作品进行编辑、加工、复制，以产品形态或内容服务形式向公众传播的专业活动。
注：改写 CY/T 50—2008，定义 2.1。

4.1.2
数字出版 digital publishing
以数字技术手段对作品进行编辑、加工、复制，以数字产品形态或内容服务形式向公众传播的专业活动。

4.1.3
出版形式 mode of publishing
出版活动的具体方式。
[CY/T 50—2008，2.4]

4.1.4
出版单位 publishing house
出版社 press；出版者 publisher；出版机构 publishing agency；出版公司 publishing company
从事出版活动的专业机构。
注：出版单位包括报社、期刊社、图书出版社、音像出版社和电子出版物出版社，网络出版单位以及不设立报社、期刊社的报纸编辑部和期刊编辑部。
[CY/T 50—2008，2.13]

4.1.5
内容提供者 content provider
提供出版内容的组织实体或具备著作专属权的自然人。

4.1.6
自然语言 natural language
人类在历史发展过程中自然形成的语言。

4.1.7
人工语言 artificial language
人造语言
依据一定规则对自然语言进行规范和控制的一种人工编制语言。

4.2 产品形态术语

4.2.1
出版产品 publishing products
以知识信息为内容，经过编辑加工，以一定形态复制或呈现，面向公众传播的文化产品。

4.2.2
数字出版产品 digital publishing products
以知识信息为内容，以数字技术为手段，以数字产品形态或内容服务形式面向公众传播的文化产品。
注：数字出版产品包括电子书和内容数据库等各种类型和载体的出版物。

4.2.3
多媒体 multimedia
综合表现图形、图像、动画、文本和声音的信息组合。

[CY/T 50—2008，6.49]

4.2.4
电子书　ebook
通过相关设备直接呈现文字、图像、音频、视频等内容的数字出版产品。
注：电子书包括电子图书、电子期刊和电子报等。

4.2.5
电子图书　e-book
通过相关设备直接呈现文字、图像、音频、视频等内容，具有相当篇幅的专题数字出版产品。

4.2.6
电子期刊　e-journal
数字期刊
通过相关设备直接呈现文字、图像、音频、视频等内容，一年出版一期以上（含一期）的连续性数字出版产品。

4.2.7
电子报　e-newspaper
数字报
通过相关设备直接呈现文字、图像、音频或视频等内容，以刊载新闻、信息或时事评论为主的连续性数字出版产品。

4.2.8
内容数据库　content database
按照一定逻辑组织并集合内容的数字出版产品。

4.2.9
网络出版物　network publication
以网络传播方式，通过相关终端设备直接呈现文字、图像、音频和视频等内容的数字出版产品。
注：改写 CY/T 50—2008，定义 2.62。

4.2.10
多媒体印刷出版物　multimedia print reader；MPR
MPR 出版物
以 MPR 码将音视频等数字媒体文件与印刷图文关联，实现同步呈现，满足读者听读需求的一种复合形态出版物。由 MPR 书报刊等印刷品、音视频等数字媒体文件和使二者建立精确关联的 MPR 码组成。
[GB/T 27937.1—2011，3.1]

4.2.11
连续性资源　continuing resource
无预定结束日期且无限期出版，一般具有编号和（或）按年月顺序标识，连续或整合出版的任何载体出版物。
注：连续性资源包括连续出版物（如报纸、期刊等），以及连续性整合资源（如不断更新的活页出版物和随时更新的网页）。
[CY/T 50—2008，2.63]

4.2.12
整合性资源　integrating resource
有限期或无限期出版，以增补或变更方式更新内容，并与原内容整合为一体的出版物。

[CY/T 50—2008,2.64]

4.2.13

网页　webpage

具有唯一 URL 地址的一个或多个网络资源信息的集合。

4.2.14

存储介质　storage medium

存储数据的载体。

注：存储介质包括光盘、硬盘、U 盘及记忆卡等。

4.3　代码标识术语

4.3.1

符号　symbol

具有某种代表意义的标识。

4.3.2

字符集　character set

不同字符的一个有限集合，它对于给定目的是完整的。

例：GB/T 1988 字符集的国际基准版。

[GB/T 5271.4—2000,04.01.02]

4.3.3

字符　character

元素集的一个成员，它用作数据的表示、组织或控制。

注：字符可作如下分类：

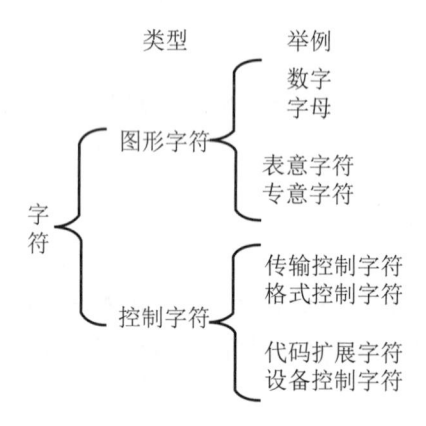

类型	举例
图形字符	数字 字母 表意字符 专意字符
控制字符	传输控制字符 格式控制字符 代码扩展字符 设备控制字符

[GB/T 5271.4—2000,04.01.01]

4.3.4

图形字符　graphic character

一种字符，它不是控制字符，有可视的表示，通常由书写、打印或显示产生。

[GB/T 5271.4—2000,04.03.01]

4.3.5

控制字符　control character

在某个特定的上下文中出现的规定控制功能的字符。

注1：控制字符可记录下来，用于后继的动作。

注2：控制字符不是图形字符，但在某些情况下可以有图形表示。

[GB/T 5271.4—2000,04.04.01]

4.3.6

校验码 check code

以特定算法获得，用于校验字符串准确性的值。

4.3.7

字符编码 character coding

在符号集合与数字系统之间建立对应关系。

4.3.8

特殊字符 special character

具有特殊用途或使用频率较低的字符。

4.3.9

字符字形库 character font library

字库

供信息处理设备使用的字模数据的集合。

4.3.10

统一资源标识符 Uniform Resource Identifier; URI

用于定位远程或本地可用资源的标识。

4.3.11

新闻出版数字资源唯一标识符 Press and Publication Digital Resource Identifier；PDRI

用于新闻出版数字资源的唯一、永久、可解析、可供数字化系统应用的标识代码。

[CY 83—2012，3.2]

4.3.12

数字对象标识符 Digital Object Identifier; DOI

一种用于标识网络环境下数字内容的编码。

4.3.13

国际标准书号 International Standard Book Number; ISBN

图书每一版本的唯一识别代码。以ISBN为标志的一组13位数字组成，依次为产品标志码、组区号、出版者号、出版序号和校验码。

注：改写CY/T 50—2008，定义2.21。

4.3.14

中国标准书号 China Standard Book Number

中国图书、非连续型电子出版物的一个版本的唯一识别代码，组区号为7的国际标准书号。

注：改写CY/T 50—2008，定义2.24。

4.3.15

国际标准连续出版物号 International Standard Serial Number；ISSN

一种连续出版物的唯一识别代码。以ISSN为标志，包含一位校验码在内的8位数字组成。

[CY/T 50—2008，2.22]

4.3.16

中国标准连续出版物号 China Standard Serial Number

一种中国连续出版物的唯一识别代码。由国际标准连续出版物号（ISSN）和国内统一连续出版物号(CN)两部分组成。

[CY/T 50—2008，2.25]

4.3.17

国内统一连续出版物号 CN serial number

国内统一刊号

由国家新闻出版管理部门负责分配给中国连续出版物的唯一代码。以 CN 为标志，由 2 位地区代码和 5 位地区序号共 7 位数字以及分类号组成。

[CY/T 50—2008，2.26]

4.3.18

国际标准录音制品编码 International Standard Recording Code; ISRC

一种音像制品的唯一识别代码。以 ISRC 为标志的 12 位字符和数字组成。

注：改写 CY/T50-2008，定义 2.23。

4.3.19

中国标准录音制品编码 China Standard Recording Code

由中国出版单位分配给一种中国音像制品的唯一代码。以 ISRC 标志，由国家码、出版者码、录制年码、记录码、记录项码共五个部分组成。

注：改写 CY/T 50—2008，定义 2.27。

4.3.20

国际标准名称标识符 International Standard Name Identifier；ISNI

ISO 27729 提出的用以标识数字环境下各种媒体内容参与者公开身份的代码。

4.3.21

中国标准文本编码 China Standard Text Code

在中国境内分配的与国际标准文本编码（ISTC）的结构、句法和定义一致的文本作品编码。

[GB/T 23732—2009，3.7]

4.3.22

出版物条码 bar code for publications

由一组按 EAN 规则排列的条、空及对应字符组成的表示一定信息的出版物机读标识。出版物条码包括 ISBN 条码和 ISSN 条码等。

[CY/T 50—2008，2.28]

5 内容制作术语

5.1 内容结构术语

5.1.1

封面 cover

书刊的外层，包括封一、封四及书背。

[CY/T 50—2008，3.146]

5.1.2

扉页 title page

图书封面之内印有书名、著者、出版者等项内容的一页。

[CY/T 50—2008，3.145]

5.1.3

题名 title

泛指书名、刊名和文章篇名。

[CY/T 50—2008，3.141]

5.1.4

编辑 edit; editor

对资料或已有的作品进行整理、加工的活动；又指从事编辑活动的专业人员；也是新闻出版编辑系列的中级专业技术职称。

[CY/T 50—2008,2.44]

5.1.5

作者　author

创作作品的自然人，也可以是法人或其他组织。

[CY/T 50—2008,2.40]

5.1.6

译者　translator

从事翻译工作的个人或集体。

[CY/T 50—2008,3.30]

5.1.7

图书在版编目　cataloguing in publication；CIP

在图书出版过程中编制的书目数据工作。

[CY/T 50—2008,2.46]

5.1.8

版本　edition

由同一出版者出版，内容相同的所有复制品。

[CY/T 50—2008,3.155]

5.1.9

首版时间　first edition date

第一次出版的年月。

[CY/T 50—2008,3.156]

5.1.10

版次　edition number

图书版次变更的次数。

[CY/T 50—2008,3.157]

5.1.11

摘要　abstract

作品或出版物要点的摘录。

[CY/T 50—2008,3.48]

5.1.12

目录　catalogue

按一定次序编排以供查考的名目。

[CY/T 50—2008,3.77]

5.1.13

索引　index

汇集书刊中包含的字词、语句、名词、事件、编号等主题，以适当方式编排，指引读者查找的检索工具。

[CY/T 50—2008,3.78]

5.1.14

出版说明　publication explanation

以出版者的名义，从编辑工作的角度向读者说明的文字。

[CY/T 50—2008,3.81]

5.1.15
   编者按 words of editor
   编者按语
   编者的话
   以编者身份发表的评论文字和说明文字。
   注：改写 CY/T 50—2008，定义 3.82。

5.1.16
   前言 foreword
   置于正文之前，由作者等撰写的有关本书的说明文字。
   [CY/T 50—2008，3.83]

5.1.17
   序 preface
   序言；引言
   置于正文之前的有关本书的独立文章，由他人或作者撰写。
   [CY/T 50—2008，3.84]

5.1.18
   绪言 introduction
   绪论
   书籍或论文开头说明主题和基本内容的篇章。
   [CY/T 50—2008，3.85]

5.1.19
   引文 citation
   引用他人著述或文献资料的文字。
   [CY/T 50—2008，3.87]

5.1.20
   附注 annotation
   补充说明或解释正文的文字，放在篇后或页末，或用括号插在正文中间。
   [CY/T 50—2008，3.88]

5.1.21
   附录 appendix
   附在正文后面的有关文章、图片、资料。
   [CY/T 50—2008，3.92]

5.1.22
   补遗 addenda
   附在正文后面，增补正文遗漏的文字。
   [CY/T 50—2008，3.93]

5.1.23
   参考文献 references
   在全书正文之后或各部分之后一一列出的参考、引用资料的名单。
   [CY/T 50—2008，3.94]

5.1.24
   后记 afterword
   跋

置于书末的有关本书的说明文字,与序、前言有所呼应和补充。
[CY/T 50—2008,3.95]

5.1.25

正文　body

电子书的主体内容。

5.1.26

标题　headline

标示段落、章节或文章内容的简短词语。

5.1.27

关键词　keyword

体现内容主题的核心词汇。

5.1.28

章　chapter

内容组织结构的第一层次。

5.1.29

段落　paragraph

构成篇章的基本单位。

5.1.30

标签　tag

对象特征的标识。

5.1.31

书签　bookmark

记录阅读进度的标记。

5.1.32

注释　annotation

对内容的说明。

注：改写CY/T 50—2008,定义3.91。

5.1.33

脚注　footnote

边注

页末注

置于同页末尾的注释。

[CY/T 50—2008,3.89]

5.1.34

尾注　endnote

文后注

置于本篇文章后面的注释。

[CY/T 50—2008,3.90]

5.1.35

插图　illustration

插在书刊文字中间用于说明内容的图画。

[CY/T 50—2008,3.96]

5.1.36

插图说明 illustration explanation

附在插图后面的图题和图注。

5.1.37

图形 graphics

由点、线、面构成的表达一定的含义的图样。

5.1.38

图像 image

通过绘画或经感光材料、光电传感处理设备等获得的可重显的影像。

5.1.39

公式 formula

用数学符号表示各个量之间的一定关系的表达式。

5.1.40

电子版权页 electronic copyright page

记载电子书版权信息的页面。

5.1.41

电子封面 electronic cover

通常为初始运行状态时显示的首个页面。

5.2 设计制作术语

5.2.1

版式 format

书刊版面的编排格式。

[CY/T 50—2008，3.152]

5.2.2

排版 typesetting

依照要求把文字、图片、表格或音频、视频等信息排列组合成所需版式的工艺过程。

注：改写 CY/T 50—2008，定义 3.104。

5.2.3

竖排 vertical format

字符由上而下竖向排列成行的排版格式。

[CY/T 50—2008，3.153]

5.2.4

横排 horizontal format

字符横向顺序排列成行的排版格式。

注：改写 CY/T 50—2008，定义 3.154。

5.2.5

必载信息 indispensable information

数字出版产品中须刊载的向用户说明的信息。

5.2.6

页码 page number

书刊中标明页面顺序的序号。

[CY/T 50—2008，3.121]

5.2.7

版心 print area

书报刊等呈现内容的区域。

[CY/T 50—2008，3.122]

5.2.8

天头 head; top

版心顶端至成品边沿的空白区域。

[CY/T 50—2008，3.123]

5.2.9

地脚 tail edge

版心底端至成品边沿的空白区域。

[CY/T 50—2008，3.124]

5.2.10

出血版 bleed

一边或多边超出原定版心尺寸的版面。

[CY/T 50—2008，3.129]

5.2.11

分 column

将版心纵向分为两栏或多栏的版式。

[CY/T 50—2008，3.130]

5.2.12

书眉 top margin

书刊横排本在版心上方排印的文字。

[CY/T 50—2008，3.133]

5.2.13

校对 proofreading

根据发排稿核对校样，订正差错，提出疑问的工作。也指从事这项工作的人员。

[CY/T 50—2008，3.106]

5.2.14

数据 data

信息的可再解释的形式化表示，以适用于通信、解释和处理。

注：数据可以由人工或自动方式加工、处理。

[GB/T 5271.1—2000，01.01.02]

5.2.15

数据模型 data model

数据的图形和文字的表示，指明其特性、结构和相互关系。

[GB/T 18391.1—2009，3.2.7]

5.2.16

定义 definition

描述一个概念，并区别于其他相关概念的表述。

[GB/T 15237.1—2000，3.3.1]

5.2.17

值域 value domain

允许值的集合。

[GB/T 18391.1—2009，3.2.38]

5.2.18

压缩 compress

数据压缩

采用某种算法减少信息编码长度的处理过程。

5.2.19

解压缩 uncompress

压缩反向处理的过程。

5.2.20

分页设计 separate page design

单独页面设计

对电子书的每一个页面进行独立的设计。

5.2.21

数字化加工 digital processing

数字化处理

将非数字资源转为数字资源的处理过程。

5.2.22

打包 packing

将相关资源和程序集合成一个完整的可执行文件的过程。

注：改写 CY/T 50—2008，定义 6.54。

5.2.23

主页 home page

网络中进入某个特定站点所见到的首页。

5.2.24

题名帧 title frame

影视、幻灯、电子出版物等制品的片头画面，显示制品的题名与责任者、出版制作者等信息。在一份计算机文件中，数据的显示包括正题名以及责任说明和与出版相关的数据等。

[CY/T 50—2008，6.33]

5.2.25

外观标识 visual identification

电子出版物和音像制品外装帧面上用于标示其属性的信息。

注：外观标识包括：产品生产者；产品标准编号；产品质量合格检测证明；产品条码；产品使用方法；产品贮存方法；国家有关规定的其他标示等。

[CY/T 50—2008，6.34]

5.2.26

外装帧面 printed cover

电子出版物和音像制品具有装潢和识别作用的外表面。

[CY/T 50—2008，6.35]

5.2.27

载体标识面 media printed surface

电子出版物和音像制品载体上用于标示出版物属性信息的表面。

[CY/T 50—2008，6.36]

5.2.28
重组 assembling
将数字出版产品的相关内容依据某种规则进行汇编或合并，形成新产品的过程。

5.2.29
封装 encapsulation
将数据结构映射进另一种数据结构的处理方式。

5.2.30
存储 storage
保证数据完整安全存放的方式或行为。

5.2.31
权限 authority
按照一定规则行使权力的范围和界限。

6 技术规格术语

6.1 文档格式术语

6.1.1
文件 file
数字信息的集合。

6.1.2
文本 text
以字母、符号、字、短语、段落、句子、表格或者其他字符排列形式出现，用于表达特定意义的数据集合。
注：改写 CY/T 50—2008，定义 6.47。

6.1.3
超文本 hypertext
一种链接在一起的、复合的、非顺序的相关联的文本信息。
[CY/T 50—2008，6.48]

6.1.4
文件格式 file format
文件的数据结构，用于规定相应操作系统下的文件记录格式。
[CY/T 50—2008，6.48]

6.1.5
版式文件 fixed-layout document
版式文档
排版后生成的文件，包含版面固化呈现所需要的全部数据。

6.1.6
流式文件 reflowing document
流式文档
按照内容逻辑顺序，内容呈现可适应终端设备屏幕或窗口变化的电子文档格式。

6.1.7
数据类型 datatype
对数据属性的定义。

6.1.8

数据结构　data structure

相互之间存在一种或多种特定关系的数据元素的集合。

6.1.9

开放电子书　Open Electronic Book; OEB

国际数字出版论坛（IDPF）制定的，定义出版者与电子书阅读系统之间交换电子书的一种格式标准。

6.1.10

开放出版结构　Open Publication Structure; OPS

国际数字出版论坛（IDPF）制定的，用于定义电子书内容版面的一种格式标准。

6.1.11

开放打包格式　Open Packaging Format; OPF

国际数字出版论坛（IDPF）制定的，用于描述 EPUB 必选和可选元素、阅读顺序和目录的一种格式标准。

6.1.12

开放容器格式　The OEBPS Container Format; OCF

国际数字出版论坛（IDPF）制定的，用于定义 EPUB 文献目录树结构和文件结构（ZIP）的一种格式标准。

6.1.13

抽象容器　abstract container

电子书文件包内的系统结构。

6.1.14

物理容器　the physical container

抽象容器的物理存储格式。

6.1.15

文档类型定义　Document Type Definition; DTD

使用一系列有效元素描述文档结构的 XML 文档构建模块。

6.2　系统功能术语

6.2.1

可扩展标记语言　Extensible Markup Language; XML

用于标记电子文件使其具有结构性的标记语言，可以用来标记数据，定义数据类型，交换数据内容。

6.2.2

Schema

描述 XML 文档逻辑结构的一种规范，用于验证 XML 文件逻辑结构的正确性。

6.2.3

扩展样式表语言　Extensible Stylesheet Language; XSL

一种标记语言，表示如何将 XML 文档的内容装换成另一种形式的文档。

6.2.4

可扩展超文本标识语言　the Extensible HyperText Markup Language; XHTML

基于 XML 的网页设计语言，结合了部分 XML 的强大功能及大多数 HTML 的简单特性。

6.2.5

超文本标记语言　Hyper Text Markup Languag; HTML

标准网页设计语言，通过用户浏览器自动解析后，使其以网页形式展现给用户。

6.2.6

超链接 hyperlink

在信息单元之间建立的一种非线性网状链接。

[CY/T 50—2008，6.51]

6.2.7

导航 navigation

运用超链接，将用户指引到一个节点的过程。

6.2.8

按钮 button

界面上供用户操纵的功能部件，可实现选择、确认等功能。

6.2.9

选单 menu

菜单

供用户选择的可执行命令的列表。

6.2.10

浏览器 browser

用于浏览和查找文件的软件工具。

6.2.11

硬件绑定 hardware binding

将许可与设备的硬件特征信息进行关联，使用户只能在该设备上进行使用许可的行为。

6.2.12

硬件适应性 hardware adaptation

允许更换部分硬件组件的硬件绑定机制。

7 内容传播术语

7.1 内容发布术语

7.1.1

发行 distribution

将数字出版产品提供给消费者的活动。

注：改写 CY/T 50—2008，定义 2.49。

7.1.2

发行单位 distribution agency

从事出版产品发行的机构。

注：改写 CY/T 50—2008，定义 2.20。

7.1.3

网络发行 network distribution

将数字出版产品存储在网络服务器上，提供给消费者阅读或下载的方式。

7.1.4

发行者 distributor

承担出版产品发行的机构。

注：改写 CY/T 50—2008，定义 7.4。

7.1.5

读者 audience

阅读或购买出版产品的客户群体。

注：改写 CY/T 50—2008，定义 7.6。

7.1.6
发行渠道 distribution channel

出版产品的流通途径。

注：改写 CY/T 50—2008，定义 7.7。

7.1.7
发行方 distribution mode

根据出版产品的内容、对象和出版意图，确定的销售方式。

注：改写 CY/T 50—2008，定义 7.8。

7.1.8
征订 solicit for subscription

出版单位向各发行单位征求出版产品订数，以及发行单位向销售单位或读者征求订数的活动。

注：改写 CY/T 50—2008，定义 7.9。

7.1.9
征订目录 list of soliciting for subscriptions

出版单位提出的供征订用的出版产品清单，或发行单位向销售单位或读者征求订数的出版产品清单。

注：改写 CY/T 50—2008，定义 7.10。

7.1.10
可供书 books in print
在版图书

当前可向发行单位发行或向读者提供销售的图书。

[CY/T 50—2008，7.11]

7.1.11
可供书目 books list in print

当前可向发行单位发行或向读者提供销售的图书的目录。

[CY/T 50—2008，7.12]

7.1.12
书讯 book news

有关图书出版发行的各种信息，以及相关的宣传资料。

[CY/T 50—2008，7.13]

7.1.13
书目 bibliography

用于向经销商和读者推销的图书目录。

[CY/T 50—2008，7.14]

7.1.14
新书预告 announcement of forthcoming books

预先发布新书出版以及相关信息的公告。

[CY/T 50—2008，7.15]

7.1.15
销售单价 selling price

商品成交的单位价格。

[CY/T 50—2008，7.18]

7.1.16
发行折扣　discount

出版产品实际销售价格与定价的比率。

注：改写 CY/T 50—2008，定义 7.19。

7.1.17
订单　order

由订货者填写并提交征订者作为发货依据的表单。

[CY/T 50—2008，7.22]

7.1.18
出版状态　publishing status

出版产品在出版、销售中的状态，包括正在出版、已经出版、停止出版和绝版等。

注：改写 CY/T 50—2008，定义 7.25。

7.1.19
征订代码　code of soliciting for subscriptions

出版产品在征订目录中的编号。

注：改写 CY/T 50—2008，定义 7.26。

7.1.20
幅面尺寸　format size

开本

出版产品幅面的大小。

注：改写 CY/T 50—2008，定义 7.28。

7.1.21
页数　pages

出版产品正文页面的数量。

注：改写 CY/T 50—2008，定义 7.29。

7.1.22
书店　bookshop；bookstore

从事出版产品销售的商店，包括实体店和网店等。

注：改写 CY/T 50—2008，定义 7.30。

7.1.23
预览　preview

在不打开数字资源的情况下，具有模拟浏览数字资源的效果。

7.1.24
浏览　browsing

查看文件内容的阅读方式。

7.1.25
批注　annotation

对内容的评论或注释。

7.1.26
图书评论　book review

以图书为对象进行介绍、评析和研究。

[CY/T 50—2008，3.101]

7.2 服务功能术语

7.2.1
上传 upload
上载
通过计算机网络将文件从本地计算机传送到远程计算机的过程。

7.2.2
下载 download
通过计算机网络将文件从远程计算机传送到本地计算机的过程。

7.2.3
图标 icon
显示在屏幕上的小型图形或图像。

7.2.4
存取 access
从存储器读取或向存储器写入数据的过程。

7.2.5
信息检索 information retrieval; IR
从存储的数据中查找、组织、显示和获得信息的过程。
注：改写 CY/T 50—2008，定义6.55。

7.2.6
全文检索 full text retrieval
对数字出版产品内容可进行逐字、逐词的检索方式，可根据需要获得全文中有关章、节、段、句、词等信息。

8 内容管理术语

8.1 版权保护术语

8.1.1
知识产权 intellectual property
权利人因智力劳动创造的成果依法享有的专有权利。包括专利权、商标权和著作权。
[CY/T 50—2008，2.36]

8.1.2
著作权 copyright
版权
作者对其创作的文学、艺术和科学作品依法享有的专有权利。包括人身权和财产权。
[CY/T 50—2008，2.37]

8.1.3
著作权法 copyright law
版权法
确认和保护著作权人享有著作权的专项法律。
[CY/T 50—2008，2.38]

8.1.4
著作权人 copyright owner
版权人
版权所有者

著作权的依法享有者。可以是自然人，也可以是自然人集体、法人、其他组织或国家。

[CY/T 50—2008，2.39]

8.1.5

著作权保护 protection of copyright

依法对著作权人的著作权予以确认和保障。

[CY/T 50—2008，2.42]

8.1.6

数字版权管理 digital rights management；DRM

为保护数字内容在全生命周期中的合法使用和传播而实施的一系列计划、组织、协调、控制和决策等活动。

8.1.7

内容保护 content protection

为保护内容不被非法使用、复制、篡改、分发，对数字内容进行的技术处理等方式。

8.1.8

复制权 right of reproduction

由著作权拥有者决定其作品是否可以并以何种形式被复制的权利。

8.1.9

改编权 right of adaptation

改编作品，创作出具有独创性的新作品的权利。

8.1.10

出租权 right of rental

有偿许可他人临时使用电影作品和以类似摄制电影的方法制作的作品、计算机软件的权利。

8.1.11

发行权 right of distribution

向公众出售或赠与作品复制品的权利。

8.1.12

网络传播权 right of communication through network

通过网络向公众提供作品，使网络接入者可以在其个人选定的时间和地点获得作品的权利。

8.1.13

作品报酬 remuneration

稿酬；稿费

因使用作品而向著作权人支付的报酬。

[CY/T 50—2008，2.43]

8.1.14

盗版 piracy

未经著作权人授权，擅自出版或复制他人受著作权保护作品的行为。

8.1.15

盗版作品 pirated work

以任何手段完整或部分地对知识成果的复制、公开演出、远程通信等故意侵犯知识成果的作品。

8.1.16

数字水印 digital watermarking

在数字内容中嵌入不易被探知和修改的信息的一种技术。

8.1.17
认证　certification

对可交付件是否符合规定需求所给出的正式保证陈述的规程。可由第三方执行认证或自行认证。

[GB/T 25069—2012，2.3.84]

8.1.18
授权　authorization

赋予某一主体可实施某些动作的权利过程。

[GB/T 25069-2010，2.1.33]

8.1.19
数字签名　digital signature

附加在数据单元上的数据，或对数据单元所作的密码变换，这种数据或变换允许数据单元的接收者用以确认数据单元的来源和完整性，并保护数据防止被人（例如接受者）伪造或抵赖。

[GB/T 25069—2010 2.2.176]

8.1.20
出版许可　imprimatur

出版行政部门依法准许出版单位从事出版活动。

[CY/T 50—2008，2.9]

8.1.21
许可限制　permission constraint

对特定许可操作所施加的约束、前提条件和上下文环境等的要求。

8.1.22
加密密钥　cipher key

用于编码和解码用户信号数据的代码。

8.2　安全管理术语

8.2.1
安全性　security

保护信息的保密性、完整性、可用性以及防止用户被欺诈的能力。

8.2.2
保密性　confidentiality

用户和DRM终端的信息在非授权的情况不被泄露的特性。

8.2.3
数据完整性　data integrity

数据没有遭受以未授权方式所作的更改或破坏的特性。

[GB/T 25069—2010，2.1.36]

8.2.4
数据保护　data protection

采取管理或技术措施，防范未经授权访问数据。

[GB/T 25069—2010，2.1.34]

8.2.5
备份文件　backup files

一种用于以后数据恢复的文件。

[GB/T 25069—2010，2.2.3.1]

8.2.6
数据损坏 data corruption
偶然或故意破坏数据的完整性。
[GB/T 25069—2010，2.1.35]

8.2.7
数据限制 blocking of data
在保留数据的同时防止输入、处理或传输的措施。

8.2.8
风险处置 risk treatment
选择和实现控制措施以缓解风险的过程。
[GB/T 25069—2010，2.3.37]

8.2.9
风险分析 risk analysis
系统地使用信息，辨别风险源并估算风险。
[GB/T 25069—2010，2.3.38]

8.2.10
风险管理 risk management
识别、控制、消除或最小化可能影响系统资源的不确定因素的过程。
注：典型的风险管理包括风险评估、风险应付、风险容忍及风险交流（在决策者和承担者之间交换和分享分享信息）。
[GB/T 25069—2010，2.3.39]

8.2.11
口令 password
专指密码。

8.2.12
密钥 key
一种参数，在明文转换为密文或将密文转换为明文的算法中输入的数据。

8.2.13
漏洞 vulnerability
在硬件、软件、协议的具体实现或系统安全策略上存在的缺陷，从而可以使攻击者能够在未授权的情况下访问或破坏系统。

8.2.14
性能测试 performance testing
检测电子书在特定软硬件支撑环境下的整体运行状况是否达到设计要求的措施。

8.2.15
一致性检查 consistency check
确定彼此依赖的对象是否遵循预先约定要求的数据验证活动。

8.2.16
防灾预案 disaster control plan
为避免自然或人为灾难而有组织地限制其影响且便于恢复的方案。

8.2.17
灾难恢复 disaster recovery
自然或人为灾害后重新启用信息系统的数据、硬件及软件设备，使信息系统恢复正常运作的过程。

8.2.18
信息安全管理体系 information security mamagement system

基于业务风险方法,建立、实施、运行、监视、评审、保持和改进信息安全的体系,是一个组织整个管理体系的一部分。

注: 该管理体系包括组织结构、方针策略、规划活动、职责、实践、规程、过程和资源。

[GB/T 25069—2010,2.3.101]

9 缩略语

CIP：图书在版编目（Cataloguing In Publication）
CSS：层叠样式表（Cascading Style Sheets）
DOI：数字对象标识符（Digital Object Identifier）
DRM：数字版权管理（Digital Rights Management）
DTD：文档类型定义（document type definition）
HTML：超文本标记语言（Hyper Text Markup Language）
HTTP：超文本传送协议（Hyper Text Transfer Protocol）
IR：信息检索（Information retrieval）
ISNI：国际标准名称标识符（International Standard Name Identifier）
ISBN：国际标准书号（International Standard Book Number）
ISRC：国际标准录音制品编码（International Standard Recording Code）
ISSN：国际标准连续出版物号（International Standard Serial Number）
OCF：开放容器格式（the OEBPS Container Format）
OEB：开放电子书（Open Electronic Book）
OPF：开放打包格式（Open Packaging Format）
OPS：开放出版结构（Open Publication Structure）
PDRI：新闻出版数字资源唯一标识符（Press and Publication Digital Resource Identifier）
XSL：扩展样式表语言（EXtensible Stylesheet Language）
URI：统一资源标识符（Uniform Resource Identifier）
URL：统一资源定位符（uniform resource locator）
XML：可扩展标记语言（Extensible Markup Language）

参考文献

[1] GB/T 10112 术语工作 原则与方法
[2] GB/T 20001.1 标准编写规则 第1部分：术语
[3] GB/T 21374 知识产权文献与信息 基本词汇
[4] GB/T 17532 术语工作 计算机应用 词汇

索　引

汉语拼音索引

A

安全性……………………………………………………………………………………………8.2.1
按钮………………………………………………………………………………………………6.2.8

B

跋…………………………………………………………………………………………………5.1.24
版本………………………………………………………………………………………………5.1.8
版次………………………………………………………………………………………………5.1.10
版权………………………………………………………………………………………………8.1.2
版权法……………………………………………………………………………………………8.1.3
版权人……………………………………………………………………………………………8.1.4
版权所有者………………………………………………………………………………………8.1.4
版式………………………………………………………………………………………………5.2.1
版式文档…………………………………………………………………………………………6.1.5
版式文件…………………………………………………………………………………………6.1.5
版心………………………………………………………………………………………………5.2.7
保密性……………………………………………………………………………………………8.2.2
备份文件…………………………………………………………………………………………8.2.5
必载信息…………………………………………………………………………………………5.2.5
边注………………………………………………………………………………………………5.1.33
编辑………………………………………………………………………………………………5.1.4
编者按……………………………………………………………………………………………5.1.15
编者按语…………………………………………………………………………………………5.1.15
编者的话…………………………………………………………………………………………5.1.15
标签………………………………………………………………………………………………5.1.30
标题………………………………………………………………………………………………5.1.26
补遗………………………………………………………………………………………………5.1.22

C

菜单………………………………………………………………………………………………6.2.9
参考文献…………………………………………………………………………………………5.1.23
插图………………………………………………………………………………………………5.1.35
插图说明…………………………………………………………………………………………5.1.36

超链接 …… 6.2.6
超文本 …… 6.1.3
超文本标记语言 …… 6.2.5
抽象容器 …… 6.1.13
出版 …… 4.1.1
出版产品 …… 4.2.1
出版单位 …… 4.1.4
出版公司 …… 4.1.4
出版活动 …… 4.1.1
出版机构 …… 4.1.4
出版社 …… 4.1.4
出版说明 …… 5.1.14
出版物条码 …… 4.3.22
出版形式 …… 4.1.3
出版许可 …… 8.1.20
出版者 …… 4.1.4
出版状态 …… 7.1.18
出血版 …… 5.2.10
出租权 …… 8.1.10
存储 …… 5.2.30
存储介质 …… 4.2.14
存取 …… 7.2.4
重组 …… 5.2.28

D

打包 …… 5.2.22
单独页面设计 …… 5.2.20
导航 …… 6.2.7
盗版 …… 8.1.14
盗版作品 …… 8.1.15
地脚 …… 5.2.9
电子版权页 …… 5.1.40
电子报 …… 4.2.7
电子封面 …… 5.1.41
电子期刊 …… 4.2.6
电子书 …… 4.2.4
电子图书 …… 4.2.5
订单 …… 7.1.17
定义 …… 5.2.16
读者对象 …… 7.1.5
段落 …… 5.1.29
多媒体 …… 4.2.3

多媒体印刷出版物	4.2.10

F

发行	7.1.1
发行单位	7.1.2
发行方式	7.1.7
发行渠道	7.1.6
发行权	8.1.11
发行折扣	7.1.16
发行者	7.1.4
防灾预案	8.2.16
扉页	5.1.2
分栏	5.2.11
分页设计	5.2.20
封面	5.1.1
封装	5.2.29
符号	4.3.1
幅面尺寸	7.1.20
附录	5.1.21
附注	5.1.20
复制权	8.1.8

G

改编权	8.1.9
稿酬	8.1.13
稿费	8.1.13
公式	5.1.39
关键词	5.1.27
国际标准连续出版物号	4.3.15
国际标准录音制品编码	4.3.18
国际标准名称标识符	4.3.20
国际标准书号	4.3.13
国内统一刊号	4.3.17
国内统一连续出版物号	4.3.17

H

横排	5.2.4
后记	5.1.24

J

加密密钥	8.1.22

脚注 ··· 5.1.33
解压缩 ·· 5.2.19

K

开本 ··· 7.1.20
开放出版结构 ··· 6.1.10
开放打包格式 ··· 6.1.11
开放电子书 ··· 6.1.9
开放容器格式 ··· 6.1.12
可供书 ··· 7.1.10
可供书目 ··· 7.1.11
可扩展标记语言 ··· 6.2.1
可扩展超文本标识语言 ··· 6.2.4
控制字符 ·· 4.3.5
口令 ··· 8.2.11
扩展样式表语言 ··· 6.2.3

L

连续性资源 ··· 4.2.11
浏览 ··· 7.1.24
浏览器 ·· 6.2.10
流式文档 ··· 6.1.6
流式文件 ··· 6.1.6
漏洞 ··· 8.2.13

M

MPR 出版物 ··· 4.2.10
密钥 ··· 8.2.12
目录 ··· 5.1.12

N

内容保护 ··· 8.1.7
内容数据库 ·· 4.2.8
内容提供者 ·· 4.1.5

P

排版 ··· 5.2.2
批注 ··· 7.1.25

Q

前言	5.1.16
权限	5.2.31
全文检索	7.2.6

R

人工语言	4.1.7
人造语言	4.1.7
认证	8.1.17

S

上传	7.2.1
上载	7.2.1
首版时间	5.1.9
授权	8.1.18
书店	7.1.22
书眉	5.2.12
书目	7.1.13
书签	5.1.31
书讯	7.1.12
竖排	5.2.3
数据	5.2.14
数据安全	8.2.9
数据保护	8.2.4
数据保密性	8.2.10
数据结构	6.1.8
数据类型	6.1.7
数据模型	5.2.15
数据损坏	8.2.6
数据限制	8.2.7
数据压缩	5.2.18
数据验证	8.2.8
数字版权管理	8.1.6
数字报	4.2.7
数字出版	4.1.2
数字出版产品	4.2.2
数字对象标识符	4.3.12
数字化处理	5.2.21
数字化加工	5.2.21

数字期刊……4.2.6
数字签名……8.1.19
数字水印……8.1.16
索引……5.1.13

T

特殊字符……4.3.8
题名……5.1.3
题名帧……5.2.24
天头……5.2.8
统一资源标识符……4.3.10
图标……7.2.3
图书评论……7.1.26
图书在版编目……5.1.7
图像……5.1.38
图形……5.1.37
图形字符……4.3.4

W

外观标识……5.2.25
外装帧面……5.2.26
完整性……8.2.3
网络出版物……4.2.9
网络传播权……8.1.12
网络发行……7.1.3
网页……4.2.13
尾注……5.1.34
文本……6.1.2
文档类型定……6.1.15
文后注……5.1.34
文件……6.1.1
文件格式……6.1.4
物理容器……6.1.14

X

下载……7.2.2
销售单价……7.1.15
校对……5.2.13
校验码……4.3.6
新书预告……7.1.14

189

新闻出版数字资源唯一标识符……4.3.11
信息安全管理体系……8.2.18
信息检索……7.2.5
性能测试……8.2.14
许可限制……8.1.21
序……5.1.17
序言……5.1.17
绪论……5.1.18
绪言……5.1.18
选单……6.2.9

Y

压缩……5.2.18
页码……5.2.6
页末注……5.1.33
页数……7.1.21
一致性检查……8.2.15
译者……5.1.6
引文……5.1.19
引言……5.1.17
硬件绑定……6.2.11
硬件适应性……6.2.12
预览……7.1.23

Z

灾难恢复……8.2.17
载体标识面……5.2.27
在版图书……7.1.10
摘要……5.1.11
章……5.1.28
征订……7.1.8
征订代码……7.1.19
征订目录……7.1.9
整合性资源……4.2.12
正文……5.1.25
知识产权……8.1.1
值域……5.2.17
中国标准连续出版物号……4.3.16
中国标准录音制品编码……4.3.19
中国标准书号……4.3.14
中国标准文本编码……4.3.21

主页	5.2.23
注释	5.1.32
著作权	8.1.2
著作权保护	8.1.5
著作权法	8.1.3
著作权人	8.1.4
自然语言	4.1.6
字符	4.3.3
字符编码	4.3.7
字符集	4.3.2
字符字形库	4.3.9
字库	4.3.9
作品报酬	8.1.13
作者	5.1.5

英文对应词索引

A

abstract container	6.1.13
abstract	5.1.11
access	7.2.4
addenda	5.1.22
afterword	5.1.24
annotation	5.1.20, 5.1.32, 7.1.25
announcement of forthcoming books	7.1.14
appendix	5.1.21
artificial language	4.1.7
assembling	5.2.28
audience	7.1.5
author	5.1.5
authority	5.2.31
authorization	8.1.18

B

backup files	8.2.5
bar code for publications	4.3.22
bibliography	7.1.13
bleed	5.2.10
blocking of data	8.2.7
body	5.1.25
book news	7.1.12
book review	7.1.26
bookmark	5.1.31
books in print	7.1.10
books list in print	7.1.11
bookshop	7.1.22
bookstore	7.1.22
browser	6.2.10
browsing	7.1.24
button	6.2.8

C

catalogue	5.1.12
cataloguing in publication	5.1.7
certification	8.1.17
chapter	5.1.28
character coding	4.3.7
character font library	4.3.9
character set	4.3.2
character	4.3.3
check code	4.3.6
China Standard Book Number	4.3.14
China Standard Recording Code	4.3.19
China Standard Serial Number	4.3.16
China Standard Text Code	4.3.21
CIP	5.1.7
cipher key	8.1.22
citation	5.1.19
CN serial number	4.3.17
code of soliciting for subscriptions	7.1.19
column	5.2.11
compress	5.2.18
confidentiality	8.2.2
consistency check	8.2.15
content database	4.2.8
content protection	8.1.7
content provider	4.1.5
continuing resource	4.2.11
control character	4.3.5
copyright law	8.1.3
copyright owner	8.1.4
copyright	8.1.2
cover	5.1.1

D

data confidentiality	8.2.10
data contamination	8.2.6
data corruption	8.2.6
data model	5.2.15
data protection	8.2.4
data security	8.2.9
data structure	6.1.8

data validation ··· 8.2.8
data ·· 5.2.14
datatype ··· 6.1.7
definition ·· 5.2.16
Digital Object Identifier ··· 4.3.12
digital processing ··· 5.2.21
digital publishing products ·· 4.2.2
digital publishing ··· 4.1.2
digital rights management ··· 8.1.6
digital signature ··· 8.1.19
digital watermarking ·· 8.1.16
disaster control plan ·· 8.2.16
disaster recovery ·· 8.2.17
discount ·· 7.1.16
distribution agency ·· 7.1.2
distribution channel ··· 7.1.6
distribution mode ··· 7.1.7
distribution ··· 7.1.1
distributor ·· 7.1.4
Document Type Definition ··· 6.1.15
DOI ·· 4.3.12
download ··· 7.2.2
DRM ·· 8.1.6
DTD ·· 6.1.15

E

ebook ··· 4.2.4
e-book ·· 4.2.5
edit ··· 5.1.4
edition number ··· 5.1.10
edition ·· 5.1.8
editor ··· 5.1.4
e-journal ·· 4.2.6
electronic copyright page ··· 5.1.40
electronic cover ··· 5.1.41
encapsulation ··· 5.2.29
endnote ·· 5.1.34
e-newspaper ·· 4.2.7
Extensible Markup Language ·· 6.2.1
EXtensible Stylesheet Language ·· 6.2.3

F

file format	6.1.4
file	6.1.1
first edition date	5.1.9
fixed-layout document	6.1.5
footnote	5.1.33
foreword	5.1.16
format size	7.1.20
format	5.2.1
formula	5.1.39
full text retrieval	7.2.6

G

graphic character	4.3.4
graphics	5.1.37

H

hardware adaptation	6.2.12
hardware binding	6.2.11
head	5.2.8
headline	5.1.26
home page	5.2.23
horizontal format	5.2.4
HTML	6.2.5
Hyper Text Markup Language	6.2.5
hyperlink	6.2.6
hypertext	6.1.3

I

icon	7.2.3
illustration explanation	5.1.36
illustration	5.1.35
image	5.1.38
imprimatur	8.1.20
index	5.1.13
indispensable information	5.2.5
information retrieval	7.2.5
information security mamagement system	8.2.18
integrating resource	4.2.12

integrity	8.2.3
intellectual property	8.1.1
International Standard Book Number	4.3.13
International Standard Name Identifier	4.3.20
International Standard Recording Code	4.3.18
International Standard Serial Number	4.3.15
introduction	5.1.18
IR	7.2.5
ISBN	4.3.13
ISNI	4.3.20
ISRC	4.3.18
ISSN	4.3.15

K

key	8.2.12
keyword	5.1.27

L

list of soliciting for subscriptions	7.1.9

M

media printed surface	5.2.27
menu	6.2.9
mode of publishing	4.1.3
MPR	4.2.10
multimedia print reader	4.2.10
multimedia	4.2.3

N

natural language	4.1.6
navigation	6.2.7
network distribution	7.1.3
network publication	4.2.9

O

OCF	6.1.12
OEB	6.1.9
Open Electronic Book	6.1.9

Open Packaging Format	6.1.11
Open Publication Structure	6.1.10
OPF	6.1.11
OPS	6.1.10
order	7.1.17

P

packing	5.2.22
page number	5.2.6
pages	7.1.21
paragraph	5.1.29
password	8.2.1
PDRI	4.3.11
performance testing	8.2.14
permission constraint	8.1.21
piracy	8.1.14
pirated work	8.1.15
preface	5.1.17
Press and Publication Digital Resource Identifier	4.3.11
press	4.1.4
preview	7.1.23
print area	5.2.7
printed cover	5.2.26
proofreading	5.2.13
protection of copyright	8.1.5
publication explanation	5.1.14
publisher	4.1.4
publishing activity	4.1.1
publishing agency	4.1.4
publishing company	4.1.4
publishing house	4.1.4
publishing products	4.2.1
publishing status	7.1.18
publishing	4.1.1

R

references	5.1.23
reflowing document	6.1.6
remuneration	8.1.13
right of adaptation	8.1.9
right of communication through network	8.1.12

right of distribution	8.1.11
right of rental	8.1.10
right of reproduction	8.1.8

S

Schema	6.2.2
security	8.2.1
selling price	7.1.15
separate page design	5.2.20
solicit for subscription	7.1.8
special character	4.3.8
storage medium	4.2.14
storage	5.2.30
symbol	4.3.1

T

tag	5.1.30
tail edge	5.2.9
text	6.1.2
the Extensible HyperText Markup Language	6.2.4
The OEBPS Container Format	6.1.12
the physical container	6.1.14
title frame	5.2.24
title page	5.1.2
title	5.1.3
top margin	5.2.12
top	5.2.8
translator	5.1.6
typesetting	5.2.2

U

uncompress	5.2.19
Uniform Resource Identifier	4.3.10
upload	7.2.1
URI	4.3.10

V

value domain	5.2.17
vertical format	5.2.3

visual identification	5.2.25
vulnerability	8.2.13

W

webpage	4.2.13
words of editor	5.1.15

X

XHTML	6.2.4
XML	6.2.1
XSL	6.2.3

ICS 01.140.40
A 19
备案号:43968-2014

中华人民共和国新闻出版行业标准

CY/T 98—2013

电子书内容格式基本要求

The basic requirement of ebook content format

2013-11-20 发布　　　　2013-11-20 实施

国家新闻出版广电总局　发布

目　次

- 前言 ... 202
- 1　范围 ... 203
- 2　术语和定义 ... 203
- 3　电子书内容格式基本要求 ... 203
  - 3.1　开放的格式 ... 203
  - 3.2　开放的系统支持 ... 203
  - 3.3　内容文档自包含 ... 203
  - 3.4　格式描述 ... 203
  - 3.5　易于转换与阅读 ... 204
  - 3.6　安全策略 ... 204
- 参考文献 ... 205

前　言

本标准按照 GB/T1.1—2009 给出的规则起草。

本标准由全国新闻出版标准化技术委员会（SAC/TC527）提出并归口。

本标准的主要起草单位：上海世纪创荣数字信息科技有限公司、北京方正阿帕比技术有限公司、中国新闻出版研究院等。

本标准的主要起草人：陆纲、黄翚、施勇勤、刘航、刘懿、单玉秋、田野、吴郑红、张建伟、张瑞乾、张释元、张书卿。

电子书内容格式基本要求

1 范围

本标准规定了电子书内容格式的基本要求。
本标准适用于电子书的出版。

2 术语和定义

2.1

电子书内容格式 ebook content format
对电子书数字内容进行描述和封装的格式，用于发布及交换数字出版产品。

3 电子书内容格式基本要求

3.1 开放的格式

3.1.1 格式标准和技术规范简洁实用，描述语言应易为用户认知和掌握。
3.1.2 无专利和许可的限制。

3.2 开放的系统支持

3.2.1 可适用于通用的操作系统。
3.2.2 应不依赖于特定的阅读软件。

3.3 内容文档自包含

3.3.1 应呈现全部内容信息。
3.3.2 应包括字体的字形描述信息或嵌入字体程序信息。
3.3.3 应包括光栅图像、矢量图形、颜色信息等其他需要呈现的信息。
3.3.4 呈现应不依赖于外部对象。
3.3.5 当内容文档或内容文档中的部分信息由模拟源转换而来时，应有编码保存其重要属性的能力。
3.3.6 文字型内容、图像型内容、视频型内容、音频型内容应采用可用于交换的通用格式。

3.4 格式描述

3.4.1 应声明数字内容类型。
3.4.2 应提供符合相关标准的元数据。
3.4.3 应依据数字内容类型声明所遵循的格式标准和版本。
3.4.4 应具有扩展性，可支持用户自定义元数据。
3.4.5 应声明数字内容所采用的字符编码标准。
3.4.6 应具备对数字内容进行解析的结构化信息和语义信息。
3.4.7 应合理定义数字内容的信息存储结构和占用字节数。
3.4.8 应支持文字、图形、图像、音频和视频等多种数字内容的封装。
3.4.9 应支持数字内容完整性和功能性的校验能力。
3.4.10 应支持数字内容格式更新和版本升级，并向前兼容。
3.4.11 文档页面、章节、段落、字体、图形、色彩等静态呈现效果以及音频、视频等动态呈现效果不宜受软硬件平台变化的影响。

3.5　易于转换与阅读

　　3.5.1　应支持首页快速获取、任意页随机访问等。
　　3.5.2　应支持目次，能够根据目次进行导航。
　　3.5.3　应支持全文检索。
　　3.5.4　应支持用户对内容文档添加书签及批注。
　　3.5.5　应设置有效的容错机制。
　　3.5.6　应符合自然阅读顺序。
　　3.5.7　宜支持与其他通用格式的相互转换。
　　3.5.8　宜支持数据子集的提取，如分割页面、提取文本串及图像等。
　　3.5.9　宜支持屏幕的自适应。

3.6　安全策略

　　3.6.1　应支持数字签名。
　　3.6.2　应具备防范非法访问、非法操作、病毒侵害等安全保障措施。

参考文献

[1] GB 18030-2005 信息技术 中文编码字符集
[2] GB/T 18894-2002 电子文件归档与管理规范
[3] GB/T 16964.1-1997 信息技术 字形信息交换
[4] GB/T 18787-2002 电子图书阅读器通用规范
[5] GB/Z 18906-2002 开放式电子图书出版物结构
[6] GB/T 5795-2006 中国标准书号

ICS 01.140.40
A 19
备案号：49452-2015

中华人民共和国新闻出版行业标准

CY/T 116-2015

电子书内容平台基本要求

Basic requirements of ebook content platform

2015-01-29 发布　　　　　　　　　　　　2015-01-29 实施

国家新闻出版广电总局　发布

目　次

前言	208
1　范围	209
2　规范性引用文件	209
3　术语和定义	209
4　基本业务逻辑关系	209
5　运营服务要求	210
5.1　内容服务	210
5.2　交易服务	210
5.3　用户服务	210
6　运营保障服务要求	211
6.1　安全保护等级	211
6.2　安全防护	211
6.3　应急措施	211
参考文献	212

前 言

本标准按照 GB/T 1.1-2009 给出的规则起草。

本标准由全国新闻出版标准化技术委员会（SAC/TC 527）提出并归口。

本标准起草单位：中国新闻出版研究院、上海宏文网络科技有限公司、北京奥鹏远程教育中心有限公司。

本标准主要起草人：单玉秋、张倩影、闫金金、刘雅卓、李国斌。

电子书内容平台基本要求

1 范围

本标准规定了电子书内容平台的基本业务逻辑、运营服务和运营保障服务的基本要求。

本标准适用于电子书内容平台的建立与运营。

2 规范性引用文件

下列文件对于本文件的应用是必不可少的。凡是注日期的引用文件，仅所注日期的版本适用于本文件。凡是不注日期的引用文件，其最新版本（包括所有的修改单）适用于本文件。

GB 17859-1999　计算机信息系统安全保护等级划分准则

GB/T 20271　信息安全技术　信息系统通用安全技术要求

CY/T 97　电子图书元数据

CY/T 98　电子书内容格式基本要求

CY/T 115　电子书内容版权保护通用规范

CY/T 111　电子图书质量基本要求

3 术语和定义

下列术语与定义适用于本标准。

3.1

电子书　ebook

通过相关设备直接呈现文字、图像、音频、视频等内容的数字出版产品。

[CY/T 96-2013，定义 4.2.4]

3.2

电子书内容平台　ebook content platform

提供电子书内容展示和运营服务的系统。

3.3

电子图书元数据　e-book metadata

描述电子图书并揭示其属性特征的数据。

[CY/T 97-2013，定义 3.2]

3.4

内容提供者　content provider

提供出版内容的组织实体或具备著作专属权的自然人。

[CY/T 96-2013，定义 4.1.5]

3.5

平台运营商　platform service providers

电子书内容平台运营服务机构。

4 基本业务逻辑关系

电子书内容平台的基本业务逻辑关系如图 1 所示。

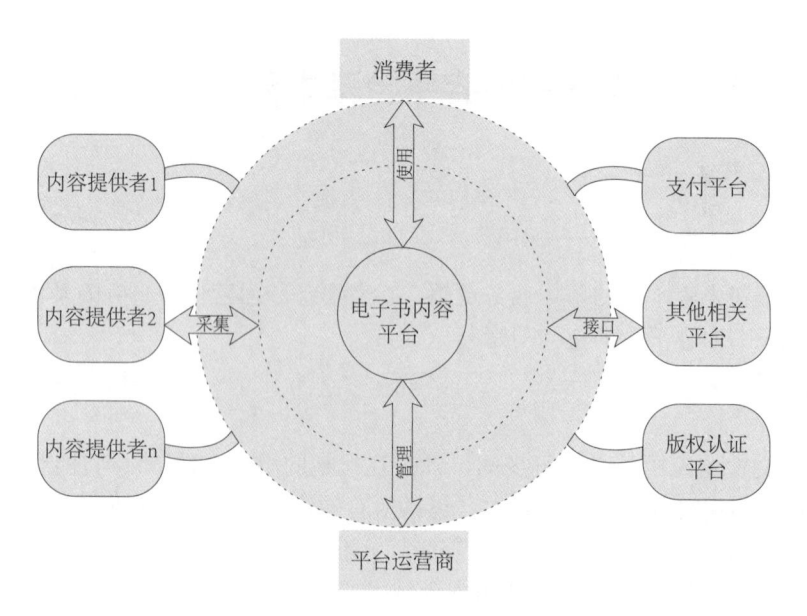

图1　电子书内容平台基本业务逻辑关系

5　运营服务要求

5.1　内容服务

5.1.1　内容采集

应提供内容采集通道，方便内容提供者提交电子书元数据、版权数据以及全文，并保存提交记录。

5.1.2　内容审核

5.1.2.1　对电子书内容进行审核

电子书内容审核包括：

a) 元数据的准确性和完整性应符合 CY/T 97 的规定；
b) 书目信息与相应的电子书内容保持一致；
c) 电子书封面和内容符合 CY/T 111（电子图书质量基本要求）的规定；
d) 原创作品内容符合三审三校的规定；
e) 电子书格式符合 CY/T 98 的规定。

5.1.2.2　保存电子书内容审核记录

5.1.3　内容发布

应对审核合格后的电子书进行发布管理并保存发布记录。

5.1.4　内容维护

应对内容变更进行维护并保存维护记录。

5.1.5　内容使用

应提供电子书内容的浏览、阅读及检索等功能。

5.1.6　版权保护

应符合 CY/T 115（电子书内容版权保护通用规范）的规定。

5.2　交易服务

可提供电子书定价、订购、租借、授权、支付等功能，并保存相应的操作记录。

5.3　用户服务

5.3.1　账户管理

应提供个人账户和机构账户管理。

5.3.2 通知服务
应提供通知提醒服务。

5.3.3 信息查询
信息查询服务包括：
a) 账户查询；
b) 交易和使用记录查询；
c) 电子书信息和销售信息查询；
d) 各类监控和记录信息查询。

6 运营保障服务要求

6.1 安全保护等级
信息系统安全保护等级应符合 GB 17859-1999 的相关规定。

6.2 安全防护
安全服务应具有 GB/T 20271 相关规定的功能。

6.3 应急措施
电子书内容平台运行异常时的应急响应方案包括：
a) 数据异常时的分析处理方案；
b) 软硬件故障的处理方案；
c) 停电、网络中断等问题的处理方案；
d) 数据恢复方案。

参考文献

[1] GB/T 5795　中国标准书号
[2] SB/T 10519　网络交易服务规范
[3] GB/T 26816　信息资源核心元数据
[4] CY/T 112　电子图书版权记录
[5] CY/T 114　电子图书质量检测方法
[6] CY/T 117　电子书内容平台服务基本功能
[7] CY/T 96　电子书内容术语
[8]《中华人民共和国著作权法》
[9]《图书质量保障体系》

ICS 01.140.40
A 19
备案号：49453-2015

中华人民共和国新闻出版行业标准

CY/T 117-2015

电子书内容平台服务基本功能

Specification for basic functions of ebook content platform services

2015-01-29 发布　　　　2015-01-29 实施

国家新闻出版广电总局　发布

目　次

前言 ··· 215
1　范围 ·· 216
2　规范性引用文件 ··· 216
3　术语和定义 ·· 216
4　服务功能结构 ··· 216
5　内容服务基本功能 ·· 217
　5.1　内容管理 ·· 217
　5.2　使用管理 ·· 217
6　交易服务基本功能 ·· 217
　6.1　订购管理 ·· 217
　6.2　授权管理 ·· 217
　6.3　支付管理 ·· 218
7　用户服务基本功能 ·· 218
　7.1　账户管理 ·· 218
　7.2　通知提醒 ·· 218
　7.3　信息查询 ·· 218
8　安全服务基本功能 ·· 218
参考文献 ·· 219

前 言

本标准按照 GB/T 1.1-2009 给出的规则起草。

本标准由全国新闻出版标准化技术委员会 (SAC/TC 527) 提出并归口。

本标准起草单位：中国新闻出版研究院、上海宏文网络科技有限公司、北京奥鹏远程教育中心有限公司。

本标准主要起草人：单玉秋、张倩影、闫金金、刘雅卓、李国斌。

电子书内容平台服务基本功能

1 范围

本标准规定了电子书内容平台运营时的内容、交易、用户及安全等服务的基本功能要求。

本标准适用于电子书内容平台的运营服务。

2 规范性引用文件

下列文件对于本文件的应用是必不可少的。凡是注日期的引用文件,仅所注日期的版本适用于本文件。凡是不注日期的引用文件,其最新版本(包括所有的修改单)适用于本文件。

GB 17859　计算机信息系统安全保护等级划分准则

GB/T 20271　信息安全技术　信息系统通用安全技术要求

3 术语和定义

下列术语与定义适用于本标准。

3.1

电子书　ebook

通过相关设备直接呈现文字、图像、音频、视频等内容的数字出版产品。

[CY/T 96-2013,定义 4.2.4]

3.2

电子书内容平台　ebook content platform

提供电子书内容展示和运营服务的系统。

[CY/T 116-2015,定义 3.2]

3.3

电子图书元数据　e-book metadata

描述电子图书并揭示其属性特征的数据。

[CY/T 97-2013,定义 3.2]

3.4

内容提供者　content provider

提供出版内容的组织实体或具备著作专属权的自然人。

[CY/T 96-2013,定义 4.1.5]

3.5

平台运营商　platform service providers

电子书内容平台运营服务机构。

[CY/T 116-2015,定义 3.5]

4 服务功能结构

电子书内容平台服务功能结构如图 1 所示。

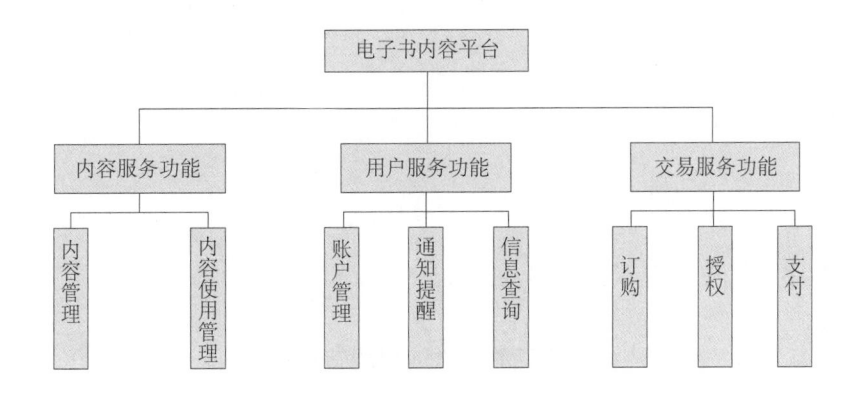

图 1 电子书内容平台服务功能结构图

5 内容服务基本功能

5.1 内容管理

内容管理功能包括：

a) 支持在线采集；
b) 支持文字、图片、音频、视频等内容管理；
c) 支持分级审核；
d) 支持内容发布控制；
e) 具备更新和修改等功能；
f) 可发布到不同的数字终端。

5.2 使用管理

使用管理功能包括：

a) 支持分类导航与浏览；
b) 支持电子书陈列；
c) 支持在线阅读或离线阅读；
d) 具备数字版权保护技术手段；
e) 具备检索功能；
f) 可管理笔记、书签、批注；
g) 可设置字体大小；
h) 可提供语音朗读；
i) 可提供多终端同步阅读；
j) 可具有评论及其管理功能。

6 交易服务基本功能

6.1 订购管理

订购管理功能包括：

a) 支持定价、折扣和促销管理；
b) 支持订单管理；
c) 支持退换货管理。

6.2 授权管理

支持使用时间、终端、IP地址和使用数量等管理。

6.3 支付管理

可支持线下支付或在线支付。

7 用户服务基本功能

7.1 账户管理

支持用户注册与身份审核、登录与登录验证及用户权限和角色管理等。

7.2 通知提醒

支持销售、结算、发货、续约及相关信息的推送或提醒管理。

7.3 信息查询

信息查询管理功能包括：

a) 支持用户账户、订单、交易、结算等信息的查询；
b) 支持内容上传记录、审核记录查询；
c) 支持交易记录查询；
d) 支持统计与分析数据查询。

8 安全服务基本功能

信息系统安全保护等级应符合 GB 17859 的相关规定；安全服务应具有 GB/T 20271 相关规定的功能。

参考文献

[1] GB/T 5795　中国标准书号
[2] GB/T 18894　电子文件归档与管理规范
[3] GB/T 20988　信息系统灾难恢复规范
[4] GB/T 22239　信息安全技术 信息系统安全等级保护基本要求
[5] SB/T 10519　网络交易服务规范
[6] GB/T 26816　信息资源核心元数据
[7] CY/T 97　电子图书元数据
[8] CY/T 96　电子书内容术语
[9] CY/T 98　电子书内容格式基本要求
[10] CY/T 114　电子图书质量检测方法
[11] CY/T 115　电子书内容版权保护通用规范
[12] CY/T 111　电子图书质量基本要求
[13] CY/T 110　电子图书标识
[14] CY/T 116　电子书内容平台基本要求

ICS 01.140.40
A 19
备案号:49451-2015

CY

中华人民共和国新闻出版行业标准

CY/T 115-2015

电子书内容版权保护通用规范

General specification for e-book content protection

2015-01-29 发布　　　　　　　　　　2015-01-29 实施

国家新闻出版广电总局　发布

目　次

前言 ·· 222
1 范围 ··· 223
2 规范性引用文件 ·· 223
3 术语与定义 ·· 223
　3.1 电子书 ··· 223
　3.2 版权保护功能 ·· 223
　3.3 电子书内容提供者 ·· 223
　3.4 电子书内容发布者 ·· 223
　3.5 许可证 ··· 223
　3.6 域 ··· 223
　3.7 设备 ·· 223
　3.8 版权保护代理 ·· 223
　3.9 授权中心 ·· 223
　3.10 商业模式 ·· 223
　3.11 应用场景 ·· 224
4 电子书内容版权基本授权形式 ··· 224
　4.1 典型商业模式下的授权 ··· 224
　4.2 应用场景下的电子书内容版权保护 ··· 224
5 电子书内容版权保护技术要求 ··· 224
　5.4 内容授权分发 ·· 224
　5.5 用户及设备使用控制 ·· 224
附录 A（资料性附录）电子书许可证和电子书内容的关联关系 ·· 226
附录 B（资料性附录）电子书内容版权保护分发结构 ·· 227
附录 C（资料性附录）电子书内容、许可证和设备及域的关联 ·· 228

前　言

本标准按照 GB/T 1.1-2009 给出的规则起草。

本标准的附录 A、B、C 为资料性附录。

本标准由全国新闻出版标准化技术委员会（SAC/TC 527）提出并归口。

本标准起草单位：中国出版集团公司、中国大百科全书出版社、中国新闻出版研究院、中版集团数字传媒有限公司。

本标准主要起草人：田野、周清华、周辉、屈劲、李旗、陈柏、葛鑫。

电子书内容版权保护通用规范

1 范围

本标准规定了电子书内容版权保护的保护功能、保护技术、用户及设备管理要求。

本标准适用于电子书内容版权保护功能的设计、研发和应用。

2 规范性引用文件

下列文件对于本文件的应用是必不可少的。凡是注日期的引用文件，仅所注日期的版本适用于本文件。凡是不注日期的引用文件，其最新版本（包括所有的修改单）适用于本文件。

CY/T 96-2013 电子书内容术语

CY/T 97-2013 电子图书元数据

3 术语与定义

下列术语和定义适用于本文件。

3.1 电子书 ebook

通过相关设备直接呈现文字、图像、音频、视频等内容的数字出版产品。

[CY/T 96-2013，4.2.4]

3.2 版权保护功能 content protection function

对作品内容法定专有权利的保护措施。

3.3 电子书内容提供者 ebook content provider

提供电子书内容的组织实体或具备电子书内容版权的自然人。

注：改写 CY/T 96-2013，4.1.5。

3.4 电子书内容发布者 ebook content distributor

集成、分发电子书内容到版权保护代理的实体。

3.5 许可证 license

对电子书内容访问权限、使用规则和密钥等控制信息的描述。

3.6 域 domain

使用电子书内容时用户及设备所需的特定技术环境。

注：合法使用受保护内容的一组设备，该组设备的范围可由若干参数（比如设备数量、时间、域 ID、设备 ID 等）界定。

3.7 设备 device

具有版权保护功能、供用户消费电子书内容的装置。

3.8 版权保护代理 content protection agent

设备上负责内容许可管理的可信功能实体。

3.9 授权中心 authority center

向版权保护代理发送许可证的实体。

3.10 商业模式 business model

描述所能为客户提供的价值以及公司的内部结构、合作伙伴网络和关系资本等用以实现这一价值并产生可持续盈利收入的要素。

3.11 应用场景 application of scene
描述用户使用产品时"最可能的"所处场合。包括时间、空间、设备支持、社交及用户情绪等多个方面，描述产品使用的场合、使用方式等。

4 电子书内容版权基本授权形式

4.1 典型商业模式下的授权
4.1.1 应支持用户通过购买获得授权永久使用。
4.1.2 应支持用户通过租借获得授权，在一定时间内使用。
4.1.3 应支持用户通过订阅获得授权，使用订阅期内的电子书内容。
4.1.4 应支持用户预览功能，在超过一定时间或预览到指定内容时，需购买、租借或订阅才可以继续使用。
4.1.5 宜支持用户退货，退货后电子书内容不可使用。
4.1.6 宜支持内容发布者在得到授权后转授另一个内容发布者。
4.1.7 宜支持分段授权。

4.2 应用场景下的电子书内容版权保护
4.2.1 应具有用户在域内使用电子书内容的限制功能，包括时间和空间的限制。
4.2.2 应具有对用户可同时借出复本数量的限制。
4.2.3 宜具有支持用户在一定条件下免费使用电子书内容的功能。

5 电子书内容版权保护技术要求

5.1 电子书内容格式宜遵循现行标准，并考虑市场的通用性、兼容性。
5.2 电子书内容许可证应规定用户对加密的电子书内容的使用行为。
5.3 应支持电子书内容全文加密或部分加密，以密文的方式流通；确保内容的完整性和不可篡改性；许可证与电子书密文宜分开打包和分发。

5.4 内容授权分发
5.4.1 应建立许可证和电子书内容的关联关系，关联关系示例参见附录 A。授权的方式应同时支持在线和离线授权，许可证的发放时间应与电子书内容分发时间无关；并支持许可证的更新、撤销。
5.4.2 电子书内容分发时间宜独立于许可证的发放，宜支持多种电子书内容在统一授权下批量分发。宜支持电子书内容提供者对分发后的再次分发进行控制，如对销售量、销售时间等的控制；应选择能够支持电子书内容和授权分发的安全信道，或在非安全信道下采用安全协议。

注：电子书内容版权保护分发结构参见附录 B。

5.5 用户及设备使用控制

5.5.1 用户管理
对用户身份或用户身份组进行唯一标识，支持用户注册、注销、身份验证。

5.5.2 设备管理
5.5.2.1 应支持设备注册、注销、身份验证，使设备拥有自己的 ID、证书等。
5.5.2.2 可对同一用户账号的设备数量进行限制。
5.5.2.3 用户可选择关联到自己账户的设备。
5.5.2.4 可在线或离线注册或删除设备。
5.5.2.5 内容许可证与用户账户关联，相应的内容可被该用户被许可的所有设备共享。

5.5.3 域管理
5.5.3.1 应建立电子书内容、许可证、设备、域的相互关联关系。关联关系示例参见附录 C。
5.5.3.2 应支持域注册、注销、身份验证，使域拥有自己的 ID、证书等。

5.5.3.3 宜支持域内共享,如:许可证一次申请后即可在域内的多台设备和多个用户间共享内容、域内用户免费使用域内其他用户或设备订购的内容等。

5.5.3.4 应支持域的管理策略,如限制域内的用户数量、设备数量。

5.5.3.5 应支持本地或远程的域管理。

附 录 A
（资料性附录）
电子书许可证和电子书内容的关联关系

电子书许可证可与电子书内容的关联关系如图 A.1 所示。

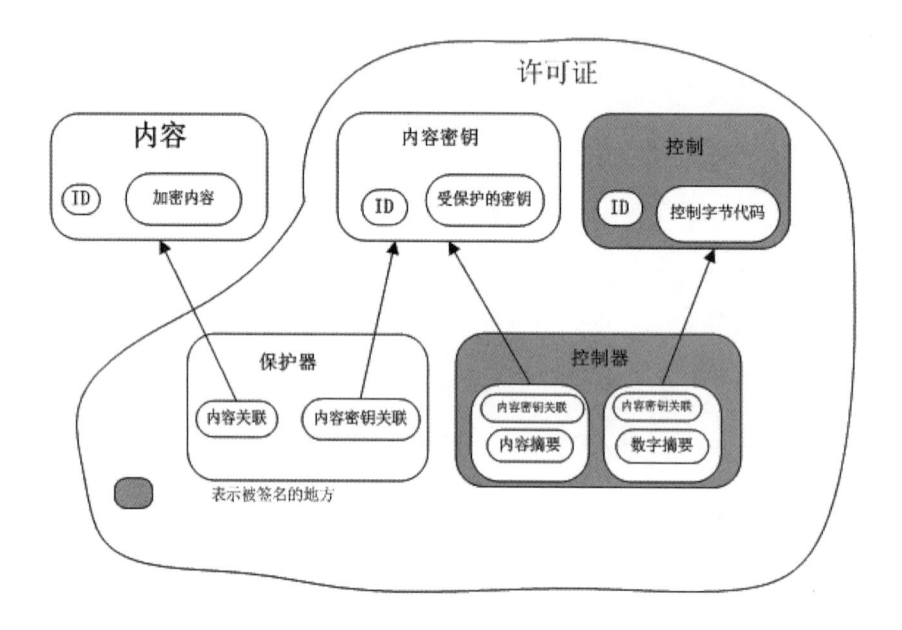

图 A.1 电子书许可证和电子书内容的关联关系

附 录 B
（资料性附录）
电子书内容版权保护分发结构

电子书内容版权保护分发结构如图 B.1 所示。

图中的功能实体均为逻辑单元，在实际情况中可能包括多个电子书内容提供者（如：出版社）、电子书内容发布者和授权中心。

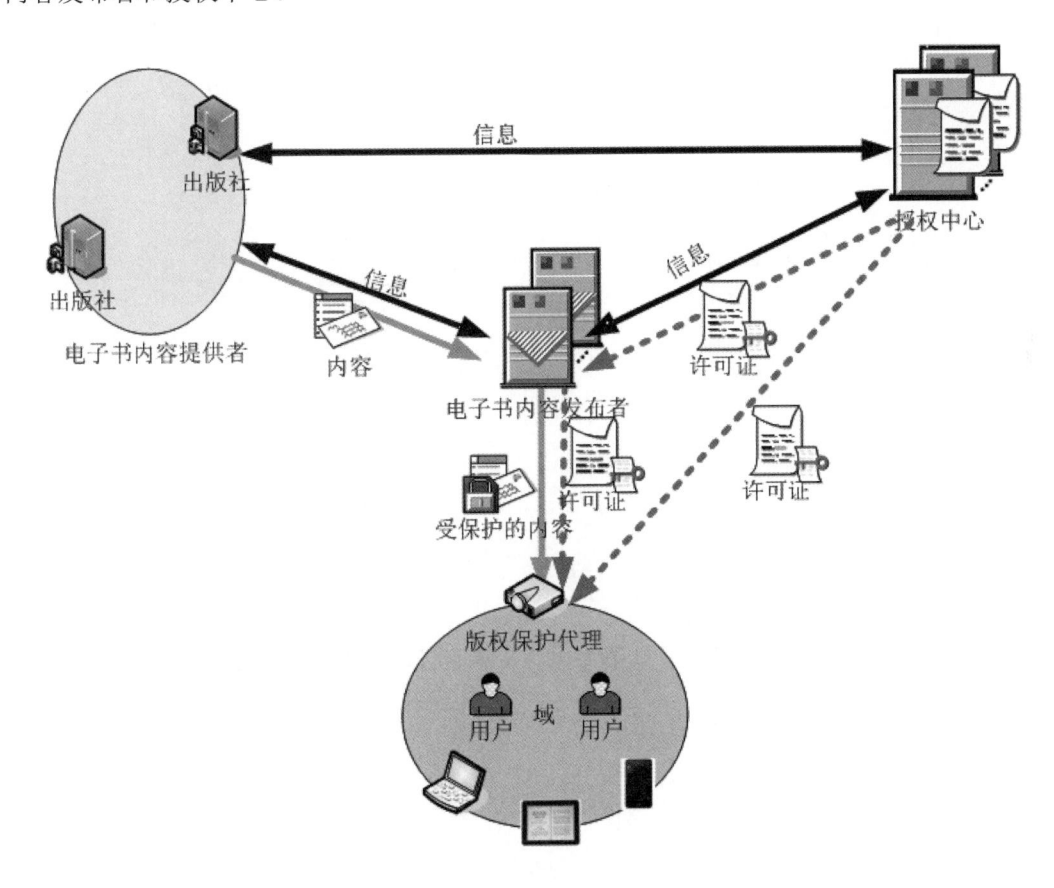

图 B.1 电子书内容版权保护分发结构

a) 电子书内容发行之前，应按照电子书内容版权保护系统要求的内容格式对其进行打包。

b) 电子书内容发布者负责发送受版权保护系统保护的电子书内容，授权中心则负责生成许可证。

c) 用户根据自己的需要选择内容，电子书内容发布者采用某种传输方式将受版权保护系统保护的电子书内容发送给用户，并将从授权中心获得的和该电子书内容对应的许可证发送给用户，版权保护代理根据许可证中的许可和权限控制电子书内容的使用。

d) 许可证经加密与特定的版权保护代理绑定，只有该版权保护代理能够对其进行访问，受版权保护系统保护的电子书内容与许可证在逻辑上分离，受版权保护系统保护的电子书内容和许可证的申请和交付既可单独进行，也可以同时进行。

e) 许可证到期，用户可以申请新的许可证，而无需再次下载受版权保护系统保护的内容。

附 录 C
（资料性附录）
电子书内容、许可证和设备及域的关联

电子书内容、许可证和设备及域的关联如图 C.1 所示。

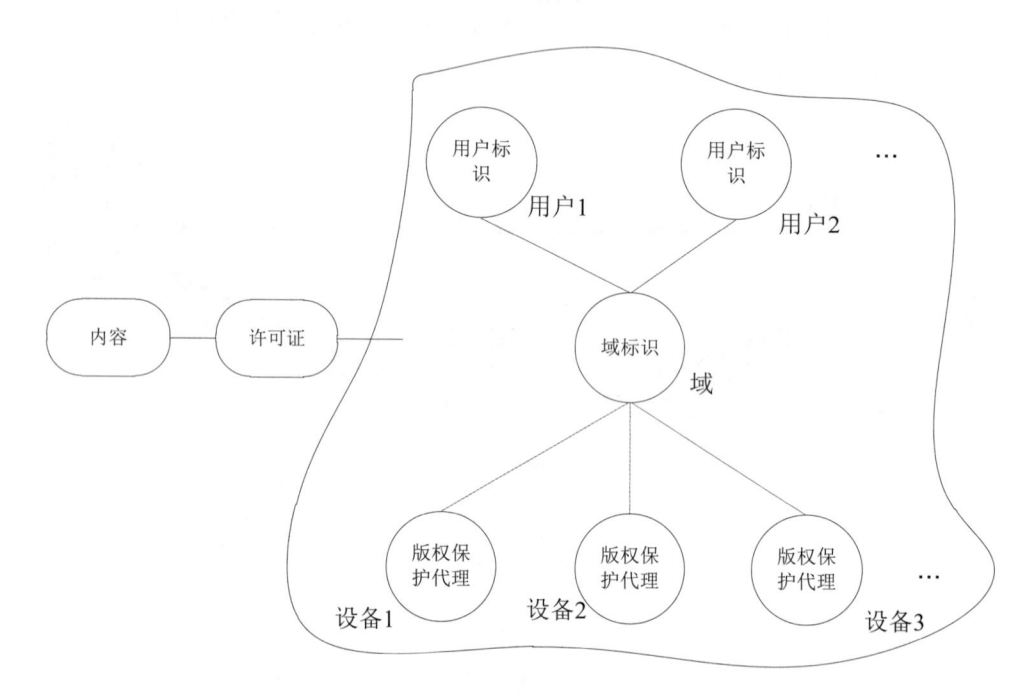

图 C.1 电子书内容、许可证和设备及域的关联

ICS 01.140.40
A 19
备案号：49448-2015

CY

中华人民共和国新闻出版行业标准

CY/T 112—2015

电子图书版权记录

Electronic copyright record

2015-01-29 发布　　　　　　　　　　　2015-01-29 实施

国家新闻出版广电总局　发布

目　次

前言 …… 231
1 范围 ……………………………………………………………………………………………………… 232
2 规范性引用文件 ………………………………………………………………………………………… 232
3 术语和定义 ……………………………………………………………………………………………… 232
4 记录信息与要求 ………………………………………………………………………………………… 232
　　4.1 标识 ……………………………………………………………………………………………… 232
　　4.2 题名 ……………………………………………………………………………………………… 232
　　4.3 著作权人 ………………………………………………………………………………………… 232
　　4.4 著作权形式 ……………………………………………………………………………………… 232
　　4.5 出版者 …………………………………………………………………………………………… 233
　　4.6 合作出版者 ……………………………………………………………………………………… 233
　　4.7 出版地 …………………………………………………………………………………………… 233
　　4.8 编辑加工者 ……………………………………………………………………………………… 233
　　4.9 制作单位 ………………………………………………………………………………………… 233
　　4.10 制作时间 ………………………………………………………………………………………… 233
　　4.11 版本号 …………………………………………………………………………………………… 233
　　4.12 容量 ……………………………………………………………………………………………… 233
　　4.13 格式 ……………………………………………………………………………………………… 233
　　4.14 版权登记号\合同登记号 ……………………………………………………………………… 233
　　4.15 语种 ……………………………………………………………………………………………… 233
　　4.16 附属题名 ………………………………………………………………………………………… 234
5 记录位置 ………………………………………………………………………………………………… 234
附录 A（资料性附录）电子图书版权记录与图书书名页（GB/T 12450-2001）采用项目对比 ………… 235

前　言

本标准按照 GB/T 1.1-2009 给出的规则起草。
附录 A 为资料性附录。
本标准由全国新闻出版标准化技术委员会（SAC/TC527）提出并归口。
本标准起草单位：中国版本图书馆、中国 ISBN 中心、读者出版集团、中国新闻出版研究院。
本标准主要起草人：齐文健、邢瑞华、刘颖丽、王庚梅、香江波、赵鹏。

电子图书版权记录

1 范围

本标准规定了电子图书版权记录的各类信息、记录要求与记录位置。

本标准适用于各种形式的电子图书。

2 规范性引用文件

下列文件对于本文件的应用是必不可少的。凡是注日期的引用文件，仅所注日期的版本适用于本文件。凡是不注日期的引用文件，其最新版本（包括所有的修改单）适用于本文件。

GB/T 5795　中国标准书号（ISO 2108）

GB/T 12450　图书书名页（eqv ISO 1086）

CY/T 50　出版术语

CY/T 96　电子书内容术语

CY/T 97　电子图书元数据

GB/T 7408　数据元和交换格式

3 术语和定义

以下术语和定义适用于本文件。

电子图书　e-book

通过相关设备直接呈现文字、图像、音频或视频等内容，具有相当篇幅的专题数字出版产品。

[CY/T 96-2013]

4 记录信息与要求

4.1 标识

要求：记录分配于电子图书的唯一标识。

类型：复合型

约束/条件：必选

4.2 题名

要求：对电子图书的唯一正式名称进行记录。

类型：文本型

约束/条件：必选

4.3 著作权人

要求：对电子图书拥有著作权的责任实体进行记录。

类型：文本型

约束/条件：必选

4.4 著作权形式

描述：对著作权人拥有电子图书著作权的形式进行记录，主要包括著、主编、绘、译等形式。

类型：文本型

约束/条件：必选

4.5 出版者

要求：对出版电子图书的专业机构名称进行记录。

类型：文本型

约束/条件：必选

4.6 合作出版者

要求：对两家或两家以上合作机构的名称进行记录，在名称间加逗号。

类型：文本型

约束/条件：条件必选

4.7 出版地

要求：对出版者所在地理位置进行记录，涵盖省、市、街道、门牌号。

类型：文本型

约束/条件：必选

4.8 编辑加工者

要求：对电子图书内容编辑加工负有专项责任的责任者进行记录。

类型：文本型

约束/条件：必选

4.9 制作单位

要求：对有资质制作电子图书的专业机构的名称进行记录。

类型：文本型

约束/条件：必选

4.10 制作时间

要求：完成电子图书的时间应按国家标准 GB/T 7408 记录，精确到年和月。

类型：时间型

约束/条件：必选

4.11 版本号

要求：按版本由小到大序号记录，分整数和小数记录。内容改动较大，依序在整数中调整；内容改动较小，依序在小数中调整。

类型：数字型

约束/条件：必选

4.12 容量

要求：以 KB 为单位记录电子图书的存储容量。

类型：数字型

约束/条件：必选

4.13 格式

要求：对内容存储和阅读的物理或数字化表现形式进行记录。

类型：文本型

约束/条件：必选

4.14 版权登记号 \ 合同登记号

要求：对版权的相关信息进行记录，包括版权登记号与合同登记号。

类型：文本型

约束/条件：条件必选

4.15 语种

要求：对电子图书内容的文字种类进行记录。单语种（非汉语）、双语和多语种均应标明。

类型：文本型

约束/条件：条件必选

4.16 附属题名

要求：对题名的附属信息进行记录，主要包括丛书题名和副题名。

类型：文本型

约束/条件：条件必选

5 记录位置

电子图书最前或最末的显著位置，应在索引中可查询。

附 录 A
(资料性附录)

电子图书版权记录与图书书名页(GB/T 12450-2001)采用项目对比

序号	类别	电子图书版权记录	图书书名页	变化情况
1	图书标识	标识	书号	保留
2		图书在版编目数据	图书在版编目数据	保留
3		题名	书名	保留
4	责任者信息	著作权人	著作者	更改
5		著作权方式	责任方式	保留
6	出版信息	出版者	出版者	保留
7		出版地	出版地	保留
8		编辑加工者	编辑	更改
9	制作信息	制作者	印刷者	更改
10		制作时间	印刷时间	更改
11	版本信息	版本号	版本	更改
12			版次	取消
13			出版时间	取消
14		类型		新增
15		格式		新增
16		容量	字数	更改
17			定价	取消
18			开本	取消
19			印张	取消
20			印次	取消
21	附注信息(条件必选)	合作出版者	联合出版	保留
22		附属题名	副题名	保留
23		语种	语种	保留
24		版权登记号\合同登记号	原版权所有者信息	更改

ICS 01.140.40
A 19
备案号：52206-2015

中华人民共和国新闻出版行业标准

CY/T 133-2015

电子图书版权信息检测方法

Examining method of electronic book's copyright information

2015-06-29 发布　　　　　　　　　　　　　　2015-06-29 实施

国家新闻出版广电总局　　发布

目　次

前言 ··· 238
1　范围 ··· 239
2　规范性引用文件 ··· 239
3　术语和定义 ··· 239
　　3.1　电子图书 ·· 239
　　3.2　电子图书版权记录 ·· 239
　　3.3　数字出版产品 ·· 239
4　检测流程 ·· 239
5　差错类型 ·· 240
6　检测方法 ·· 240
　　6.1　版权信息的查找 ··· 240
　　6.2　必选信息的检测 ··· 240
　　6.3　条件必选信息的检测 ··· 240
7　检测结论与报告 ··· 240
　　7.1　检测结论 ·· 240
　　7.2　检测报告 ·· 240
附录A（资料性附录）版权信息检测报告 ·· 241

前 言

本标准按照 GB/T 1.1-2009 给出的规则起草。

本标准由国家新闻出版广电总局提出。

本标准由全国新闻出版标准化技术委员会（SAC/TC 527）归口。

本标准起草单位：新闻出版总署出版产品质量监督检测中心、中新金桥数字科技（北京）有限公司。

本标准主要起草人：周长岭、聂海涛、孙宝林、杨啸、香江波、王玉娟。

电子图书版权信息检测方法

1 范围

本标准规定了电子图书版权信息的检测流程和方法。

本标准适用于电子图书版权信息的检测。

2 规范性引用文件

下列文件对于本文件的应用是必不可少的。凡是注日期的引用文件,仅注日期的版本适用于本文件。凡是不注日期的引用文件,其最新版本(包括所有的修改单)适用于本文件。

CY/T 112-2015 电子图书版权记录

3 术语和定义

下列术语和定义适用于本标准。

3.1

电子图书 e-book

通过相关设备直接呈现文字、图像、音频、视频等内容,具有相当篇幅的专题数字出版产品。

[CY/T 96-2013,定义 4.2.5]

3.2

电子图书版权记录 e-book copyright record

在电子图书上记载的版权信息。如:题名、著作权人、出版者等。

3.3

数字出版产品 digital publish product

以知识信息为内容,以数字技术为手段,以数字产品形态或内容服务形式面向公众传播的文化产品。

注:数字出版产品包括电子书和内容数据库等。

[CY/T 96-2013,定义 4.2.2]

4 检测流程

版权信息检测流程包括打开电子图书、查找版权信息和检测版权信息等环节。如图1所示。

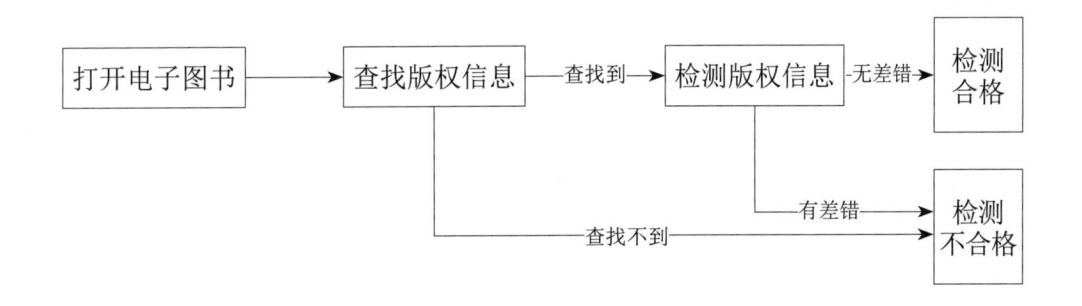

图 1 版权信息检测流程

5 差错类型

版权信息的差错包括:
a) 无版权信息;
b) 版权信息所在位置不显著、不易被查询到;
c) 必载信息有缺失或未填项;
d) 信息内容有差错;
e) 其他未按 CY/T 112-2015《电子图书版权记录》中第 4 章要求记录的现象。

6 检测方法

6.1 版权信息的查找

打开电子图书,在显著位置查找版权信息。

6.2 必选信息的检测

对版权信息中的必选信息字段逐一检测。必选信息应符合 CY/T 112-2015《电子图书版权记录》中第 4 章的要求。

6.3 条件必选信息的检测

对版权信息中的条件必选信息字段逐一检测。条件必选信息应符合 CY/T 112-2015《电子图书版权记录》中第 4 章的要求。

7 检测结论与报告

7.1 检测结论

7.1.1 检测结论分为合格和不合格。
7.1.2 检测中发现一条差错即为不合格。

7.2 检测报告

检测报告(参考样表参见 A.1)应包含:
a) 送检单位全称;
b) 检测单位全称;
c) 送检时间;
d) 提交数据总量及详细清单;
e) 检测时间;
f) 检测结论;
g) 检测责任人及签名;
h) 检测差错清单。

附　录　A
（资料性附录）
版权信息检测报告

表 A.1　版权信息检测报告（样表）

检测编号		检测时间	
送检单位全称		送检时间	
检测单位全称		检测结论	
提交数据总量及详细清单			
检测差错清单	检测项	检测结果	
检测人员（签字）		复核人（签字）	
备注			

ICS 01.140.40
A 19
备案号：43967-2014

中华人民共和国新闻出版行业标准

CY/T 97-2013

电子图书元数据

E-book metadata

2013-11-20 发布　　　　　　　　　　　　2013-11-20 实施

国家新闻出版广电总局　　发布

目　次

前言 ··· 244
1　范围 ·· 245
2　规范性引用文件 ·· 245
3　术语和定义 ··· 245
4　元数据元素的构成和属性 ·· 245
5　电子图书元数据 ·· 246
参考文献 ·· 251

前　言

本标准按照 GB/T 1.1-2009 给出的规则起草。

本标准由全国新闻出版标准化技术委员会（SAC/TC527）提出并归口。

本标准主要起草单位：新闻出版总署条码中心、读者出版传媒股份有限公司、中国新闻出版研究院。

本标准主要起草人：邢瑞华、齐文健、郑加可、田野、王渝丽、王庚梅、周芷旭、香江波。

电子图书元数据

1 范围

本标准规定了电子图书元数据的构成、元素和属性。

本标准适用于电子图书产品信息的交换与管理。

2 规范性引用文件

下列文件对于本文件的应用是必不可少的。凡是注日期的引用文件，仅所注日期的版本适用于本文件。凡是不注日期的引用文件，其最新版本（包括所有的修改单）适用于本文件。

CY/T 50　　出版术语

GB/T 2659　　世界各国和地区名称代码（GB/T 2659-2000，eqv ISO 3166-1：1997）

GB/T 5795-2006　　中国标准书号（ISO 2108：2005）

GB/T 7408-2005　　数据元和交换格式 信息交换 日期和时间表示法（ISO 8601：2000，IDT）

GB/T 26816-2011　　信息资源核心元数据

CY/T 96-2013　　电子书内容术语

3 术语和定义

以下术语和定义适用于本标准。

3.1
电子图书　e-book

通过相关设备直接呈现文字、图像、音频或视频等内容，具有相当篇幅的专题数字出版产品。

3.2
电子图书元数据　e-book metadata

描述电子图书并揭示其属性特征的数据。

3.3
元数据元素　metadata element

元数据的基本单元。

[GB/T 26816—2011，定义]

4 元数据元素的构成和属性

4.1 元数据元素的构成

由中文名称、定义、英文名称、元素标识、注释、数据类型、值域、约束条件等组成。

4.2 元数据属性

4.2.1 中文名称

元数据元素的中文名称，用第 5 章中各条的标题表达。

4.2.2 定义

对概念内涵或语词意义所做的描述。

4.2.3 英文名称

元数据元素的英文名称，一般用小写英文全称，英文单词之间用空格分隔。

4.2.4 元素标识

用于表示元数据元素记录的唯一标签。

元素标识由多个英文单词连写时中间没有空格,其中每一个新的单词开头为大写字母。

4.2.5 注释

用于说明元数据元素。

4.2.6 数据类型

用来约束数据的解释。

例如:复合型、数值型、布尔型、字符串、日期型等。

4.2.7 值域

元数据元素的有效范围。

4.2.8 约束/条件

元数据元素或元数据实体选取的属性。该描述符分别为:

a) M:必选,表明该元数据实体或元数据元素必须选择。

b) O:可选,根据实际应用可以选择也可以不选。

c) C:条件必选,当满足约束条件中所定义的条件时应选择。条件必选用于以下三种可能性之一:

——当在多个选项中进行选择时,至少一个选项必选,且必须使用;

——当另一个元数据元素已经使用时,选用一个元数据实体或元数据元素;

——当另一个元数据元素已经选择了一个特定值时,选用一个元数据元素。

5 电子图书元数据

5.1 题名

定　　义:赋予电子图书内容的正式名称。

英文名称:title

元素标识:Title

注　　释:电子图书的题名可以由若干部分组成,如主要题名与其他说明题名的文字。

数据类型:复合型

值　　域:文本

约束/条件:M

5.2 责任者

定　　义:创作电子图书内容并负有责任的实体。

英文名称:contributor

元素标识:Contributor

注　　释:包括自然人和组织。

数据类型:字符串

值　　域:文本

约束/条件:M

5.3 责任方式

定　　义:责任者与电子图书内容之间的责任关系。

英文名称:responsibility

元素标识:Responsibility

注　　释:即责任者创建电子图书内容的方式,包括著、主编、改编、绘、译等方式。

数据类型:字符串

值　　域:文本

　　　　约束/条件：M
5.4 　出版者
　　　　定　　义：从事出版活动的专业机构。
　　　　英文名称：publisher
　　　　元素标识：Publisher
　　　　注　　释：电子图书的出版者。
　　　　数据类型：字符串
　　　　值　　域：文本
　　　　约束/条件：M
5.5 　出版地
　　　　定　　义：从事出版活动所在的地理位置。
　　　　英文名称：publication place
　　　　元素标识：PublicationPlace
　　　　注　　释：
　　　　数据类型：字符串
　　　　值　　域：文本
　　　　约束/条件：M
5.6 　摘要
　　　　定　　义：对电子图书内容的简要说明。
　　　　英文名称：description
　　　　元素标识：Description
　　　　注　　释：
　　　　数据类型：字符串
　　　　值　　域：文本
　　　　约束/条件：M
5.7 　语种
　　　　定　　义：描述电子图书内容的文字种类。
　　　　英文名称：language
　　　　元素标识：Language
　　　　注　　释：按 GB/T 2659 执行。
　　　　数据类型：字符串
　　　　值　　域：字符串
　　　　约束/条件：M
5.8 　标识符
　　　　定　　义：为电子图书分配的唯一标识。
　　　　英文名称：identifier
　　　　元素标识：Identifier
　　　　注　　释：电子图书标识依照 GB/T 5795 确定。
　　　　数据类型：字符串
　　　　值　　域：字符串
　　　　约束/条件：M
5.9 　版本
　　　　定　　义：同一出版者出版、同一载体、同一格式、内容相同的出版物。

英文名称：version

元素标识：Version

注　　释：某种电子图书的所有复制品。

数据类型：字符串

值　　域：字符串

约束/条件：M

5.10 出版时间

定　　义：电子图书首次出版的时间。

英文名称：date

元素标识：Date

注　　释：

数据类型：日期型

值　　域：按 GB/T 7408-2005 执行。

约束/条件：M

5.11 类型

定　　义：内容表现形式的特征。

英文名称：content form

元素标识：ContentForm

注　　释：电子图书的特征类型。

数据类型：字符串

值　　域：文本

约束/条件：M

5.12 来源

定　　义：对电子图书来源的描述。

英文名称：source

元素标识：Source

注　　释：

数据类型：字符串

值　　域：文本

约束/条件：C

5.13 格式

定　　义：对电子图书进行描述和封装的技术方法。

英文名称：format

元素标识：Format

注　　释：电子图书的资源载体，资源执行或实现需要的软件或硬件环境。

数据类型：字符串

值　　域：字符串

约束/条件：M

5.14 权限

定　　义：电子图书使用时的版权信息。

英文名称：right

元素标识：Right

注　　释：

数据类型：字符串
值　　域：文本
约束/条件：M

5.15　学科分类

定　　义：按相对独立的知识体系划分的类别。
英文名称：discipline category
元素标识：DisciplineCategory
注　　释：
数据类型：字符串
值　　域：字符串
约束/条件：O

5.16　关键词

定　　义：描述内容的主要词语。
英文名称：keyword
元素标识：Keyword
注　　释：
数据类型：字符串
值　　域：文本
约束/条件：M

5.17　定价

定　　义：出版者赋予电子图书的价格。
英文名称：price
元素标识：Price
注　　释：
数据类型：数值型
值　　域：实数
约束/条件：O

5.18　制作者

定　　义：从事内容制作的专业机构。
英文名称：production unit
元素标识：ProductionUnit
注　　释：
数据类型：字符串
值　　域：文本
约束/条件：M

5.19　制作时间

定　　义：完成电子图书的日期。
英文名称：production time
元素标识：ProductionTime
注　　释：
数据类型：日期型
值　　域：按 GB/T 7408-2005 执行。
约束/条件：O

5.20 链接地址
定　　义：可以获取电子图书的有效网络地址。
英文名称：link address
元素标识：LinkAddress
注　　释：
数据类型：字符串
值　　域：字符串
约束/条件：O

参考文献

[1] GB/T 12450 图书书名页（eqv ISO 1086：1991）
[2] GB/T 12451-2001 图书在版编目数据
[3] GB/T 25100-2010 信息与文献 都柏林核心元数据元素集 (ISO 15836：2009，MOD)

ICS 01.140.40
A 19
备案号：

中华人民共和国新闻出版行业标准

CY/T 110—2015

电子图书标识

E-book identifier

2015－01－29 发布　　　　　　　　　　　　2015－01－29 实施

国家新闻出版广电总局　　发布

目　次

前言 ··· 254
1　范围 ·· 255
2　规范性引用文件 ·· 255
3　术语和定义 ··· 255
　3.1　电子书 ··· 255
　3.2　电子图书 ·· 255
　3.3　产品形式 ·· 255
　3.4　电子图书元数据 ··· 255
4　电子图书标识的结构 ··· 255
5　电子图书标识的显示 ··· 256
6　电子图书标识的分配 ··· 256
7　电子图书标识的管理 ··· 257

前　言

本标准按照 GB/T 1.1-2009 给出的规则起草。

本标准由国家新闻出版广电总局数字出版司提出。

本标准由全国新闻出版标准化技术委员会（SAC/TC 527）归口。

本标准起草单位：中国版本图书馆、中国 ISBN 中心、读者出版集团、中国新闻出版研究院。

本标准主要起草人：王庚梅、邢瑞华、齐文建、香江波、傅祚华、马爱梅。

主要参与人：郑加可、冯宏声、蔡京生。

电子图书标识

1 范围

本标准规定了电子图书标识的结构、显示、分配和管理。

本标准适用于电子图书的标识。

2 规范性引用文件

下列文件对于本文件的应用是必不可少的。凡是注日期的引用文件，仅所注日期的版本适用于本文件。凡是不注日期的引用文件，其最新版本（包括所有的修改单）适用于本文件。

GB/T 5795 中国标准书号

CY/T 96 电子书基本术语

CY/T 97 电子图书元数据

3 术语和定义

下列术语和定义适用于本文件。

3.1

电子书 ebook

通过相关设备直接呈现文字、图像、音频、视频等内容的数字出版产品。

注：电子书包括电子图书、电子期刊和电子报等。

[CY/T 96-2013，定义 4.2.4]

3.2

电子图书 e-book

可通过相关设备直接呈现文字、图像、音频、视频等内容，具有相当篇幅的数字专题出版产品。

[CY/T 96-2013，定义 4.2.5]

3.3

产品形式 product form

产品的尺寸、装帧、载体和/或数据格式。

[GB/T 5795-2006，定义 3.9]

3.4

电子图书元数据 e-book metadata

描述电子图书并揭示其属性特征的数据。

[CY/T 97-2013，定义 3.2]

4 电子图书标识的结构

电子图书标识由一个完整的中国标准书号（ISBN）和数据格式代码两部分组成。ISBN 遵循 GB/T 5795 相关规定，数据格式代码以小写英文字母表示。中国标准书号（ISBN）和数据格式代码之间以半个汉字空分隔。数据格式代码由中国 ISBN 中心发布。

ISBN ××××××××××××× ×××
　　　中国标准书号　　　　数据格式代码

示例：ISBN 978-7-9500-0662-7 pdf

5 电子图书标识的显示

电子图书标识应在首页和版权记录同时显示。

示例1：首页

```
            红　岩

         作者：罗广斌




         ****出版社
      ISBN 978-7-9500-0662-7 pdf
```

示例2：版权记录

```
题 名：红　岩
作 者：罗广斌
标 识：ISBN 978-7-9500-0662-7 pdf
出版者：****出版社
出版地：北京
编辑加工者：***
制作单位：******
制作时间：******
容量：3M
```

6 电子图书标识的分配

电子图书标识的分配原则如下：
a）电子图书标识的分配应遵守 GB/T 5795 相关规定；
b）电子图书标识应具有唯一性；
c）对内容相同、不同产品形式的电子图书，应分配不同的电子图书标识；

d）选取电子图书的某一部分形成单独出版的电子图书，应分配新的电子图书标识；

e）电子图书内容改变较大，形成新的版本，应分配新的电子图书标识。

7 电子图书标识的管理

电子图书标识的管理方式，主要包括：

a）电子图书标识的管理机构为中国 ISBN 中心，具体负责电子图书标识的分配和管理；

b）出版者申领电子图书标识时，应向中国 ISBN 中心提交电子图书元数据，电子图书元数据应遵循 CY/T 97 的规定；

c）出版者应及时向中国 ISBN 中心申报电子图书元数据的变更信息；

d）中国 ISBN 中心负责电子图书元数据的维护与管理；

e）中国 ISBN 中心应提供电子图书元数据的查询与服务；

f）中国 ISBN 中心负责电子图书数据格式代码表的维护与更新。

ICS 01.140.40
A 19
备案号：49449-2015

中华人民共和国新闻出版行业标准

CY/T 113-2015

电子图书阅读功能要求

Requirements of e-book's reading function

2015－01－29 发布　　　　　　　　　　2015－01－29 实施

国家新闻出版广电总局　　发布

目　次

前言 ··· 260
1　范围 ·· 261
2　术语和定义 ·· 261
　2.1　电子图书 ··· 261
3　电子图书必备功能与性能要求 ··· 261
　3.1　内容展示 ··· 261
　3.2　检索功能 ··· 261
　3.3　辅助功能 ··· 261
　3.4　系统功能 ··· 261
4　电子图书可选功能与性能要求 ··· 262
　4.1　内容展示 ··· 262
　4.2　检索功能 ··· 262
　4.3　辅助功能 ··· 262
　4.4　系统功能 ··· 262
参考文献 ··· 264

前　言

本标准按照 GB/T 1.1-2009 给出的规则起草。

本标准由国家新闻出版广电总局提出。

本标准由全国新闻出版标准化技术委员会（SAC/TC 527）归口。

本标准起草单位：中国版本图书馆、中国 ISBN 中心、读者出版集团、中国新闻出版研究院。

本标准主要起草人：陈磊、孙宝林、杨啸、王玉娟、游文静、丁迎、杜占叶、马雄鹰。

电子图书阅读功能要求

1 范围

本标准规定了阅读电子图书时必备和可选功能性能的基本要求。

本标准适用于电子图书阅读功能的实现。

2 术语和定义

以下术语和定义适用于本文件。

2.1

电子图书　e-book

通过相关设备直接呈现文字、图像、音频或视频等内容，具有相当篇幅的专题数字出版产品。

[CY/T 96-2013，定义 4.2.5]

3 电子图书必备功能与性能要求

3.1 内容展示

电子图书的必备内容展示功能与性能应包括：

a）能加载浏览，在产品推荐配置条件下，加载时间不超过 3 秒；

b）内容展示完整准确，无乱码；

c）翻页方向能自定义；

d）在产品推荐配置条件下，翻页响应时间不超过 1 秒；

e）阅读进度能显示页码或百分比；

f）支持跳转功能，能按用户需要自当前页跳至目标页，在产品推荐配置条件下，跳转响应时间不超过 3 秒；

g）以流式内容为主的电子图书能更改字号，至少支持宋体、仿宋、黑体和楷体，支持中文简体、英文、简繁体及中英文混排方式；

h）图片能放大或缩小；

i）系统能自行记录阅读位置，并在下一次文档打开后自动跳转至该位置；

j）能自定义并管理书签。

3.2 检索功能

电子图书的必备检索功能与性能应包括：

a）具备检索功能；

b）在产品建议推荐配置条件下，检索响应时间不超过 3 秒。

3.3 辅助功能

电子图书的必备辅助功能应包括：

a) 查看下载历史记录；

b) 用户帮助功能。

3.4 系统功能

电子图书的必备系统功能应包括：

a）所有提供的功能能正常使用；

b) 支持 TXT、PDF、EPUB、CEBX 等主流格式，支持 BMP、JPG、PNG、GIF 等主流图片格式，支持 mp3、wav 等主流音频编码格式，支持 MPEG4、H.264 等主流视频编码格式；
c) 支持在线浏览和更新。

4 电子图书可选功能与性能要求

4.1 内容展示

电子图书的可选内容展示功能包括：
a) 使用语音朗读；
b) 支持多窗口浏览；
c) 标注、评语可分享；
d) 支持模拟翻页；
e) 支持多屏互动功能；
f) 以流式内容为主的电子图书可调节文字行间距，可设置每行的字数，屏幕可自适，可自定义页边距和宽度等；
g) 可在任意位置加入或删除批注和点评；
h) 支持横屏、竖屏自适应内容显示；
i) 可调整屏幕亮度；
k) 对某一部分文字或背景加亮，作品浏览背景颜色、亮度均可调。

4.2 检索功能

电子图书的可选检索功能包括：
a) 支持关联检索和相关内容展示；
b) 支持蕴含关系、同义反义等智能检索；
c) 具备复合条件检索功能。

4.3 辅助功能

电子图书的可选辅助功能包括：
a) 可定义用户访问权限；
b) 自定义设置各类快捷功能键；
c) 采用邮箱和手机等认证，具备密码找回功能；
d) 提供内容定制和系统推送功能；
e) 用户可反馈意见和建议。

4.4 系统功能

电子图书的可选系统功能包括：
a) 支持网络下载功能，使用户在离线环境下浏览作品内容；
b) 提供试读功能，开放书本部分内容提供读者试读；
c) 设置后台自动更新，支持后台的音频播放和关闭；
d) 网络环境下允许关闭图片和音频以及视频等流媒体下载；
e) 内容下载支持断点续传功能；
f) 外接相关打印设备进行打印；
g) 支持集外字；
h) 可自定义添加语音书签；
i) 可根据作品内容自动生成浏览目录；

j）可导出作品中的部分或全部非文字部分内容；
k）可选择版权保护技术，对作品进行版权保护；
l）网络浏览时可保证一定并发用户数量；
m）支持视频的文字外挂，支持 flash、flv 等网络视频格式。

参考文献

[1] GC/ZX 7-2014　数字出版产品质量要求

ICS 01.140.40
A 19
备案号：49447-2015

中华人民共和国新闻出版行业标准

CY/T 111-2015

电子图书质量基本要求

Basic specifications of e-book quality

2015-01-29 发布　　　　　　　　　　　　2015-01-29 实施

国家新闻出版广电总局　　发布

目　次

前言 ……… 267
1　范围 …… 268
2　规范性引用文件 …………………………………………………………………………………………… 268
3　术语和定义 ………………………………………………………………………………………………… 268
　　3.1　电子图书 …………………………………………………………………………………………… 268
　　3.2　电子封面 …………………………………………………………………………………………… 268
　　3.3　导航 ………………………………………………………………………………………………… 269
4　必载要素 …………………………………………………………………………………………………… 269
5　文字要求 …………………………………………………………………………………………………… 269
6　编排要求 …………………………………………………………………………………………………… 269
7　显示与播放要求 …………………………………………………………………………………………… 269
参考文献 ……………………………………………………………………………………………………… 270

前　言

本标准按照 GB/T 1.1-2009 给出的规则起草。
本标准由全国新闻出版标准化技术委员会（SAC/TC 527）提出并归口。
本标准起草单位：中国版本图书馆、中国 ISBN 中心、读者出版集团、中国新闻出版研究院。
本标准主要起草人：沈水荣、魏玉山、黄翚、施勇勤、刘颖丽。

电子图书质量基本要求

1 范围

本标准规定了电子图书质量的必载要素、文字要求、编排要求和显示与播放要求。

本标准适用于电子图书编辑、制作与出版。

2 规范性引用文件

下列文件对于本文件的应用是必不可少的。凡是注日期的引用文件，仅所注日期的版本适用于本文件。凡是不注日期的引用文件，其最新版本（包括所有的修改单）适用于本文件。

GB 3100　国际单位制及其应用

GB 3101　有关量、单位和符号的一般原则

GB 3102.1　空间和时间的量和单位

GB 3102.2　周期及其有关现象的量和单位

GB 3102.3　力学的量和单位

GB 3102.4　热学的量和单位

GB 3102.5　电学和磁学的量和单位

GB 3102.6　光及有关电磁辐射的量和单位

GB 3102.7　声学的量和单位

GB 3102.8　物理化学和分子物理学的量和单位

GB 3102.9　原子物理学和核物理学的量和单位

GB 3102.10　核反应和电离辐射的量和单位

GB 3102.11　物理科学和技术中使用的数学符号

GB 3102.12　特征数

GB 3102.13　固体物理学的量和单位

GB/T 15834　标点符号用法

GB/T 15835　出版物上数字用法

GB/T 16159　汉语拼音正词法基本规则

CY/T 96　电子书内容术语

CY/T 98　电子书内容格式基本要求

CY/T 112　电子图书版权记录

3 术语和定义

下列术语和定义适用于本文件。

3.1 电子图书　e-book

可通过相关设备直接呈现文字、图像、音频或视频等内容，具有相当篇幅的数字专题出版产品。

[CY/T 96-2013]

3.2 电子封面　electronic cover

通常为初始运行状态时显示的首个页面。

[CY/T 96-2013]

3.3 导航 navigation

运用超链接,将用户指引到一个节点的过程。

[CY/T 96-2013]

4 必载要素

4.1 含有书名、作者、出版者、制作者、标识号的电子封面。

4.2 符合 CY/T 112 要求的电子版权记录。

4.3 含有各章节完整标题的导航。

4.4 完整的正文。

5 文字要求

5.1 文字差错率≤1‰,无语法错误。

5.2 标点符号符合 GB/T 15834 的相关规定。

5.3 量和单位符合 GB 3100、GB 3101、GB 3102 的相关规定。

5.4 数字符合 GB/T 15835 的相关规定。

5.5 汉语拼音符合 GB/T 16159 的相关规定。

6 编排要求

6.1 正文、标题、注释、辅文等的编排或显示格式应有区分。

6.2 段落清晰,中文段首宜保留两个汉字空。

6.3 编号的表达方式一致,且与内容对应准确,无缺失。

7 显示与播放要求

7.1 电子图书的内容显示完整,格式符合 CY/T 98 的要求。

7.2 文字显示字迹清晰,笔画连续,无断裂和缺块等现象。

7.3 图片显示清晰周正,无倾斜,具有屏幕自适应功能;图片占位和色彩还原正确,色阶连续,层次丰富,对比适度,无污点、形变、轮廓黑边、无马赛克、图文重叠等错误显示。

7.4 音频播放流畅,音量适当,音色饱满,无爆裂声、交流声和其他干扰噪声;双声道音频左右声道不错位,环绕声无声道混用和串扰现象;图片或视频伴音幅同步或帧同步;码流≥44.1 kbit/s。

7.5 视频播放流畅清晰,图像亮度、对比度、色饱和度和清晰度适宜,无抖动、重影、马赛克、中断现象;字幕同步关系准确,字幕文字差错率≤1‰;视频解压缩后,单帧图像分辨率≥320×240p;隔行扫描的视频帧数≥24帧/秒。

7.6 导航可链接到章节正文。

参考文献

[1] CY/T 48.5-2008 音像制品质量技术要求第 5 部分：多用途数字视频光盘（DVD-Video）
[2] CY/T 100-2014 声像节目数字出版制作技术要求及检测方法
[3] 出版管理条例，2011.3.19

第二部分 相关行业标准

ICS 01.140.40
A 19
备案号：49450-2015

CY

中华人民共和国新闻出版行业标准

CY/T 114-2015

电子图书质量检测方法

Examining method of e-book quality

2015-01-29 发布　　　　　　　　　　　　　　2015-01-29 实施

国家新闻出版广电总局　　发布

目　次

前言 ··· 273
1 范围 ·· 274
2 术语和定义 ·· 274
　2.1 电子图书 ·· 274
　2.2 点验 ··· 274
　2.3 抽样 ··· 274
　2.4 双层矢量化版式文件 ·· 274
　2.5 版式文件 ·· 274
　2.6 流式文件 ·· 274
　2.7 差错 ··· 275
3 质量要求 ··· 275
　3.1 质量要素 ·· 275
　3.2 有效性要求 ··· 275
　3.3 完整性要求 ··· 275
　3.4 准确性要求 ··· 275
4 有效性评定 ·· 275
5 完整性评定 ·· 275
6 准确性评定 ·· 275
　6.1 评定方法 ·· 275
　6.2 差错率计算 ··· 275
　6.3 检测抽样范围 ·· 275
　6.4 质量准确性要求和错误统计方法 ··· 275
7 检测方法与流程 ·· 278
　7.1 检测方法 ·· 278
　7.2 检测流程 ·· 278
8 质量检测 ··· 278
　8.1 有效性检测 ··· 278
　8.2 完整性检测 ··· 279
　8.3 准确性检测 ··· 279
9 质量检测结论及检测报告 ·· 279
　9.1 检测结论 ·· 279
　9.2 检测报告 ·· 279
附录 A（资料性附录）质量检测报告 ·· 281
参考文献 ··· 282

前　言

本标准按照 GB/T 1.1-2009 给出的规则起草。

本标准由国家新闻出版广电总局提出。

本标准由全国新闻出版标准化技术委员会（SAC/TC 527）归口。

本标准起草单位：国家新闻出版广电总局出版产品质量监督检测中心、中新金桥数字科技（北京）有限公司。

本标准主要起草人：周长岭、闫翔、孙宝林、杨啸、陈磊、王玉娟。

电子图书质量检测方法

1 范围

本标准规定了电子图书的质量要求、检测流程和检测方法。

本标准适用于电子图书加工制作、应用和检测。

2 术语和定义

下列术语和定义适用于本标准。

2.1

电子图书 e-book

通过相关设备直接呈现文字、图像、音频、视频等内容，具有相当篇幅的专题数字出版产品。

[CY/T 96-2013，定义 4.2.5]

2.2

点验 Examine item by item

逐一查对检验的检测方法。

2.3

抽样 Sampling

从全部样品中抽取一部分样品单位的动作。其基本要求是要确保所抽取的样品单位对全部样品具有充分的代表性。

[CY/T 101.1-2014，定义 6.5.8]

2.4

双层矢量化版式文件 vectorized dual-layer fixed-layout document

双层版式文件

在单层图像版式文件基础上，同时生成与图像层对应的透明字体模式的文字层，可支持选取、拷贝和查找的版式文件。

[CY/T 101.1-2014，定义 6.3.13]

2.5

版式文件 fixed-layout document

版式文档

排版后生成的，包含版面固化呈现需要的全部数据的一种文件。

[CY/T 96-2013，定义 6.1.5]

2.6

流式文件 reflowing document

流式文档

按照内容逻辑顺序，内容呈现可适应终端设备屏幕或窗口变化的一种文件。

[CY/T 96-2013，定义 6.1.6]

2.7

差错　error

误差

算出的、观察的或测量的值或状况，与规定的或理论上正确的值或状况之间的差异。

[GB/T 5271.14-2008，定义14.01.08]

3　质量要求

3.1　质量要素

电子图书质量由有效性、完整性和准确性3个要素构成。

3.2　有效性要求

电子图书应能通过相关软件及系统读出，不允许出现数据损坏、异常报错、无法打开等差错。读出的数据应完整，不允许出现编码混乱、图像失真、关联关系无效等无法使用的差错。

3.3　完整性要求

电子图书内容应必备封面、版权信息和正文。

3.4　准确性要求

电子图书的准确性应符合以下基本要求：

a) 文字差错率要求在万分之三以下；

b) 图像差错率要求在千分之一以下；

c) 内容结构化差错率要求在万分之三以下；

d) 关联关系差错率要求在千分之三以下；

e) 样式差错率要求在万分之三以下；

f) 音频差错率要求在百分之一以下；

g) 视频差错率要求在百分之一以下。

4　有效性评定

如出现3.2中描述的差错评定不合格。

5　完整性评定

如出现3.3中描述的差错评定不合格。

6　准确性评定

6.1　评定方法

不同类型成品数据应符合3.4准确性要求中的差错率指标，采用抽样检测等方式进行质量准确性评定。实际差错率不高于成品数据差错率指标的为符合质量准确性要求，反之则不符合。

6.2　差错率计算

检测标准单位一般按百、千、万、十万取值。差错率的计算公式为：

差错率 = 检测标准单位中的错误数 / 检测标准单位

6.3　检测抽样范围

抽样检测范围除音频视频外应不低于检测标准单位的10倍。

6.4　质量准确性要求和错误统计方法

6.4.1　文字准确性

6.4.1.1　文字准确性要求

文字质量检测标准单位为10000字符，文字差错率要求在万分之三以下。

6.4.1.2 文字差错统计方法

差错率统计方法包括：

a) 文字差错的计算方法如下：
   1) 封底、版权页、正文、目录、出版说明（或凡例）、前言（或序）、后记（或跋）、注释、索引、图表、附录、参考文献等中的一般性错字、别字、多字、漏字、倒字，每处按 1 个差错计数；
   2) 重复出现同一错字，每页按 1 个差错计数，全书最多按 4 个差错计数。每处多、漏 2～5 个字，按 2 个差错计数，5 个字以上按 3 个差错计数；
   3) 封面、扉页上的文字差错，每处按 2 个差错计数；相关文字不一致，有一项计 1 个差错；外文、少数民族文字、国际音标，以单词为单位，无论错误出现几处，均按 1 个差错计数；
   4) 汉语拼音不符合相关规定的，以一个对应的汉字或词组为单位，每处按 1 个差错计数；
   5) 简化字、繁体字混用，每处按 0.5 个差错计数；同一差错在全书超过 3 处，按 1.5 个差错计数；内容本身需要的或原纸质图书简繁混用的不计差错。

b) 标点符号和其他符号的计算方法如下：
   1) 标点符号的一般错用、漏用、多用，每处按 0.1 个差错计数；
   2) 小数点误为中圆点，或中圆点误为小数点的，以及冒号误为比号，或比号误为冒号的，每处按 0.1 个差错计数；
   3) 破折号误为一字线、半字线，每处按 0.1 个差错计数。标点符号误在行首、行末的，每处按 0.1 个差错计数；
   4) 法定计量单位符号、科学技术各学科中的科学符号、乐谱符号等差错，每处按 0.5 个差错计数；同样差错同一面内不重复计算，全书最多计 1.5 个差错。

c) 同一位置的文字差错在内容结构化数据、版式文件和流式文件等不同成品数据中重复出现的，统一按 1 处差错计数。

6.4.2 图像准确性

6.4.2.1 图像准确性要求

图像质量检测标准单位为 1000 幅，图像差错率要求在千分之一以下。

6.4.2.2 图像差错统计方法

以幅面为基本检测单位，图像中出现任何一种或几种错误均按 1 个差错计数，差错类型包括：

a) 图像长宽比例与原版不一致；
b) 图像存在明显污点；
c) 颜色失真、图像过浓或过淡；
d) 水平倾斜大于 0.5 度。

6.4.3 内容结构化准确性

6.4.3.1 内容结构化准确性要求

内容结构化质量检测标准单位为 10000 个字符，内容结构化差错率要求在万分之三以下。

6.4.3.2 内容结构化差错统计方法

内容未标引、标引错误、结构化层级错误等每处按 1 个差错计数。

6.4.4 关联关系准确性

6.4.4.1 关联关系准确性要求

关联关系质量检测标准单位为 1000 个链接点，差错率要求在千分之三以下。

6.4.4.2 关联关系差错统计方法

关联关系指向错误即为差错，一处关联关系错误按 1 个差错计数。关联关系包括：

a) 目次与正文章节的链接关系；

b）目次的层级关系；

c）脚注引用点与脚注的引用关系；

d）插图引用点与插图的引用关系；

e）表格引用点与表格的引用关系；

f）公式引用点与公式的引用关系；

g）参考文献引用点与参考文献的引用关系；

h）图像引用点与图像文件的链接关系；

i）音频视频等的引用点与音频视频的链接关系。

6.4.5 样式准确性

6.4.5.1 版式文件

6.4.5.1.1 版式文件准确性要求

版式文件质量检测标准单位为10000个字符，差错率要求在万分之三以下（图像版式文件除外）。

6.4.5.1.2 版式文件差错统计方法

版式文件差错计算方法如下：

a）矢量版式文件与原版排版方式上不一致的错误，每出现一处按1个差错计数，差错包括：

    1）文字对位错误：单个或单行文字与其他文字不平行；

    2）排版格式错误：段落、文字或图片位置等不符合要求；

    3）字体信息错误：字体、字号、加粗、倾斜、颜色、底色、上下脚标等不符合要求；

    4）行外信息错误：注音、着重符等不符合要求。

b）双层版式文件中文字层与图像层偏差超过当前文字1/3个字符大小的按0.2个差错计数，单行文字最多按1个差错计数。

6.4.5.2 流式文件

6.4.5.2.1 流式文件准确性要求

流式文件质量检测标准单位为10000个字符，差错率要求在万分之三以下。

6.4.5.2.2 流式文件差错统计方法

重排后应与原版排版方式上保持基本一致，每出现一处不一致按1个差错计数。差错包括：

a）排版格式错误：段落、文字或图片位置等不一致；

b）字体信息错误：字体、字号、加粗、倾斜、颜色、底色、上下脚标等不一致；

c）行外信息错误：注音、着重符等不一致。

6.4.6 音频准确性

6.4.6.1 音频数据准确性要求

音频数据的质量检测以分钟为基本单元，标准单位为100分钟，差错率要求在百分之一以下。

6.4.6.2 音频数据差错统计方法

如发现下列任何一个差错则认为本单元不合格：

a）声音不清晰或播放不连续；

b）声音失真或有噪音；

c）声道错位；

d）数据损坏无法完整播放；

e）量化位数小于8位，码流小于44.1 kbit/s；

f）其他影响播放质量的现象。

6.4.7 视频准确性

6.4.7.1 视频数据准确性要求

视频数据的质量检测以分钟为基本单元，标准单位为100分钟，差错率要求在百分之一以下。

6.4.7.2 视频数据准确性要求

如发现下列任何一个差错则认为本单元不合格：

a) 图像不清晰或播放不连续；
b) 图像或伴音失真；
c) 图像与伴音不同步；
d) 图像与字幕不同步；
e) 数据损坏无法完整播放；
f) 视频解压缩后，单独帧显示分辨率小于 320×240 像素；
g) 视频帧数小于 24 帧/秒；
h) 其他影响播放质量的现象。

7 检测方法与流程

7.1 检测方法

7.1.1 点验

电子图书质量的完整性要求采用点验的方法，逐一人工清点加工数量和加工类型。

7.1.2 应用环境模拟校验

电子图书质量的有效性要求采用应用环境模拟校验的方法，对不同类型的成品数据应采用对应的计算机程序或应用系统加载、入库并确定内容有效。

7.1.3 人工抽样检测

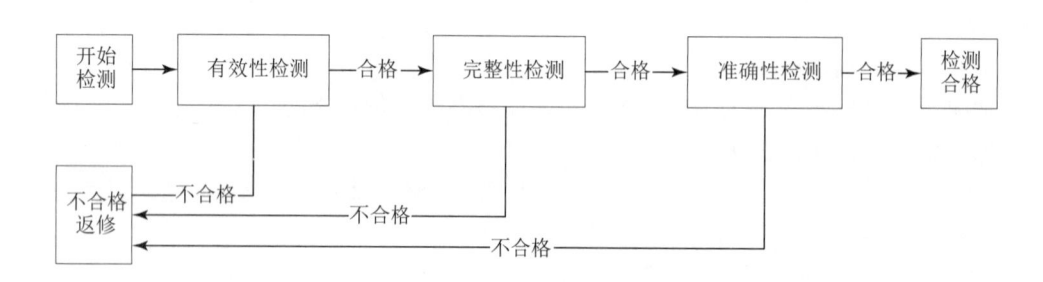

图 1 质量检测流程

电子图书质量中准确性要求采用人工抽样检测的方法，按照一定的比率从交付的成品数据中抽取数据样本并根据准确性要求进行检测。人工抽样检测采用人工检验或计算机程序辅助检验的方法。

7.2 检测流程

首先检测成品数据的有效性和完整性，在以上 2 个方面均符合质量要求时，再进一步检测成品数据的准确性。如图 1。

8 质量检测

8.1 有效性检测

8.1.1 文件有效性

通过批处理校验方式检测电子图书中各类文件是否损坏。

8.1.2 应用有效性

通过应用环境模拟的方式检测电子图书在应用环境中是否有效。

表 1 检测点取样比率

检测点	文字	图像	结构化	链接	样式	音频	视频
取样单位	字符数	图片数	字符数	链接数	字符数	总时长	总时长
取样比率	10%或>10万字	20%	50%	30%	20%	20%	20%

8.2 完整性检测

通过点验方式核对电子图书内容是否符合 3.3 的要求。

8.3 准确性检测

8.3.1 检测取样比率

检测过程应按本检测。电子图书中各准确性检测点的取样比率应不低于表 1 中的数值。

8.3.2 准确性检测点检测方法

8.3.2.1 文字

通过相应程序打开文件,逐字核对文字是否存在 6.4.1 的差错现象并记录。

8.3.2.2 图像

通过相应程序打开文件,逐幅核对图像是否存在 6.4.2 的差错现象并记录。

8.3.2.3 内容结构化

通过相应程序打开文件,逐项核对元数据提取、目次层级、章节及阅读顺序、图像、音频和视频等是否存在 6.4.3 的差错现象并记录。

8.3.2.4 关联关系

通过相应程序打开文件,逐条核对书签、脚注、参考文献等是否存在 6.4.4 的差错现象并记录。

8.3.2.5 样式

通过相应程序打开文件,逐页核对样式是否存在 6.4.5 的差错现象并记录。

8.3.2.6 音频

通过相应程序打开文件,逐个音频核对是否存在 6.4.6 的差错现象并记录。

8.3.2.7 视频

通过相应程序打开文件,逐个视频核对是否存在 6.4.7 的差错现象并记录。

表 2 检测结论

检测结论	是否达到要求
合格	完整性、有效性检测合格,准确性各检测点完全达到质量要求
不合格	完整性或有效性检测不合格
	完整性、有效性检测合格,准确性检测中任意一项检测点差错率未达到质量要求

9 质量检测结论及检测报告

9.1 检测结论

检测结论分为合格和不合格,见表 2。

9.2 检测报告

质量检测报告包括(参见附录 A):

a)送检单位全称;

b)检测单位全称;

c) 提交时间；
d) 提交数据清单；
e) 检测日期；
f) 检测结论；
g) 检测责任人及签名；
h) 各类提交资源文件抽检比率及抽检数目，并附有抽检数据清单；
i) 各检测项差错率，并附有各项明细差错清单（清单需体现出差错的具体所在文件位置，可使用文件路径及命名、电子页码、元数据字段名称、文字语境等元素描述）；
j) 检测问题描述。

附 录 A
（资料性附录）
质量检测报告

质量检测报告参见表 A.1。

表 A.1 质量检测报告（样表）

检测编号			检测日期		
送检单位全称			检测单位全称		
提交日期			提交数据明细清单		
检测情况	检测项	质量要求	抽样率	检测数据	检测工具	检测结果
检测结论		检测问题清单		
检测人员（签字）		复核人（签字）		
备注				

参考文献

[1]GB/T 5271.14-2008　信息技术 词汇 第14部分：可靠性、可维护性与可用性
[2]CY/T 96-2013　电子书内容术语
[3]CY/T 101.1-2014　新闻出版内容资源加工规范 第1部分：加工专业术语

ICS 01.140.40
A 19
备案号：

CY

中华人民共和国新闻出版行业标准

CY/T XX—XXXX

出版内容资源标识的原则与方法

Principles and methods for publishing content resource identifier

（报批稿）

2010-12-15

2010-XX-XX 发布　　　　　　　　　　　　　　　　　　　　2010-XX-XX 实施

中华人民共和国新闻出版总署 发布

目　次

前言 ··· 285
引言 ··· 286
1　范围 ··· 287
2　规范性引用文件 ··· 287
3　术语和定义 ··· 287
4　出版内容资源标识原则与方法 ·· 288
5　出版内容资源标识符设计原则与结构 ··· 289
6　标识符的应用示例 ·· 290
附录 A（资料性附录）出版领域标识符介绍 ··· 292
附录 B（资料性附录）出版内容资源中图片、音频、视频标识介绍 ··································· 293
附录 C（资料性附录）《中图法》的主要组成部分说明 ·· 294
参考文献 ··· 295

前　言

本标准按照 GB/T 1.1—2009 的规定编制。

本标准由中国新闻出版研究院提出。

本标准由全国新闻出版标准化技术委员会归口。

本标准起草单位：中国新闻出版研究院、中国大百科全书出版社、中国版本图书馆（新闻出版总署条码中心）、中国标准化研究院、人民教育出版社。

本标准主要起草人：龚莉、邢瑞华、王渝丽、周长青、田野、刘玲、李中等。

引　　言

　　信息技术的广泛应用，加快了出版业数字化进程，使出版物基本建立了相应的数字化文档。但由于缺少元数据标准，导致了同一出版资源对应多个数字化文档及多个标识符的现象发生。这既影响了出版资源的流通，也不利于标识符功能的开发与利用。解决这一问题，成为研制本标准的主要目的。

　　实现对出版内容资源的唯一标识，还面临着以下问题：

　　a) 各种媒介出版内容资源的描述。由于缺少出版元数据标准，数字化文档与被描述资源之间的一对一关系尚未在跨系统的环境中确立。

　　b) 出版内容资源的经营，在订购、交易和管理等方面已建立了数字化文档，并已基本实现了计算机化和网络化运行。但由于缺少出版内容资源的唯一标识，跨系统的资源发现、定位与获取，还面临着障碍。

　　出版内容资源的唯一标识符是解决在行业范围内出版资源与其数字化文档的一对一关系问题的重要途径，本标准在本系列标准其他标准的支持下，为出版资源及其数字化文档的唯一标识提供规范，以达到支持出版资源的共享和利用之目的。

出版内容资源标识的原则与方法

1 范围

本标准规定了出版内容资源的标识原则与方法。

本标准仅限于定义出版内容资源标识符的结构和组成成分,有关标识的其他内容不属于本标准。

本标准适用于从事出版活动的组织、机构和个人,对出版内容资源进行的标识活动。

2 规范性引用文件

下列文件对于本文件的应用是必不可少的。凡是注日期的引用文件,仅注日期的版本适用于本文件。凡是不注日期的引用文件,其最新版本(包括所有的修改单)适用于本文件。

GB/T 5795—2006　　中国标准书号

GB/T 9999—2001　　中国标准连续出版物号

ISO　15836：2003　　都柏林核心元数据元素集

ANSI/NISO Z39.84—2005 数字对象唯一标识符语法

ANSI/NISO Z39.56—1996 连续出版物及文献内容数字对象唯一标识符

3 术语和定义

CY/T ××××确立的以及下列术语和定义适用于本文件。

3.1

出版内容资源 publication resource

经过编辑加工,以文字、图形、图像、声音、视频或其他符号形式表现的内容,可供阅读、欣赏,可以再开发、利用的资源。

3.2

出版内容资源标识符 published resource identifier

由字符串构成,以前缀加后缀方式组成的出版内容资源标识。

例如：URI、DOI、ISBN、ISSN等。

3.3

标识对象 object identifier

数据标准化对象中,能够以标识符标识的想法、抽象概念或事物。

3.4

标识符前段码 prefix

由标识系统管理者核发给注册者或注册代理者的代码,用于配置出版内容资源标识符。

3.5

标识符后段码 suffix

由注册者或注册代理者提供的字符串,与前缀结合,共同确定被注册出版内容资源的标识符。

3.6

标识符结构 identifier structure

符合一定规则的数字和字母的组合。

3.7

标识体系 identifier system

由相互作用的多个标识组成的标识出版内容资源的整体。

4 出版内容资源标识原则与方法

4.1 出版内容资源标识体系

出版内容资源标识体系的构成包括4个部分，即由字符串构成的标识符、描述标识对象的元数据、标识符的解析系统和标识体系运行与管理的规则。

4.1.1 标识符

4.1.2 描述标识对象的元数据

被标识的对象的属性信息，由标识对象的原始注册系统提供，是为了提高标识符使用效率，开发标识符的各种相关应用服务的重要手段。标识符本身是无意义的识别符，而关于实例属性的相关信息，例如名称、分类、知识产权、经营管理等，则是由标识实例的元数据提供的。

4.1.3 标识符的解析系统

标识体系的重要组成部分，是实现标识符的可操作性和互操作性的基础。在出版内容资源的管理与服务环境中，标识符仅是计算机及网络自动化建立数字文档与物理实体间关联的入口字段，若没有解析系统，标识符仅起到标识对象的作用，而失去了标识符最具价值的部分。

4.1.4 标识体系运行与管理的规则

标识体系运行与管理的一系列政策和方针。包括标识符前缀的分配与管理，以及后缀的结构和约定，标识元数据的构成、定义及扩展规范，解析系统的功能开发及利用规则，以及标识体系各个部分之间协调的策略等。

本标准不涉及标识元数据、标识系统和标识规则的内容，它们属于其他标准，但与本标准内容相结合，才能构成出版内容资源的标识体系。

4.2 出版内容资源标识对象

出版内容资源包括：已经被唯一标识的可独立应用的出版内容资源、没有被标识的可独立应用的出版内容资源、对可独立应用的出版内容资源进行唯一标识的系统等3个方面。

4.2.1 已经被唯一标识的可独立应用的出版内容资源的最小应用单元

a) 由物理介质承载的作品、作品集合及作品片断。
b) 以网络为基础出版的作品、作品集合及作品的片断。
c) 出版资源一对一的数字化文档。

4.2.2 没有被标识的可独立应用的出版内容资源

已出版的由物理介质承载的作品及作品集合，例如，年画、台历、一首歌曲等。

4.2.3 出版内容资源标识

a) 出版内容资源的加工、流通与相关服务机构。
b) 出版内容资源作品注册、版权保护与监管机构。
c) 出版内容资源公益性服务机构。

4.3 出版内容资源标识方法

标识方法要考虑出版内容资源一般属性信息和特殊属性信息，建议采用一个符合正式标识体系的字符串及数字组合作为资源的标识符。标识符由前缀和后缀组成：

a) 前缀包括唯一标识命名授权及行业/系统/地区/机构命名授权等。

b) 后缀采用现有国际编码体系(ISBN、ISSN、ISRC……)和相关的管理码段；特殊内容标识可根据我国出版业情况自行设计，例如：作品、作品类型、作品集合、作品片段、课件、课元……

c) 根据出版物元数据利益相关人的需求，嵌入设计的码位和码号。例如，出版社、元数据供应商、批发商、书商、国家图书馆等。

5 出版内容资源标识符结构

以前缀加后缀方式组成出版内容资源标识符，包括内容有标识符与其他标准的关系，例如：前缀采用 DOI，或 OID；后缀采用现有国际编码体系；特殊内容标识可根据我国出版业情况自行设计，例如：作品、作品集合、作品片段、知识元、课件、课元……

5.1 出版内容资源标识符的结构

本部分标识符结构，由前缀（6 位字母数字）和后缀（固定结构不定长字符串）构成，两段之间用分隔符"/"隔开，其形式如图 1 所示。

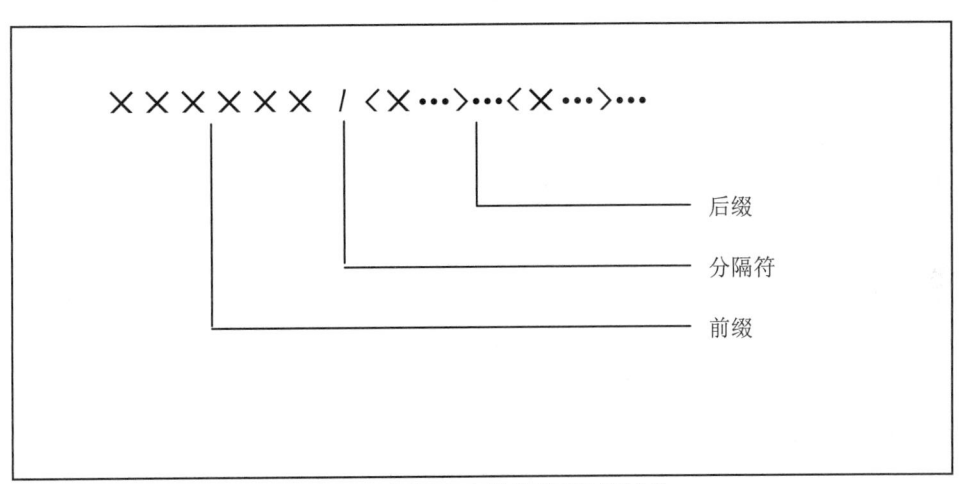

图 1 出版内容资源标识符结构

5.1.1 出版内容资源标识符的前缀

前缀包括唯一标识命名授权及行业/系统/地区/机构命名授权,例如:采用 URL (统一资源定位符)、DOI(数字对象唯一标识符)，或 OID(对象标识符)。

前缀与后缀之间用字符"／"隔开。

前缀与国家标识符方案接轨，其管理与分配遵循国家标准。

5.1.2 出版内容资源标识符的后缀

5.1.2.1 后缀的组分结构

后缀的结构根据出版资源特点设计，其管理与分配由出版资源标识系统管理者负责。

后缀的合法字符，符合 ANSI/NISO Z39.84—2005 的相关要求，具体码位根据出版物需要而定。

出版资源标识符后缀由两个组分构成：

第一组分为系统已有唯一标识符，由不定长字符串组成。

第二组分为系统代码（管理段），由两段或两段以上字符数字组成，表示作品属性和系统类型（参见附录A）等，每段由若干位数组成，由机器顺序给出，不足部分以"0"补齐。其编码长度根据需求可扩展，结构如图2所示。

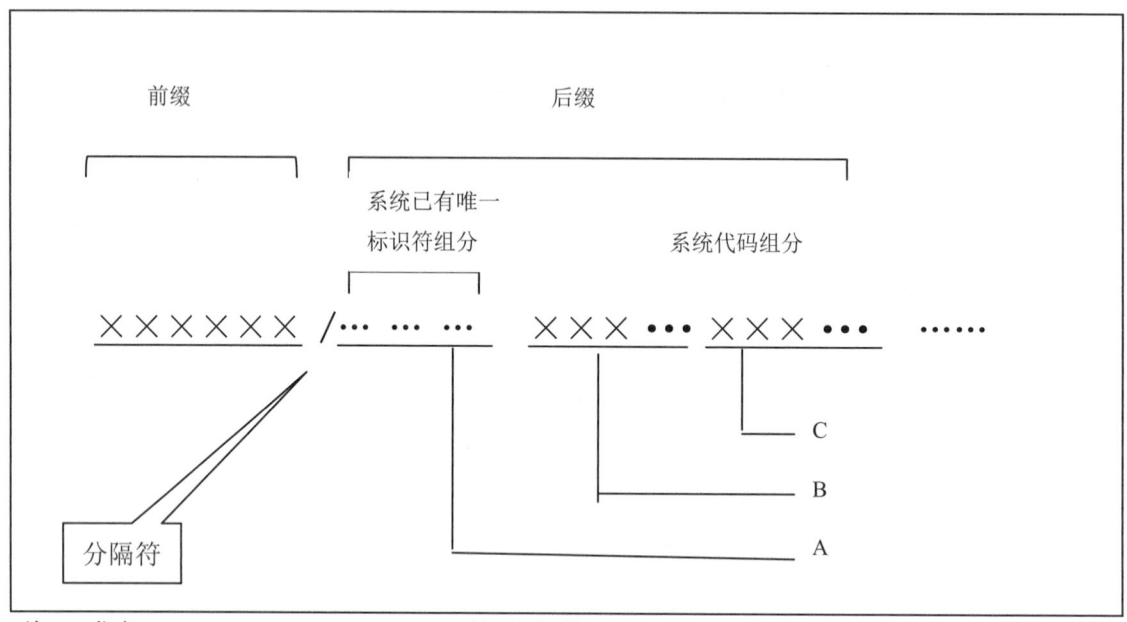

注：A 代表 ISBN、ISSN、ISRC、ISMN、ISWC 等（包括曾用的标准书号）；B 代表作品的属性；C 代表其他代码组分。

图 2 出版资源标识符后缀编码结构

5.1.2.2 后缀的表示方法

a）后缀采用已有的唯一标识符字符串。

b）后缀中已有的唯一标识符，应选取相关国际标准或国际通行的标识符方案（参见附录A）。

c）后缀中已有的唯一标识符，应选取出版物本身定位的代码，以保证其属性的唯一性。属性包括作品的类型、章节、最小应用单元、版次、参与者等。

d）出版内容资源与其数字化文档的对应关系应处于同步状态，以保证解析后资源的可获得性。

e）出版内容资源与其数字化文档的对应关系描述规范。

6 标识符的应用示例

出版内容资源的标识应用于出版、发行、图书管理、资源内容开发及版权保护，具体示例如下。

6.1 出版社应用示例

出版物包括：图书、报纸、期刊、音像制品、电子出版物、缩微产品、网络出版物、手机出版物、数字复合产品、MPR出版物等。

6.1.1 图书。标识采用ISBN 国际标准书号，共计**13**位数，见GB/T 5795－2006。

例如：XXXXXX（前缀码）/ISBN 978 7 108 03440 3（标准书号） M（专题出版物/普通图书） I210.2（学科分类）。

6.1.2 期刊。标识采用中国标准连续出版物号，共计13位数，GB/T 9999－2001。

6.1.3 音像制品标识采用音像制品的国际标准编码ISRC，共计12位数，参见附录A。

6.1.4 音乐作品采用国际标准专用标识，例如：乐谱 ISMN，视听读物 ISAN，录音 ISRC。

6.1.5 出版资源内容。包括文字、图片、音频、视频等（参见附录B）。

a) 文字（包括文本文件）标识采用 html、可扩展置标语言（XML）、pdf、PPT、Lit、PDB 等，便于数据库建立及资源再利用。
b) 图片标识采用 BMP、JPG、GIF、PSD、SVG、TIF、PCX、PNG、DXF、CDR、RAW、EPS、TGA 等，其中 JPG、GIF 最常用。
c) 音频标识采用 CD、WAV、MP3、MIDI、WMA、RealAudio 等。
d) 视频标识采用 AVI、MPEG、MOV、ASF、WMV、RM、RMVB 等。

6.2 发行机构应用示例

在出版物统计中，书籍出版仍按"中国图书馆分类法"（简称"中图法"）的 22 大类分类统计；而在出版物销售统计中，则根据经营管理的需要设类，形成如：①"哲学、社会科学"，②"文化、教育"，③"文学、艺术"，④"自然科学、技术"，⑤"少儿读物"，⑥"大中专教材"，⑦"课本"，⑧"图片"，⑨"其他出版物"，⑩"非图书商品"十大类别。这一分类方法，有的按出版物商品的"类型"（①-④），有的按"销售对象"（⑤-⑦），有的按"媒体形态"（⑧-⑨），还有的按"出版物商品属性"（⑩），采用了不同的分类原则。但是，它既不与"中图法"兼容，也不能统一出版物的"进、销、调、存、退、结算"等各业务环节，其目的明确，功能单一。

"中国标准书号"应用范围虽然有所扩大，但仍有四类营销范围内的出版物不能覆盖。在出版物类别标识方面，由于号码位数限制，只能标出基本大类和工业技术中的二级类目，远不能满足营销分类的需要。

出版物发行市场中存在着多种分类方法混合使用的现象，但运用 DC 元数据的可扩展性特点，可做到如下标识：
a) 在出版物上实现"营销分类"代码；
b) 在出版物流通表单上的实现；
c) 在出版物批发、零售、存储等环节的实现；
d) 通过货架分类标识、储位标识，将出版物分类存放，并增加相应的导航标识。

例如：在出版物上实现营销分类代码和中国标准书号的两段码，可以实现一本书一旦进入营销阶段，就可按码位分到市场（或货架）。

6.3 图书馆应用示例

图书馆对图书采用图书在版编目数据（CIP）时，应用了按学科分类的"中国图书馆分类法"。目前，"中图法"已普遍应用于全国各类型的图书馆，国内主要大型书目、检索刊物、机读数据库，以及《中国国家标准书号》等都著录《中图法》分类号（简称中图分类号，参见附录C）。

中图分类号力求简明、易懂、易记、易用；标记制度力求灵活实用，有较好的结构性，以揭示体系分类法的本质特征。

同时，"中图法"兼顾作为编制分类检索工具的规范与作为文献分类排架的规范的双重职能，兼顾不同类型、不同规模图书馆和文献信息机构类分不同类型文献的需要。

附录 A
（资料性附录）
出版领域标识符介绍

DOI（Digital Object Identifier，数字对象标识符）。用来标识在数字环境中的内容对象。由于现行的网络资源标识系统 URL 的不稳定性和易变性，推出并实行一种稳定可靠的，既能保护知识产权又能实现版权所有者商业利益的网络资源标识系统的想法应运而生。目前，不同领域存在多种资源编码规范，但在数字出版系统中以 DOI 最为普及。DOI 系统的主要功能在于给数字对象分配全球永久惟一的标识符，其本身是由一串数字组成，但要体现它的价值，还需要解析系统正确的解译、元数据适当正确的描述以及注册者自行定义的合适编码组合等。DOI 系统由四个部分组成：DOI 编码、DOI 描述、DOI 解析和 DOI 政策。DOI 可以用来揭示有关该数字对象的一些信息，包括从 INTERNET 哪里可以找到它。随着时间推移，数字对象的某些有关信息可能会有变化（包括从哪里可以找到它），但是 DOI 不会改变。DOI 是一个永久性的标识号，由 International DOI Foundation 管理。

ISSN（International Standard Serial Number，国际标准连续出版物号）。又称国际标准刊号，是为连续性资源（包括报纸、杂志、电子期刊、动态指南、年报等）信息控制、交换、检索而建立的唯一识别代码。

ISTC（International Standard Text Code，国际标准文本编码）。是对文本作品进行惟一的、国际标识的数字系统。

ISAN（International Standard Audiovisual Number，国际标准视听作品编码）。为视听作品提供惟一的、国际化注册的、永久参考的编码。

ISMN（International Standard Music Number，国际标准乐谱号）。是用于对乐谱进行标识的编码系统。

ISWC（International Standard Musical Work Code，国际标准音乐作品编码），是用于音乐作品标识的唯一、永久和国际性的编码系统。它只对音乐作品进行标识，而不对音乐作品的表现形式、载体等（如出版物），也不标识唱片、活页乐谱和与演奏有关的其他形式。

ISRC（International Standard Recording Code，国际标准音像制品编码）。它是对录音制品进行标识的编码系统，是音像制品的国际性的唯一标识编码。目前采用 ISRC 编码的出版物包括唱片、录音带、录像带、激光视盘、激光唱片等。ISRC 由国家码、出版者码、录制年码、记录码和记录项码共 5 个数据段 12 个字符组成。ISRC 在联机目录中也可以作为用户的一个检索入口。

ISNI（International Standard Neme Identifier，国际标准名称标识）。对内容资源参与者的标识。

NBN（National Bibliography Number，国家书目号）。

URN（Uniform Resource Name，统一资源名称）。

CPL（Copyright Logo，著作权标识。

MPR（Multimedia Print Reader，多媒体印刷读物）。

附录 B
（资料性附录）
出版内容资源中图片、音频、视频标识介绍

B.1 图片标识采用 BMP、JPG、GIF、PSD、SVG、TIF、PCX、PNG、DXF、CDR、RAW、EPS、TGA 等格式。其中 JPG、GIF 最常用，它们是经过压缩的，数据量较小，较适合于电子出版物出版。JPG 是应用最广泛的图片格式之一，这种图片是经过压缩而来的，文件较小，便于在光盘及网络上传输。

B.2 音频标识采用 CD、WAV、MP3、MIDI、WMA、RealAudio 等。

CD 格式，目前世界上音质最好的音频格式，如：CD 光盘。

WAV 格式，声音文件质量是无损的，用于保存 WINDOWS 平台的音频信息资源，被 WINDOWS 平台及其应用程序支持。

MP3 格式，MPEG 音频文件的压缩，是一种有损压缩，MPEG3 音频编码具有 10：1~12：1 的高压缩率，同时基本保持低音频部分不失真，以失去声音文件中 12kHz 到 16kHz 高音频这部分的质量来减小文件的尺寸。相同长度的音乐文件，用 *.mp3 格式来储存，一般只有 *.wav 文件的 1/10，而音质要次于 CD 格式或 WAV 格式。

MIDI 格式，不是一段录制好的声音，而是记录声音的信息，然后再告诉声卡如何再现音乐的一组指令。MIDI 文件主要用于原始乐器作品，流行歌曲的表演，游戏音轨以及电子贺卡等。

WMA 格式，在录制时可以对音质进行调节。同一格式，音质好的可与 CD 媲美，压缩率较高的可用于网络广播。

RealAudio 格式，主要适用于网络上的在线音乐欣赏。

B.3 视频标识采用 AVI、MPEG、MOV、ASF、WMV、RM、RMVB 等。

B.3.1 本地影像视频：

AVI 格式，即音频视频交错格式。AVI 文件主要应用在多媒体光盘上，用来保存电影、电视等各种影像信息，也出现在 Internet 上，供用户下载、欣赏新影片的精彩片断。

MPEG 格式，是运动图像压缩算法的国际标准，它采用有损压缩方法减少运动图像中的冗余信息，同时保证每秒 30 帧的图像动态刷新率，常见的有 VCD、SVCD、DVD 格式。

MOV 格式，以其领先的多媒体技术和跨平台特性、较小的存储空间要求、技术细节的独立性以及系统的高度开放性，得到业界的广泛认可，目前已成为数字媒体软件技术领域的工业标准。

国际标准化组织(ISO)选择 QuickTime 文件格式作为开发 MPEG-4 规范的统一数字媒体存储格式。

B.3.2 网络影像视频：

ASF 格式，使用 MPEG-4 的压缩算法，压缩率和图像质量不错，有利于视频流的传输。

WMV 格式，是微软推出的一种采用独立编码方式，可以直接在网上实时观看视频节目的文件压缩格式。

RM 格式，使用 RealPlayer 或 RealOne Player 可对网络音频/视频资源进行实况转播。

RMVB 格式，保证平均压缩比的基础上合理利用比特率资源，用于网络视频格式。

附录C
（资料性附录）
《中国图书馆分类法》的主要组成部分说明

　　《中国图书馆分类法》对科技文献进行主题分析，并依照文献内容的学科属性和特征，分门别类地组织文献，所获取的分类代号。该分类法共分5个基本部类、22个大类。采用汉语拼音字母与阿拉伯数字相结合的混合号码，用一个字母代表一个大类，以字母顺序反映大类的次序，在字母后用数字作标记。为适应工业技术发展及该类文献的分类，对工业技术二级类目，采用双字母。类目名称如下：

A 马克思主义、列宁主义、毛泽东思想、邓小平理论　　B 哲学、宗教　　C 社会科学总论
D 政治、法律　　E 军事　　F 经济　　G 文化、科学、教育、体育　　H 语言、文字
I 文学　　J 艺术　　K 历史、地理　　N 自然科学总论　　O 数理科学和化学
P 天文学、地球科学　　Q 生物科学　　R 医药、卫生　　S 农业科学　　T 工业技术
U 交通运输　　V 航空、航天　　X 环境科学、安全科学　　Z 综合性图书

参考文献

[1] GB/T 18793-2002 信息技术 可扩展置标语言(XML)1.0
[2] GB/T 3792.2-2006 普通图书著录规则
[3] GB/T 12450-2001 图书书名页
[4] GB/T 12451-2001 图书在版编目数据
[5] CY/T 39-2006 图书流通信息交换规则
[6] 新闻出版总署科技发展司，图书管理司，中国标准出版社.《作者编辑常用标准及规范》(第三版).北京：中国标准出版社,2008.

ICS 01.140.40
A 19

中华人民共和国新闻出版行业标准

CY/T 89—2013

基于加解密技术的数字版权保护平台基本要求

Basic requirements of protection platform for digital copyrights based on encryption and decryption technology

2013-02-28 发布

2013-02-28 实施

中华人民共和国新闻出版总署 发布

目　次

前言 ··· 298
1 范围 ·· 299
2 规范性引用文件 ·· 299
3 术语和定义 ··· 299
4 基于加解密技术的数字版权保护平台的基本要求 ··· 299
　4.1 平台工作流程 ·· 299
　4.2 平台系统及功能要求 ··· 300
　4.3 平台技术要求 ·· 302
参考文献 ··· 304

前　言

本标准由国家新闻出版总署提出并负责解释。
本标准由全国新闻出版标准化技术委员会归口。
本标准起草单位：慧峰信源科技（北京）有限公司、中国新闻出版研究院。
本标准主要起草人：顾学麟、陈宇、王念峰、陈磊、张素兵、闫新生、李一凡、周辉。

基于加解密技术的数字版权保护平台基本要求

1 范围

本标准规定了基于加解密技术的数字版权保护平台基本要求。

本标准适用于数字传播的软件、声音、图像、动画、电子文档等数字作品进行版权保护的数字版权保护平台应用系统。

2 规范性引用文件

下列文件对于本文件的应用是必不可少的。凡是注日期的引用文件，仅注日期的版本适用于本文件。凡是不注日期的引用文件，其最新版本（包括所有的修改单）适用于本标准。

CY/T 50—2008 出版术语

3 术语和定义

下列术语和定义适用于本文件。

3.1

版权人 copyright owner

著作权人

著作权的依法享有者。可以是自然人，也可以是法人、其他组织。

3.2

版权保护 protection of copyright

著作权保护

依法对著作权人的著作权予以确认和保障。

[采用 CY/T 50-2008，2.42 定义]

3.3

授权编码 license code

基于加解密技术的数字版权保护平台中，用于标识使用者对某一数字作品使用合法性的字符串。

3.4

授权激活 license activation

用授权编码到数字版权保护平台进行认证、获得使用许可并获取授权内容的过程。

4 基于加解密技术的数字版权保护平台的基本要求

4.1 平台工作流程

4.1.1 数字版权保护基本流程

基于加解密技术的数字版权保护平台对数字作品保护的基本流程分为五个步骤，如图 1 所示：

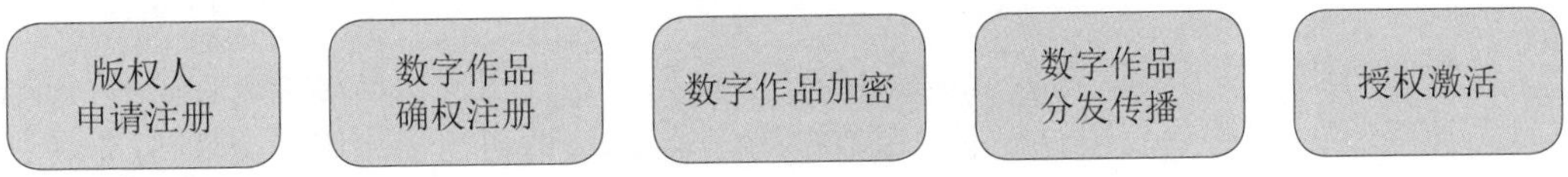

版权人申请注册 → 数字作品确权注册 → 数字作品加密 → 数字作品分发传播 → 授权激活

图 1 数字版权保护基本流程

基本流程如下：

a) 版权人申请注册：版权申请人在版权保护平台注册并获取唯一的版权人身份标识及平台使用者身份，平台为每个版权人分配私有的管理空间和加密密钥，可以查询、统计、导出版权人私有信息；

b) 数字作品确权注册：在确认版权人提交数字作品有效的版权证明文件的基础上，为版权人每个数字作品分配平台内的唯一标识；

c) 数字作品加密：平台对已确认权利的数字作品进行加密，同时对数字作品的原始文件和加密后文件添加数字签名，便于今后维权；

d) 数字作品分发传播：经平台加密后的数字作品通过网络下载、磁盘共享、移动存储、云存储等方式进行分发和传播；

e) 授权激活：平台使用者在私有管理空间管理数字作品的授权编码，并根据需要将授权编码发放给使用者，使用者通过用户端系统激活授权编码，之后在授权范围内使用数字作品。

4.1.2 授权激活解密流程

授权激活解密流程分为三个步骤，如图 2 所示：

数字作品及授权编码获取 → 授权编码激活 → 解密使用数字作品

图 2　授权激活解密流程

授权激活解密流程步骤如下：

a) 数字作品及授权编码获取：使用者分别获得数字作品及对应的授权编码；

b) 授权编码激活：授权编码通过版权保护平台进行激活，实现许可鉴别和权限分发；

c) 解密使用数字作品：授权编码被激活后，可在授权限定的范围内使用解密的数字作品，解密过程中还监控用户非法使用行为。

4.2 平台系统及功能要求

4.2.1 总体要求

基于加解密技术的数字版权保护平台至少具备数字作品版权保护综合管理系统、数字作品加密系统、授权激活系统、用户端系统 4 个基本系统及相应基本功能，如图 3 所示：

4.2.2 平台基本系统及功能要求

4.2.2.1 数字作品版权保护综合管理系统

数字作品版权保护综合管理系统至少包含以下功能模块及相应功能：

a) 系统管理员功能模块

——版权人信息管理功能：为版权人分配私有管理空间；对版权人描述、版权人标识等信息进行管理；

——数字作品信息管理功能：对平台中数字作品信息的准确性、完整性、推荐度等进行管理；

——密钥管理功能：进行密钥对的生成、分配和维护管理；

——加密环境配置功能：对加密形式、加密手段和加密算法等进行设置管理，允许对加密手段和加密算法的扩展；

——统计管理功能：对平台中版权人信息、数字作品信息、使用授权信息等进行统计、报表；

——日志管理功能：对平台使用过程中关键数据的记录和管理，可给出系统安全性、稳定性、数据量、处理能力等综合信息报告；

——信息联通功能：可与版权登记机构和有关行政管理机构进行对接实现信息联通。

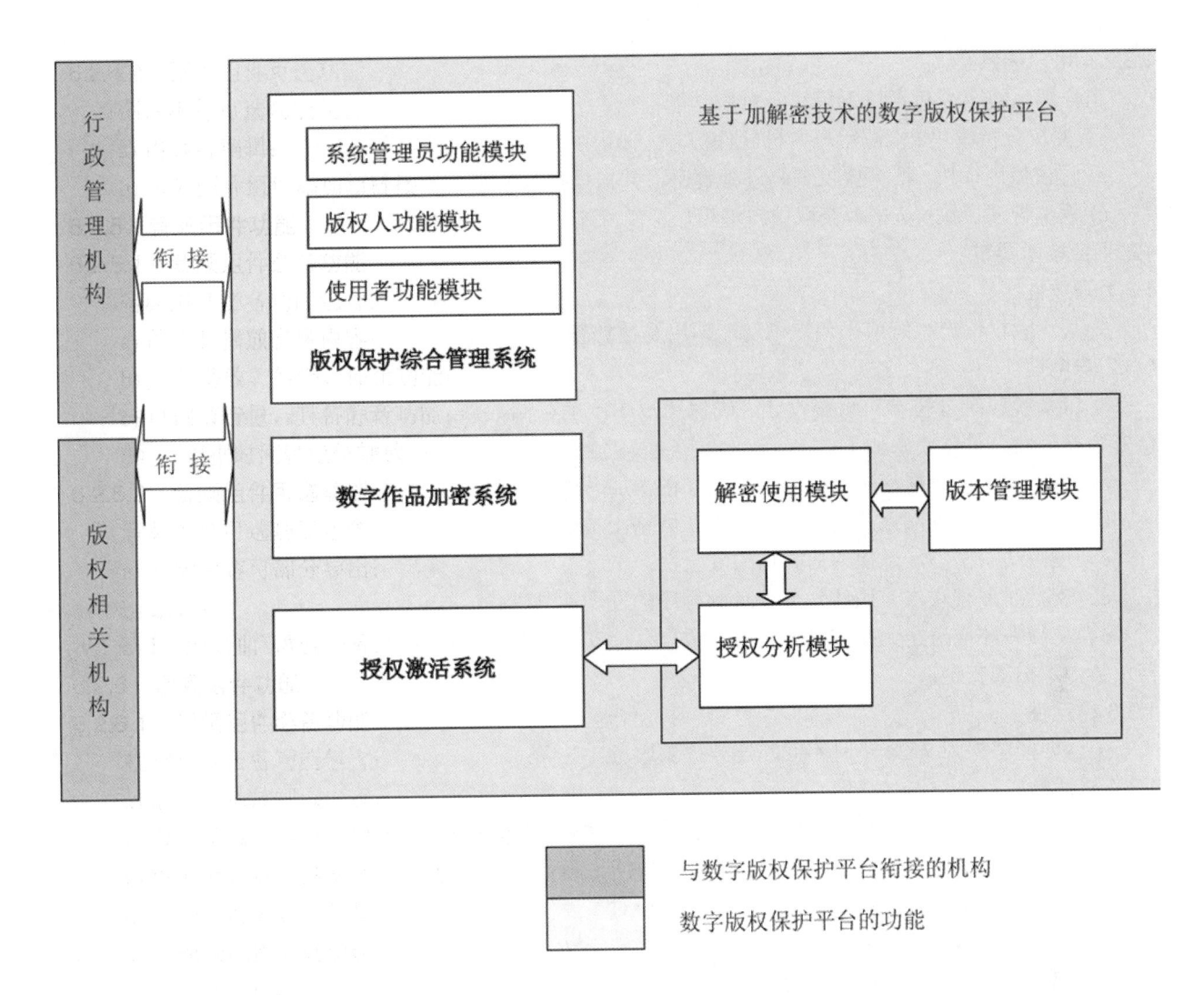

图3 数字版权保护平台系统结构

b) 版权人功能模块
——版权人信息自操作维护功能：版权人对自己的描述信息进行管理；
——数字作品信息管理功能：对平台中数字作品信息的准确性、完整性、加密密钥等进行管理；
——授权编码管理功能：生成并管理数字作品对应的授权编码，监控授权编码的激活情况；
——统计管理功能：对版权人自己的数字作品、授权编码及授权激活信息等进行统计并可生成报表；
——日志管理功能：对版权人在使用过程中的关键数据进行记录和管理。

c) 使用者功能模块
——授权查询功能：查询授权是否合法，查看授权对应的授权内容是否正确及授权使用情况；
——数字作品信息查询功能：查询数字作品的基本信息和对应的版权登记信息，查询数字作品在有关行政管理机构相应的盗版警示信息；
——自助授权激活功能：为使用者提供自助方式的授权编码激活功能，让其能通过已连接互联网的设备为无法接入互联网的使用端系统进行授权激活。

4.2.2.2 数字作品加密系统
提供多种加密模式，支持第三方加密模式的引入；支持单个数字作品加密和批量数字作品加密。

4.2.2.3 授权激活系统
平台系统在对用户授权编码进行鉴别的基础上，授予使用权限，实时监控授权编码的激活过程。

4.2.2.4 用户端系统

用户端系统至少包括以下模块及对应功能：
a) 授权分析模块：检测用户主机硬件信息，使用中对用户操作进行实时跟踪监控，防止非法操作；
b) 解密使用模块：根据授权编码进行解密，并根据授权的限定范围进行使用；
c) 版本管理模块：从平台获取用户端模块最新版本，支持用户端模块自动升级。

4.3 平台技术要求

4.3.1 开放性

为其它版权保护系统或平台提供功能调用及数据查询的接口，提供与相关机构的交互接口。

4.3.2 安全性

平台系统应经过科学、缜密设计，确保用户端本地存储数据、网络传输数据、服务器保存数据等全方位安全性，具体要求如下：
a) 用户端本地数据应多点存储，多层加密，加解密数据时多线程同时进行；
b) 建立安全认证网络信道，防止数据在网络上被非法伪造和篡改；
c) 使用动态密码，确保通信数据的安全性；
d) 支持对黑客攻击、破解、屏幕录制程序的发现和处理；
e) 从硬件环境搭建、操作系统设置、数据存储安全、数据备份恢复机制等多方面保证数据库服务器及其上数据的安全。

4.3.3 稳定性

平台要能够保障 7*24 小时不间断连续提供服务。

4.3.4 灵活性

平台根据实际应用要求应具有较强的灵活性，具体要求如下：
a) 支持多种授权激活方式，例如显式授权激活、静默授权激活、预先授权激活等；
b) 支持授权编码对用户端设备的一对一，一对多授权激活；
c) 支持授权编码对数字作品的一对一，一对多授权激活；
d) 支持为计算机、专用阅读设备、移动阅读终端等各种用户端设备统一版权保护服务。

4.3.5 扩展性

为数字版权保护技术接入平台提供统一接口；随着版权保护技术的发展，支持不断引入新的版权保护技术。

4.3.6 版权信息保护

版权信息保护技术要求如下：
a) 经过版权保护的数字作品中应包含授权服务器地址信息、版权相关信息、数字作品标识和数字作品签名等信息；
b) 支持动态显示水印，防止以摄像方式进行盗版；
c) 支持授权编码被盗用后的追踪和控制；
d) 激活后的授权编码与硬件信息绑定，便于维权。

4.3.7 数字作品加解密

数字加解密技术要求如下：
a) 为各种格式数字作品提供版权保护，向版权人提供数字作品加密工具和加解密功能接口，让版权人可开发自己的加密工具和前端使用工具，功能接口支持 Visual C++、Visual Basic、Visual FoxPro、Delphi、Java、C# 和 .Net 等主流开发语言；
b) 支持版权保护模块嵌入主流播放器，在不改变使用者习惯的同时增加版权保护功能；
c) 支持分段加密数字作品；
d) 支持多种加密算法，加密算法包含高强度对称加密算法、非对称加密算法、哈希算法和数字签名算法等，各类算法在应用时组合使用，确保数字作品版权安全；

f）支持无损压缩，解密后可完整重现原始文件。

4.3.8 授权激活

授权激活技术要求如下：

a) 支持多种授权激活方式，包括在线激活、离线自助激活、人工快速激活、授权文件激活等，授权本地存储介质可以是软盘、硬盘、USB 盘和加密狗等；

b）支持多种授权限制，包括限制次数、天数、截止日期、授权数量、授权功能等；

c) 支持大量使用者在同一时间授权激活，在系统设计容量的范围内激活响应时间不得高于 5s，同时应具有非常规激活预警机制；

d) 支持使用授权在用户端设备间转移。

参考文献

[1] GB/T 15843.1—2008　信息技术　安全技术　实体鉴别　第1部分：概述
[2] GB/T 17901.1—1999　信息技术　安全技术　密钥管理　第1部分：框架
[3] GB/T 20008—2005　信息安全技术　操作系统安全评估准则

ICS 01.140.40
A19
备案号：49461-2015

CY

中华人民共和国新闻出版行业标准

CY/T 125-2015

中小学数字教材加工规范

Specifications of primary and secondary school digital textbook's processing

2015-01-29 发布　　　　　　　　2015-01-29 实施

国家新闻出版广电总局　发布

目　次

前言 ··· 307
1　范围 ·· 308
2　规范性引用文件 ··· 308
3　术语和定义 ··· 308
　3.1　电子书 ··· 308
　3.2　电子图书 ·· 308
　3.3　教科书 ··· 308
　3.4　数字教材 ·· 308
　3.5　课件 ··· 308
　3.6　虚拟学具 ·· 309
4　组成要求 ··· 309
　4.1　组成部分 ·· 309
　4.2　主体部分 ·· 309
　4.3　组件 ··· 311
　4.4　使用说明 ·· 313
5　技术要求 ··· 314
　5.1　文字 ··· 314
　5.2　图片 ··· 314
　5.3　音频 ··· 314
　5.4　视频 ··· 314
　5.5　课件和虚拟学具 ·· 314
6　功能要求 ··· 315
　6.1　主体部分功能要求 ·· 315
　6.2　组件功能要求 ··· 316

前　言

本标准按照 GB/T 1.1—2009 给出的规则起草。

本标准由全国新闻出版标准化技术委员会提出。

本标准由全国新闻出版标准化技术委员会（SAC/TC527）归口。

本标准主要起草单位：人民教育出版社有限公司、中国新闻出版研究院、北京方正阿帕比技术有限公司、上海华师智慧信息技术有限公司、华东师范大学、天闻数媒科技（北京）有限公司、同方知好乐教育科技（北京）有限公司、河北冠林数字出版有限公司、河北教育出版社有限责任公司、人教云汉数媒科技有限公司。

本标准主要起草人：沙沙、钱冬明、李如意、陈磊、黄肖俊、韩钦、杨惠龙、张雅君、赵海波、袁华莉、乔莉莉、刘丽、李昶、牛丽珍、付艳霞、刘贵廷、赵中伟。

中小学数字教材加工规范

1 范围

本标准规定了数字教材的组成、技术要求、功能要求。

本标准适用于基础教育各类国家课程数字教材。

2 规范性引用文件

下列文件对于本文件的应用是必不可少的。凡是注日期的引用文件，仅所注日期的版本适用于本文件。凡是不注日期的引用文件，其最新版本（包括所有的修改单）适用于本文件。

GB/T 5795—2006 中国标准书号

GB/T 12906—2008 中国标准书号条码

GB 13000—2010 信息技术 通用八位编码字符集

GB/T 13396—2009 中国标准录音制品编码

CY/T 50—2008 出版术语

CY/T 113—2015 电子图书阅读功能要求

3 术语和定义

CY/T 96—2013 电子书内容术语中界定的术语，以及下列术语和定义适用于本文件。为便于使用，重复列出部分术语和定义。

3.1

电子书 ebook

通过相关设备直接呈现文字、图像、音频、视频等内容的数字出版产品。

注：电子书包括电子图书、电子期刊和电子报等。

[CY/T 96—2013，定义 4.2.4]

3.2

电子图书 e-book

通过相关设备直接呈现文字、图像、音频、视频等内容，具有相当篇幅的专题数字出版产品。

[CY/T 96—2013，定义 4.2.5]

3.3

教科书 textbook

根据课程标准编定的系统地反映学科内容的教学用书。

3.4

数字教材 digital textbook

以经国家教育行政部门审定通过的国家课程教科书为内容基础，并包含相关辅助资源、工具的，用于教学活动的电子图书。

3.5

课件 courseware

根据课程标准的要求，经过教学目标确定，教学内容和任务分析，教学活动结构及界面设计等环节，加以制作的课程软件。

3.6
虚拟学具 virtual learning tools

以数字化、虚拟化的形式呈现,或者结合认知科学和学习理论的研究成果而设计的用于支持学习活动优化的工具。

4 组成要求

4.1 组成部分

数字教材由主体部分、组件、使用说明3个部分组成。

4.2 主体部分

4.2.1 主体部分的组成

主体部分由表1所示的各部分组成。

表1 数字教材主体部分

序号	组成部分	必备性
1	封面	必备
2	扉页	必备
3	版权记录	必备
4	前言	可选
5	序	可选
6	编者按	可选
7	目录	必备
8	正文	必备
9	附录	可选
10	索引	可选
11	后记	可选
12	跋	可选
13	封底	必备

4.2.2 封面

4.2.2.1 封面必备信息

封面必备信息包含:

a) 对应的教科书封一的全部信息;
b) 题名;
c) 电子书标识符;
d) 出版单位。

4.2.2.2 可选信息

封面可选信息包含：

a) 作者；
b) 数字教材版本标识；
c) 出版时间；
d) 制作单位。

4.2.3 扉页

扉页中应包含数字教材对应的教科书的扉页全部信息。

4.2.4 版权记录

4.2.4.1 版权记录必备信息

版权记录必备信息包含：

a) 电子图书版权记录（CY/T 112-2015）中 4 记录信息与要求所列信息；
b) 对应教科书的题名；
c) 对应教科书 ISBN 号；
d) 对应教科书的版次和印次；
e) 对应教科书的出版单位。

4.2.4.2 版权记录可选信息

版权记录可选信息包含：

a) 定价；
b) 对应教科书的作者、责任编辑、出版地；
c) 对应教科书的开本、字数；
d) 对应教科书的图书在版编目数据；
e) 版权声明。

4.2.5 前言和序

当数字教材对应的教科书中有前言或序时，数字教材应有前言或序部分，且内容应包含对应的教科书中的前言或序全部内容。

4.2.6 编者按

当数字教材对应的教科书中有编者按，则数字教材应有编者按，且内容应包含对应教科书中的编者按全部内容。

4.2.7 目录

4.2.7.1 目录章节结构要求

目录的章节（或单元）结构应与对应的教科书相一致，目录中章节（或单元）相应页码可与教科书不同。

4.2.7.2 目录构成

目录包含对应的教科书目录的全部内容。

4.2.8 正文

正文要求包括：

a) 正文章节（单元）结构、次序应与对应教科书的正文章节（单元）结构、次序相同；
b) 正文内容应包括对应教科书正文的全部内容；
c) 超出对应教科书正文内容以外的内容，在结构上应与教科书正文内容一致，不应出现不符合课程标准要求的内容。

4.2.9 附录

当数字教材对应的教科书中有附录，则数字教材应有附录部分，且内容包含对应的教科书中的附录全部内容。

4.2.10 索引
当数字教材对应的教科书中有索引，则数字教材应有索引部分，且内容中的索引条目应与对应的教科书中的索引条目一致，但索引条目的对应页码应根据数字教材的具体情况设定。

4.2.11 后记和跋
当数字教材对应的教科书中有后记或跋，则数字教材应有后记或跋部分，且内容应包含对应的教科书中后记或跋的全部内容。

4.2.12 封底

4.2.12.1 封底必备信息
封底必备信息包含：
a) 责任者信息；
b) 对应教科书的出版物条码。

4.2.12.2 封底可选信息
封底可选信息包含：
a) 题名；
b) 定价；
c) 出版单位。

4.3 组件

4.3.1 组件要求
组件要求包括：
a) 组件部分由可独立作为学习资源的文本、图片、音频、视频、课件及各种虚拟学具构成；
b) 每个组件应符合中小学课程标准中的相关课程内容的要求，应与数字教材主体部分的相关内容配套；
c) 根据课程标准要求，虚拟学具宜包括虚拟计算器、数字工具书（数字字典、词典）、数字地球仪等。

4.3.2 文本组件

4.3.2.1 文本组件必备信息
文本组件必备信息包含：
a) 题名；
b) 内容主体。

4.3.2.2 文本组件可选信息
文本组件可选信息包含：
a) 内容摘要或描述；
b) 作者；
c) 版权说明；
d) 元数据文件；
e) 超文本链接。

4.3.3 图片组件

4.3.3.1 图片组件必备信息
图片组件必备信息包含：
a) 图题；
b) 内容主体。

4.3.3.2 图片组件可选信息
图片组件可选信息包含：
a) 内容描述；
b) 作者；
c) 版权说明；
d) 元数据文件；
e) 超文本链接。

4.3.4 音频组件
4.3.4.1 音频组件必备信息
音频组件必备信息包含：
a) 名称；
b) 内容主体。

4.3.4.2 音频组件可选信息
音频组件可选信息包含：
a) 内容描述；
b) 作者；
c) 录音制品编码；
d) 版权说明；
e) 元数据文件。

4.3.5 视频组件
4.3.5.1 视频组件必备信息
视频组件必备信息包含：
a) 名称；
b) 内容主体。

4.3.5.2 视频组件可选信息
视频组件可选信息包含：
a) 内容描述；
b) 作者；
c) 其他责任者；
d) 字幕；
e) 版权说明；
f) 元数据文件。

4.3.6 课件组件
4.3.6.1 课件组件必备信息
课件组件必备信息包含：
a) 名称；
b) 内容主体。

4.3.6.2 课件组件可选信息
课件组件可选信息包含：
a) 内容描述；
b) 作者；
c) 其他责任者；
d) 关联资源；

e) 使用说明；
d) 版权说明；
e) 元数据文件。

4.3.7 虚拟学具

4.3.7.1 虚拟学具必备信息

虚拟学具必备信息包含：

a) 题名；
b) 主体。

4.3.7.2 虚拟学具可选信息

虚拟学具可选信息包含：

a) 内容描述；
b) 作者；
c) 其他责任者；
d) 关联资源；
e) 使用说明；
f) 版权说明；
g) 元数据文件。

4.4 使用说明

4.4.1 使用说明组成

使用说明由内容说明、环境说明、操作说明及其他说明组成，见表2。

表2 数字教材使用说明组成

序号	组成部分	必备性	说明
1	内容说明	可选	用于说明数字教材的内容概要
2	环境说明	必备	用于说明使用数字教材应具备的软硬件环境
3	操作说明	必备	用于说明数字教材的操作方式
4	其他说明	可选	用于说明数字教材的其他重要信息

4.4.2 内容说明

内容说明包含：

a) 研发思路和适用范围；
b) 主体部分内容说明；
c) 组件内容说明。

4.4.3 环境说明

环境说明包含：

a) 终端硬件要求；
b) 操作系统要求；
c) 显示分辨率要求。

4.4.4 操作说明
4.4.4.1 操作说明必备信息
操作说明必备信息包含：
a) 安装和卸载说明；
b) 主体部分的操作方式说明。
4.4.4.2 操作说明可选信息
操作说明可选信息包含：
a) 组件的操作方式说明；
b) 组件相关插件的安装说明。
4.4.5 其他说明
其他说明包含除数字教材的内容说明、环境说明和操作说明以外的有需要对用户进行说明的内容。

5 技术要求

5.1 文字
文字宜符合以下要求：
a) 符合 GB 18030-2005 相关规定；
b) 在使用说明中规定的分辨率和适用终端环境下，无放缩时，文字清晰可见；
c) 一、二年级数字教材中文文字使用楷体，其他中文文字使用宋体、仿宋、楷体、黑体等常见字体；
d) 外文字母、数字使用 Times New Roman 字体。

5.2 图片
图片应符合以下要求：
a) 采用 GIF、JPEG、PNG 或 SVG 等格式存储；
b) 扫描分辨率不低于 132dpi；
c) 图片组件显示分辨率长宽均不低于 480 像素。

5.3 音频
音频应符合以下要求：
a) 采用 WAV、MP3、WMA、MIDI 等常用声音格式；
b) 采样率 22kHz 以上；
c) 量化位数 16 位以上；
d) 声道数为双声道。

5.4 视频
视频宜符合以下要求：
a) 视频编码采用 H.264(MPEG-4 AVC)、WMV 系列（VC-1）、VP8 和 Theora 等常见格式；
b) 视频封装格式采用 MP4、WMV/ASF、MPG、FLV、MOV、OGG 和 WEBM 等常见格式；
c) 码流率不低于 256Kbps，帧率不低于 24fps；动画帧率不低于 15fps；
d) 视频中包含的音频技术参数同音频组件要求；
e) 中文字幕每行字数一般不多于 15 个，英文字母每行不多于 35 个（不含标点符号）；
f) 视频画面符合常见宽高比和分辨率。

5.5 课件和虚拟学具
课件和虚拟学具中包含的图片、音频技术参数应符合本标准 5.2、5.3 要求，文字、视频宜符合本标准 5.1、5.4 要求。

6 功能要求

6.1 主体部分功能要求

主体部分功能如表 3 所示。

表 3 数字教材主体部分功能

序号	功能描述	必备性
1	具有页面跳转功能，可按用户需要从目录、索引跳转至某章节，或自当前页跳至目标页	必备
2	可对某一部分文字或背景加亮，作品浏览背景颜色、亮度可调	必备
3	文字、图像图形可放大或缩小，文本可拷贝	必备
4	可自行记录阅读位置，并在下一次文档打开后自动跳转至该位置	必备
5	能自定义书签，不少于 20 个书签，且所有书签可删除	必备
6	具备检索功能，检索痕迹保留不少于 20 条	必备
7	能在任意位置加入或删除批注和点评	必备
8	具备笔记功能	必备
9	可在线更新版本	可选
10	支持用户添加内容，用户自添加的内容可删除	可选
11	支持内容导出，用户可将数字教材中的内容打包导出为独立可用的教学资源	可选
12	主体部分可设置与组件的关联，热区、链接可由用户添加和删除	可选
13	以流式内容为主的数字教材可更改字号，至少支持宋体、仿宋、黑体和楷体等主流字体，支持中文简体、英文、简繁体及中英文混排方式	可选
14	以流式内容为主的数字教材可调节文字行间距，可设置每行的字数，屏幕可自适，可自定义页边距和宽度等	可选
16	可关联各类符合 GB/T 21365-2008 标准的资源库	可选
17	具备复合条件检索功能	可选
18	支持关联检索和相关内容展示	可选
19	对检索结果进行多种排序	可选
20	支持汉语拼音文字输入或手写文字输入	可选
21	可记录用户使用数字教材的行为	可选
22	支持在线使用	可选
23	浏览数字教材内容时可显示总页码数和当前页码数	可选
24	支持模拟翻页	可选
25	自定义设置各类快捷功能键	可选
26	用户可向内容提供者直接反馈意见	可选

(续表)

27	支持网络下载功能，使用户在离线环境下浏览作品内容		可选
28	网络环境下允许关闭图像、图形、音频以及视频等流媒体下载		可选
29	内容下载可断点续传		可选
30	可外接相关打印设备进行打印		可选
31	可导出作品中的部分或全部文字、图像、图形		可选
32	支持集外字		可选
33	可跨终端浏览或使用，可选终端包括：手机、电子书阅读器、平板电脑、PC、电子白板、触摸显示屏等。		可选

6.2 组件功能要求

6.2.1 组件通用必备功能

组件必备功能包含：

a) 可根据名称、类型、关键词进行检索；

b) 在主体部分呈现时应显示相关组件标签，明确表示相关组件存在。

6.2.2 组件通用可选功能

组件可选功能包含：

a) 组件可单独导出或独立使用；

b) 可显示组件的说明、元数据信息；

c) 组件可独立下载或分章节下载。

6.2.3 文本组件功能

6.2.3.1 文本组件必备功能

文本组件必备功能包含：

a) 能完整显示文本及文本中的插图；

b) 文字可放大或缩小；

c) 显示范围（浏览区域）可放大或缩小；

d) 文字可选定、复制。

6.2.3.2 文本组件可选功能

文本组件可选功能包含：

a) 文本内容可编辑；

b) 为文本组件添加超链接。

6.2.4 图片组件功能

6.2.4.1 图片组件必备功能

图片组件必备功能包含：

a) 能完整显示图片内容；

b) 可放大或缩小；

c) 显示范围（浏览区域）可放大或缩小；

d) 可选定、复制。

6.2.4.2 图片组件可选功能
图片组件可选功能包含：
a) 内容可编辑；
b) 可为图片组件添加超链接。

6.2.5 音频组件功能
6.2.5.1 音频组件必备功能
音频组件必备功能包含：
a) 能完整播放音频内容；
b) 具备播放、暂停、停止功能；
c) 可调节音量，具备静音功能；
d）可根据时间轴定位播放。

6.2.5.2 音频组件可选功能
音频组件可选功能包含：
a) 音频内容可部分导出；
b) 录音；
c) 语音识别、语音分析。

6.2.6 视频组件功能
6.2.6.1 视频组件必备功能
视频组件必备功能包含：
a) 能完整播放视频内容；
b) 具备播放、暂停、停止、快进功能；
c) 可调节音量，具备静音功能；
d) 可根据时间轴定位播放；

6.2.6.2 视频组件可选功能
视频组件可选功能包含：
a) 可外挂字幕或字幕文本；
b) 播放窗口大小可调节；
c) 可全屏播放。

6.2.7 课件组件功能
6.2.7.1 课件组件必备功能
课件组件必备功能包含：
a) 能完整呈现课件的内容；
b) 全屏呈现。

6.2.7.2 课件组件可选功能
课件组件可选功能包含：
a) 为课件组件添加超链接；
b) 呈现窗口大小可调节；
c) 支持常用格式课件的相互转化或导入导出。

6.2.8 虚拟学具功能
虚拟学具宜具备以下功能：
a) 虚拟学具参数可控；
b) 过程参数和结果参数可导出；
c) 不同虚拟学具之间可相互调用参数；

d) 满足教育行业标准中对相关学具的要求；

e) 虚拟学生计算器，符合 JY/T 0382-2007 中 4.2.1，4.2.2，4.2.3，4.2.5，4.2.6，4.2.7，4.2.8，4.2.9 的功能；

f) 虚拟地球仪，符合 JY/T 58-1980 中 2.2，2.4 的要求。

ICS 01.140.40
A 19
备案号：43970-2014

中华人民共和国新闻出版行业标准

CY/T 100-2014

声像节目数字出版制作技术要求及检测方法

Producing technical requirements and detecting method of sound image program for digital publishing

2014-01-29 发布　　　　　　　　　　　　2014-01-29 实施

国家新闻出版广电总局 发布

目 次

前言 ··· 321
引言 ··· 322
1 范围 ·· 323
2 规范性引用文件 ·· 323
3 术语和定义 ·· 323
4 数字声像节目制作流程 ·· 324
　4.1 数字图像节目制作流程 ··· 324
　4.2 数字声音节目制作流程 ··· 324
5 数字声像节目制作技术基本要求 ··· 325
　5.1 数字图像节目制作技术基本要求 ·· 325
　5.2 数字声音节目制作技术基本要求 ·· 326
6 声像节目数字出版介质要求 ·· 326
　6.1 空白录像带要求 ··· 326
　6.2 空白光盘要求 ·· 326
　6.3 空白磁带要求 ·· 326
　6.4 空白蓝光光盘要求 ··· 326
7 数字声像节目检测 ··· 326
　7.1 检测环境 ··· 326
　7.2 检测设备 ··· 327
　7.3 检测方法 ··· 327
　7.4 检测结果的判定 ··· 327

前　言

本标准按照 GB/T 1.1-2009 给出的规则起草。
本标准由国家新闻出版广电总局提出。
本标准由全国新闻出版标准化技术委员会（TC527）归口。
本标准起草单位：北京华魂文化创意有限责任公司、中国新闻出版研究院。
本标准主要起草人：顾学麟、闫新生、胡凤营、陈磊、史红、张静、殷艳阳。
本版为首次发布。

引　言

　　数字声像节目主要取决于三大环节：符合灯光、声场技术要求的环境，符合技术要求的制作设备，符合图像、声音制作的技术参数。环境与制作设备方面均已有相应标准要求，而图像、声音制作的技术参数尚未有相应标准加以规范，本标准为填补该方面空白而研制。

声像节目数字出版制作技术要求及检测方法

1 范围

本标准规定了声像节目数字出版制作技术要求及检测方法。

本标准适用于声像节目数字出版的制作。

2 规范性引用文件

下列文件对于本文件的应用是必不可少的。凡是注日期的引用文件，仅所注日期的版本适用于本文件。凡是不注日期的引用文件，其最新版本（包括所有的修改单）适用于本文件。

GB/T 3947 声学名词术语

GB/T 5271.13 信息技术 词汇 第13部分：计算机图形资料大小

GB/T 7309 盒式录音磁带通用规范

GB/T 7400 广播电视术语

GB/T 14854.2 广播录像磁带性能要求

GB/T 14919 数字声音信号源编码技术规范

GB/T 22122 数字电视环绕声伴音测量方法

CY/T 38 可录类光盘 CD-R 常规检测参数

ISO/IEC 30192:2013 Information technology – Digitally recorded media for information interchange and storage – 120 mm Single Layer (25,0 Gbytes per disk) and Dual Layer (50,0 Gbytes per disk) BD Rewritable disk 信息技术 - 信息交换和储存数字记录媒体 - 120 mm 单层（每磁盘25,0 GB）和双层（每磁盘50,0 GB）BD 可擦写光盘

3 术语和定义

下列术语适用于本文件。

3.1

取样频率 sampling frequency

对模拟源信号进行取样的频率或周期。

[GB/T 7400-2011，3.782]

3.2

像素 pixei; picture elment; pel

在显示图像中，能独立地赋予属性（例如色彩和光强）的最小二维元素。

[GB/T 5271.13—2008，13.08.03]

3.3

量化 quantization

在图像领域中，将信号幅度的连续取值（或者大量可能的离散取值）近似为有限多个（或较少的）离散值的过程。主要应用于模拟信号到数字信号的转换以及信源编码中。在声音领域中，指有限个数电平的集合表示模拟信号的取样值。

注：修改 GB/T 7400-2011，3.676 和 GB/T 14919-1994，2.4。

3.4

隔行扫描 interlaced scanning

整个图像由两组或多组等间隔的扫描行组成。每组的扫描行都均匀分布在整个图像上。各组中的行按先后顺序相继扫描,即一组中的各行扫完后再扫下一组中的各行。组间隔行不重叠而是等距离嵌套。

[GB/T 7400-2011,3.367]

3.5

逐行扫描 progressive scanning

构成整个图像的各扫描行是依次而连续扫出的扫描方式。

[GB/T 7400-2011,3.1372]

3.6

声场 sound field

媒质中有声波存在的区域。

[GB/T 3947-1996,4.56]

3.7

数字信号 digital signal

以有限个数位来表示一个连续变化的物理量的信号。

[GB/T 14919-1994,2.1]

3.8

取样 sampling

按等长的或任意的时间间隔所取得的某一连续变量的离散值。

[GB/T 14919-1994,2.2]

3.9

声道 sound track

在海洋中或大气中将传播的声波能量限制在某一深度或高度范围内而不外逸的媒质层。

[GB/T 3947-1996,2.76]

3.10

环绕声伴音 surround audio

用来传送5.1声道音频的通道。由6个独立声道组成,即左声道(L)、中置声道(C)、右声道(R)、左环绕声道(Ls)、右环绕声道(Rs)以及低频增强声道(LFE),通常也被称为0.1声道。

注:修改 GB/T 22122-2008,3.1.1。

4 数字声像节目制作流程

4.1 数字图像节目制作流程

数字图像节目的制作流程分为4个步骤,如图1所示。

数字摄像 → 数字采集 → 数字编辑 → 合成数字图像节目

图1 数字图像节目制作流程

4.2 数字声音节目制作流程

数字声音节目制作流程分为4个步骤,如图2所示。

拾 声 → 数字声音采集 → 数字编辑制作 → 数字声音节目合成

图2 数字声音节目制作流程

5 数字声像节目制作技术基本要求

5.1 数字图像节目制作技术基本要求

5.1.1 数字高清晰度图像节目制作技术基本要求

数字高清晰度图像节目的制作技术要求，见表1。

表 1 数字高清晰度图像节目制作技术基本要求

序号	项目	参数值
1	每行有效样点数	1920
2	每帧有效扫描行	1080
3	取样结构	正交取样
4	像素形状	方形像素
5	画面宽高比	16:9
6	每帧扫描行数	1125 行
7	垂直扫描类型	逐行或2:1隔行扫描
8	垂直扫描频率	隔行50场，逐行24帧
9	取样频率	亮度74.25 MHz，色度37.125 MHz
10	量化电平	8 或 10bit
11	R、G、B 电平	-35mV～735mV
12	Y 信号电平	-7mV～721mV
13	黑电平与消隐电平差	0～50mV

5.1.2 数字标准清晰度图像节目制作技术基本要求

数字标准清晰度图像节目的制作技术基本要求，见表2。

表 2 数字标准清晰度图像节目制作技术基本要求

序号	项目	参数值
1	每行有效样点数	720
2	每帧有效扫描行	576
3	取样结构	正交取样
4	像素形状	长方形像素
5	画面宽高比	4:3
6	每帧扫描行数	625 行
7	垂直扫描类型	2:1 隔行扫描
8	垂直扫描频率	隔行50场，逐行24、25帧
9	取样频率	亮度13.5 MHz，色度6.75 MHz
10	量化电平	8bit
11	R、G、B 电平	-35mV～735mV
12	Y 信号电平	-7mV～721mV
13	黑电平与消隐电平差	0～50mV

5.2 数字声音节目制作技术基本要求

5.2.1 数字高质量声音节目制作技术基本要求

数字高质量声音节目编码应无损伤压缩，其基本要求见表3。

表3 数字高质量声音节目编码基本要求

序号	音轨	每声道取样频率（kHz）		每声道量化（取样）精度（bit）	
		标准	可选	标准	可选
1	双声道	192	44.1/48/96	24	16/20
2	5.1声道	96	44.1/48	24	16/20

5.2.2 数字标准质量声音节目制作技术基本要求

数字标准质量声音节目编码可有损伤压缩，其基本要求见表4。

表4 数字标准质量声音节目编码基本要求

序号	音轨	每声道取样频率（kHz）		每声道量化（取样）精度（bit）	
		标准	可选	标准	可选
1	双声道	44.1	48	16	
2	5.1声道	48		16	

5.2.3 数字音频电平要求

对节目声音电平的要求如下：

a) 电平最大值≤-6dBFS（通常在≤-9dBFS以下）；
b) 语言电平最大值≤-12dBFS。

6 声像节目数字出版介质要求

6.1 空白录像带要求

空白录像带应符合 GB/T 14854.2-1993 的要求。

6.2 空白光盘要求

空白光盘应符合 CY/T 38-2007 的要求。

6.3 空白磁带要求

空白磁带应符合 GB/T 7309-2000 的要求。

6.4 空白蓝光光盘要求

空白蓝光光盘应符合 ISO/IEC 30192:2013 的要求。

7 数字声像节目检测

7.1 检测环境

对数字图像和声音节目的检测应满足如下条件：

a) 环境温度：20±15℃；
b) 相对湿度：25%～75%；
c) 大气压：86～106kPa。

7.2 检测设备

用于检验的测量仪器和设备应按国家有关计量检定规程或相关标准，经检定、校准或计量合格，并在有效期内。对数字图像和声音节目的检测设备包括：

a) 数字录放机；
b) 蓝光播放机；
c) 图像分析仪；
d) 音频分析仪。

7.3 检测方法

7.3.1 节目图像指标测量

将数字图像节目磁带或光盘放入播放设备，连接图像检测仪器设备，分别测量表1、表2各项指标，如图3所示。

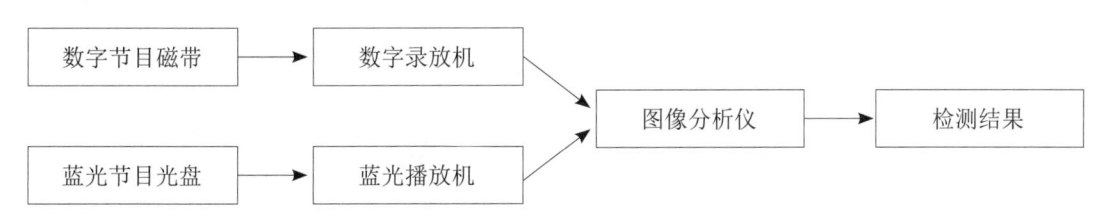

图 3 图像检测系统连接

7.3.2 节目声音指标测量

将被测数字声音节目磁带或光盘放入播放设备，连接声音检测仪器设备，分别测量表3、表4各项指标，如图4所示。

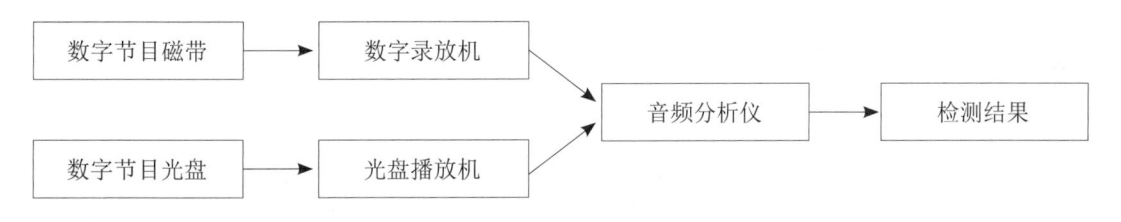

图 4 声音检测系统连接

7.4 检测结果的判定

检测结果的判定应与标样信号比对，按照国家有关管理部门指定的检测机构制定的检测实施细则执行。

ICS 35.040
L71

CY

中华人民共和国新闻出版行业标准

CY/T 88—2013

数字阅读终端内容呈现格式

Content rendering format for digital reading terminal

2013-02-28 发布　　　　　　　　　　　　2013-02-28 实施

中华人民共和国新闻出版总署　发布

目　次

前言	330
引言	331
1 范围	332
2 规范性引用文件	332
3 术语和定义、符号	332
3.1 术语和定义	332
3.2 符号	334
4 基本技术架构	334
5 容器层结构	334
5.1 容器组成结构	334
5.2 容器的组成	335
5.3 增量修改	338
6 组织层结构	338
6.1 基础数据类型	338
6.2 文档组织方式	339
7 内容数据结构	342
7.1 文档版式信息	342
7.2 文档结构化信息	350
7.3 文字	354
7.4 图形	359
7.5 交互和导航特性	367
8 安全性支持	371
8.1 概述	371
8.2 本地安全	371
8.3 数字签名	372
8.4 加密	372
8.5 DRM 安全	372
附录 A（规范性附录）内嵌字体数据包	374
附录 B（规范性附录）文字绘制规则	376
附录 C（规范性附录）路径的绘制	378
附录 D（规范性附录）图像数据包	380
附录 E（规范性附录）文档安全的实现	383
附录 F（资料性附录）圆弧绘制算法	388
附录 G（资料性附录）注释数据说明	390

前　言

本标准附录 A、B、C、D、E 为规范性附录；附录 F、G 为资料性附录。

本标准由国家新闻出版总署提出和解释。

本标准由全国新闻出版标准化技术委员会归口。

本标准主要起草单位：方正技术研究院数字出版分院、中国新闻出版研究院、北京畅元国讯科技有限公司。

本标准主要起草人（按姓氏笔画排序）：安秀敏、刘丽、汤帜、陈磊、杨东、杨超、董博。

引 言

01 主要目标

本标准旨在满足数字阅读终端阅读需求，提升终端用户阅读体验，建立一种可靠、便易、开放的电子文档格式规范。

02 技术概述

本标准采用 XML 技术，以版式描述信息为基础，辅以版面结构化信息，对数据进行压缩和加密，实现在各种数字阅读终端的版面内容重排和精准展现。

本标准支持多种格式自由转换，支持多平台全功能数字阅读终端，支持流式、版式间任意切换，支持生僻字、特殊字符、公式等专业出版内容的呈现要求。

03 专利说明

本标准的发布机构提请注意，本标准包含若干北大方正集团有限公司及其相关企业、北京大学的专利和专利申请，专利信息披露如下：

a) ZL 200710177931.9 一种字体文件的嵌入方法及装置；
b) ZL 200810114437.2 基于版式文件的文档流式信息处理方法及装置；
c) 200910202918.3 一种文件打包、提取的方法和装置；
d) 200910084623.0 一种内嵌字体数据处理方法及装置；
e) 200910151902.4 电子文档的图像数据处理方法及其装置；
f) 200910090817.1 一种字体数据的处理方法及系统；
g) 200910091577.7 电子文档中文字信息处理、输出和字符检索的方法及装置；
h) 200910091814.X 一种电子文档的历史版本数据处理方法及装置；
i) 200910092853.1 文件描述信息存储以及文件数据读取的方法、装置；
j) 201010141585.0 一种 XML 数据压缩和解压缩方法及系统。

本标准对以上所涉及的专利进行许可，对符合本标准的产品实施专利免费，包括用于软件开发、使用、销售、许诺销售。相关专利持有人的知识产权许可声明已在本标准的发布机构备案。

本标准的发布机构对于所涉及的相关专利的真实性、有效性和范围无任何立场。

请注意除上述已经识别出的专利外，本标准的某些内容仍有可能涉及其他专利。本标准的发布机构不承担识别这些专利的责任。

数字阅读终端内容呈现格式

1 范围

本标准规定了数字阅读终端产品的文字、图形、图像、多媒体等内容数据的呈现格式。

本标准适用于各类数字阅读终端。

2 规范性引用文件

下列文件对于本文件的应用是必不可少的。凡是注日期的引用文件，仅所注日期的版本适用于本文件。凡是不注日期的引用文件，其最新版本（包括所有的修改单）适用于本文件。

GB 13000.1 信息技术 通用多八位编码字符集（UCS）

GB/T 18793-2002 信息技术 可扩展置标语言（XML）

FIPS 186-2 Digital Signature Standard

FIPS 197 Advanced Encryption Standard (AES), November 26, 2001

ISO/IEC 14496-22 Information technology -- Coding of audio-visual objects -- Part 22: Open Font Format RFC 1951 DEFLATE Compressed Data Format Specification, Version 1.3

RFC 4122 A Universally Unique IDentifier (UUID) URN Namespace

3 术语和定义、符号

3.1 术语和定义

3.1.1

锚点 anchor

一种指向文档中位置的定位标记，用于跳转时的目标定位。

3.1.2

字符 character

计算机等信息系统中用于表示语言文字的基本信息单位。一个字符通常由1至4字节的数据表示，包含字母、字、数字和标点符号，也包含部分控制字符和特殊字符。

3.1.3

字符集 character set

遵守同一编码规则的多个字符的集合。

注：常见字符集包括 ASCII 字符集、GB2312 字符集、BIG5 字符集、GB18030 字符集和 Unicode 字符集等。

3.1.4

字送 char distance

从当前字符绘制位置到下一个字符绘制位置的距离，主要用于等宽字体。

3.1.5

裁剪区 clip region

指定绘制的有效区域，通常由一组路径构成。

3.1.6

颜色模型 color model

描述使用一组值表示颜色的方法，通常使用3至4个值或颜色成分。

3.1.7
颜色空间 color space
在颜色模型和一个特定的参照空间之间加入一个特定映射函数所形成的一个明确色域。

3.1.8
数字签名 digital signature
附加在数据单元上的数据或对数据单元所作的密码变换，允许数据单元的接收者用以确认数据单元的来源和完整性。

3.1.9
绘制参数 draw param
为图元对象指定的一组用于绘制的参数集合。

3.1.10
流式信息 fluent information
文档中关于文档的逻辑结构以及流式呈现的信息，包括章、节、段等逻辑结构及显示样式信息。

3.1.11
图元 graphic unit
页面绘制元素的基本单元。页面上任何对象均属于某种图元或某些图元的组合。

3.1.12
字形 glyph
一个可辨认的抽象图形符号，不依赖于任何特定设计，通常用字体内的点阵或曲线轮廓描述。

3.1.13
成像模型 imaging model
一种与设备无关的页面元素显示结果的描述方法。

3.1.14
版式文件 fixed layout file
排版后生成的文件，包含版面呈现所需要的所有数据。

3.1.15
版式技术 fixed layout technique
将文字、图形、图像等多种数字内容按照排版规则进行版面固化呈现的技术。

3.1.16
版式信息 layout information
用于呈现固定版面的描述信息。

3.1.17
线性化 linearization
按照自然阅读顺序排列的文件物理存储顺序。

3.1.18
本地安全性 local security
一种用于保护离线文档内容不被拷贝或篡改的安全加密机制。

3.1.19
路径 path
既可开放亦可封闭的一系列点、线和曲线的集合。

3.1.20
资源 resource
一组图元或其他数据描述的集合，包括公共资源、页资源和对象资源等。

3.2 符号

下列符号适用于本文件：

⬡⋯⬡ 按顺序出现的子元素；

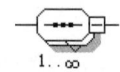

⬡⋯⬡ 重复出现的一个或无穷多个子元素；
1..∞

⬡⋯⬡ 重复出现的多个可选元素；
0..∞

⬡⋯⬡ 在多个元素中只可选择一个出现。

4 基本技术架构

本标准采用"文件+容器"的方式描述和存储数据。数据描述采用 GB/T 18793—2002 所述的 XML 技术，包括版式信息和流式信息。版式信息用于实现固定版面文档（Fixed Layout Document）的精准呈现。流式信息用于实现版面内容的重排（Reflow），以适应不同屏幕尺寸的数字阅读终端的阅读需求。

本标准的基本技术架构如图 1 所示。

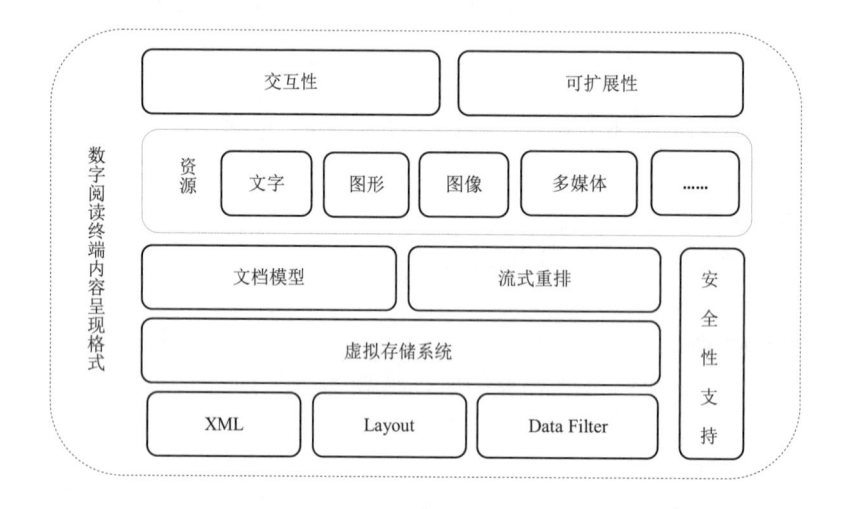

图 1 基本技术架构

5 容器层结构

5.1 容器组成结构

容器组成结构如图 2 所示。

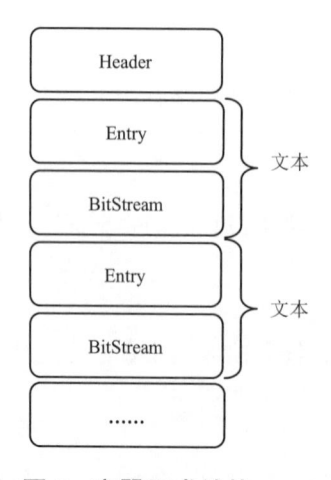

图 2 容器组成结构

其中：
a) Header: 容器头，描述版权、版本、历史版本数量等基本信息；
b) Entry: 文件目录区，表示容器内文件的列表，包括文件名及其内容数据的位置；
c) BitStream: 文件数据区，表示容器内文件的内容数据。

文件目录区和文件数据区在一个容器中可出现多个，形成一组修改的历史记录。

5.2 容器的组成
5.2.1 容器头
容器头（Header）结构说明见表1。

表1 容器头（Header）结构说明

名称	长度（字节）	说明
RightsInfo	14	版权信息，文件遵循的容器结构规范，版权信息采用固定的字符串"@XDA"，不足部分补零。
MajorVersion	1	容器结构主版本号，取值为0x01。
MinorVersion	1	容器结构次版本号，取值为0x00。
EntryCount	4	Entry部分的数目。
EntryNameTableType	1	Entry中NameTable类型，取值如下： 0x00 — 保留。
BitsParam	1	位参数，用以确定包结构中所有文件偏移量以及BitStream部分文件长度等数据占用的字节数，当BitsParam为0的时候表示缺省值为4字节，有效值为0x02、0x04、0x08。
FirstEntryOffset	由BitsParam决定	第一个Entry相对于文件头部的偏移位置，以字节为单位。

5.2.2 文件目录区
文件目录区（Entry）结构说明见表2。

表2 文件目录区结构说明

名称	长度（字节）	说明
ClassType	4	Entry块类型标识，固定值为"C.En"。
EntryLength	4	此Entry块的长度，以字节为单位。
BSOffset	由BitsParam决定	BitStream部分的偏移位置，以Header头部为起始位置。
Next	由BitsParam决定	下个Entry的偏移位置，当没有则必须为0。
Compress	1	此Entry块的压缩方法，从低位1开始每一标记位定义如下： —当第1位为1时，表示NameTable采用Deflate算法压缩； —当第2位为1时，表示ItemList采用Deflate算法压缩； 其余未定义位必须取值为0。
CheckSum	16	此Entry块内NameTable和ItemList部分的校验码，采用MD5摘要算法。
NameTableLength	4	路径名映射表长度，以字节为单位，表示NameTable部分数据的总长度，当该部分数据使用压缩模式，则为压缩后的长度。
NameTable		路径名映射表，必须包括此Entry块全部项所使用的项路径映射。
ItemList		容器内项入口描述列表。

路径名映射表（NameTable）结构如图 3 所示。

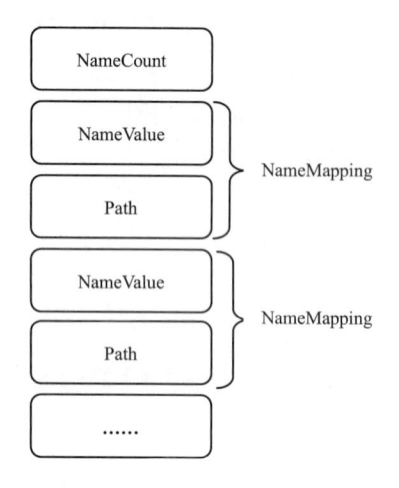

图 3　路径名映射表结构

路径名映射表结构说明见表 3。

表 3　路径名映射表（NameTable）结构说明

名称	长度（字节）	说明
NameCount	4	路径名个数。
NameMapping		路径名映射对，每个映射对表示一个路径名到映射值之间的对应关系。
NameValue	16	映射值。
Path	不定长	项路径，以 \0 结尾，统一采用 UTF-8 编码。

容器内项入口描述列表（ItemList）结构如图 4 所示。

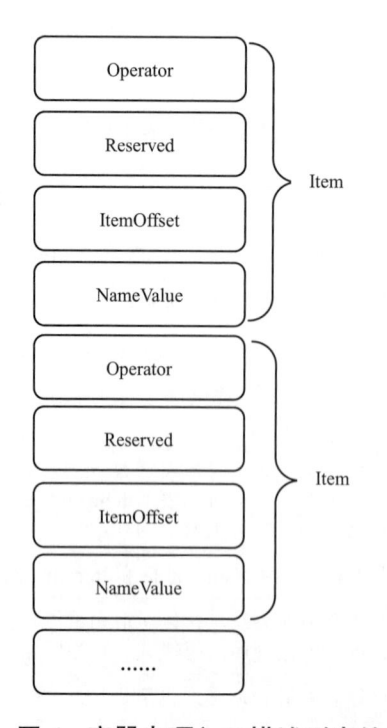

图 4　容器内项入口描述列表结构

表 4　容器内项入口描述列表（ItemList）结构说明

名称	长度（字节）	说明
Item		容器内项入口描述，需按照 NameValue 升序排序。
Operator	0.5	项操作符，占低 4 位，其含义如下： —0001 New Operator：根据 NameValue 新建文件，当创建时文件已经存在则报错； —0010 Append Operator：根据 NameValue 追加文件，当操作时文件无效则报错； —0011 Replace Operator：根据 NameValue 替换文件，当操作时文件无效则报错； —0100 Delete Operator：根据 NameValue 删除文件，当操作时文件无效则报错； —1111 End Operator：当前 Entry 的文件操作结束，以后的操作均无效；参数 ItemOffset 和 NameValue 以 0 补齐；每个 Entry 必须有一个 End 操作符，否则报错。
Reserved	0.5	保留，用于以后扩展。
ItemOffset	由 BitsParam 决定	项偏移位置，以该 Entry 的 BitStream 为起始位置，仅新建、追加或替换文件时有效，根据 Operator 和 Type 进行判断。
NameValue	16	项路径映射值。

5.2.3　文件数据区

文件数据区（BitStream）由多个文件流（FileStream）按顺序组合。数据流由一个块类型标识（ClassType）和若干个文件流（FileStream）构成，每个文件流由 CheckSum、Length、ECS 和 FileData 四个元素构成，其结构如图 5 所示。

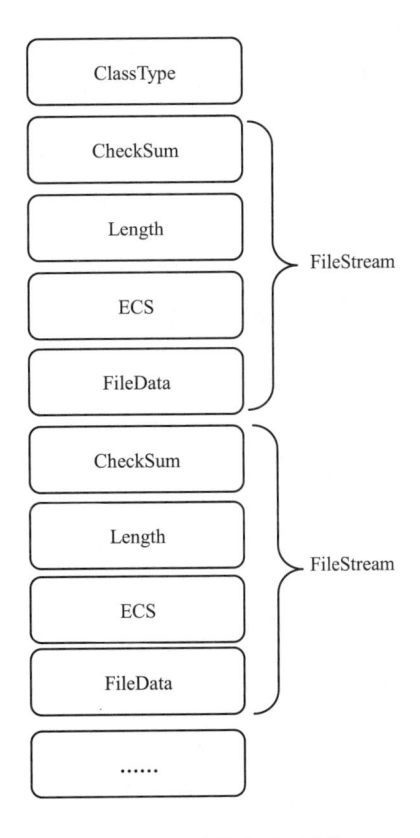

图 5　文件数据区结构

文件数据区结构说明见表 5。

表 5 文件数据区（BitStream）结构说明

名称	长度（字节）	说明
ClassType	4	BitStream 块的类型标识，固定值为"C.BS"。
CheckSum	1	每个文件流压缩加密后二进制数据内容的简单校验码，采用逐字节异或的算法。
Length	由 BitsParam 决定	文件流长度。
ECS	可变长	说明每个文件流生成时采用的压缩和加密流程，每个算法占一个字节，有先后顺序，最后以 FF 结尾，当不压缩也不加密时，仅保留 FF。各字节含义如下： 0x01 — 0x0F：预定义的压缩算法，其中 0x02 表示采用 Deflate 算法压缩； 0x10 — 0x6F：保留区间； 0x70 — 0x7F：自定义压缩算法的保留区间； 0x80：加密，见 8 安全性支持。 文件数据只允许采用 Deflate 算法压缩或者不压缩，其本身也可以是用其他方式压缩过的，如 JPEG 图像文件。 [例外处理 1]ECS 序列不允许出现 0x00，若出现则报错。 [例外处理 2]ECS 序列最大长度为 8，包括结束符 0xFF，若超出则报错。
FileData		文件数据。

5.3 增量修改

文件修改内容应写入文件尾部，如图 6 所示。

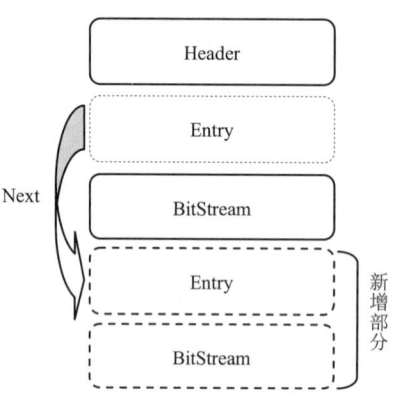

图 6 增量修改示意图

增量修改过程如下：
a) 在原来的容器尾增加新的 Entry 块和 BitStream 块；
b) 将原来最后一个 Entry 块的 Next 指针指向这个 Entry 块的起始位置；
c) 最后修改 Header 中的 EntryCount 值。

6 组织层结构

6.1 基础数据类型

本标准中定义、引用以下 14 种基本数据类型，见表 6。

表 6 基本数据类型

类型	说明	示例
ID	标识，4 字节无符号整数，必须全局唯一。 ID 为 0 则认为是无效标识。	"511"
RefID	标识引用，4 字节无符号整数，必须已在标识中使用了该数值。	"512"
Bool	布尔值，采用 xs:boolean 定义，可取 true 或 false。	

Integer	整数，采用 xs:int 定义，在描述时可能会加上数值范围限定。	"10000"
Float	浮点数，采用 xs:double 定义，在描述时可能会加上数值范围限定。	"100.1"
HexData	16 进制数据，在描述时可能会加上数值范围限定。	"#FFFFFFFF"
String	字符串，在描述时可能会加上可选字符串限制。字符串的编码选择与当前 XML 文件的 Encoding 一致。	"abc"
Loc	定义为容器结构内的文件，"."表示当前路径，".."表示父路径。	"/Pages/P1/Content.xml" "./Res/Book1.jpg" "../Pages/P1/Res.xml"
Array	数组，以方括号来分割数组、空格来分割元素。元素可以是除 String、Loc 外的数据类型，可嵌套，在描述时可能会有元素数量和范围的限定。	"[1 2.0 [#FFFFFFFF 2]]"
Pos	点坐标，以空格分割，前者为 x 值，后者为 y 值，可以是整数或者浮点数。	"0 0"
Box	矩形区域，以空格分割，前两个值代表该矩形的左上点，后两个值依次表示该矩形的宽和高，可以是整数或者浮点数，后两个值必须大于 0。	"10 10 50 50"
Date	日期，采用 xs:date 定义。	"2008-08-08"
DateTime	日期时间，采用 xs:dateTime 定义。	"2008-08-08T08:08:08"
Number	数字，一般用于表示重复次数等信息。	"5" "2.5" "indefinite"

6.2 文档组织方式

6.2.1 文档模型

本标准文档由一系列的文件组成，其文档组织方式如图 7 所示。

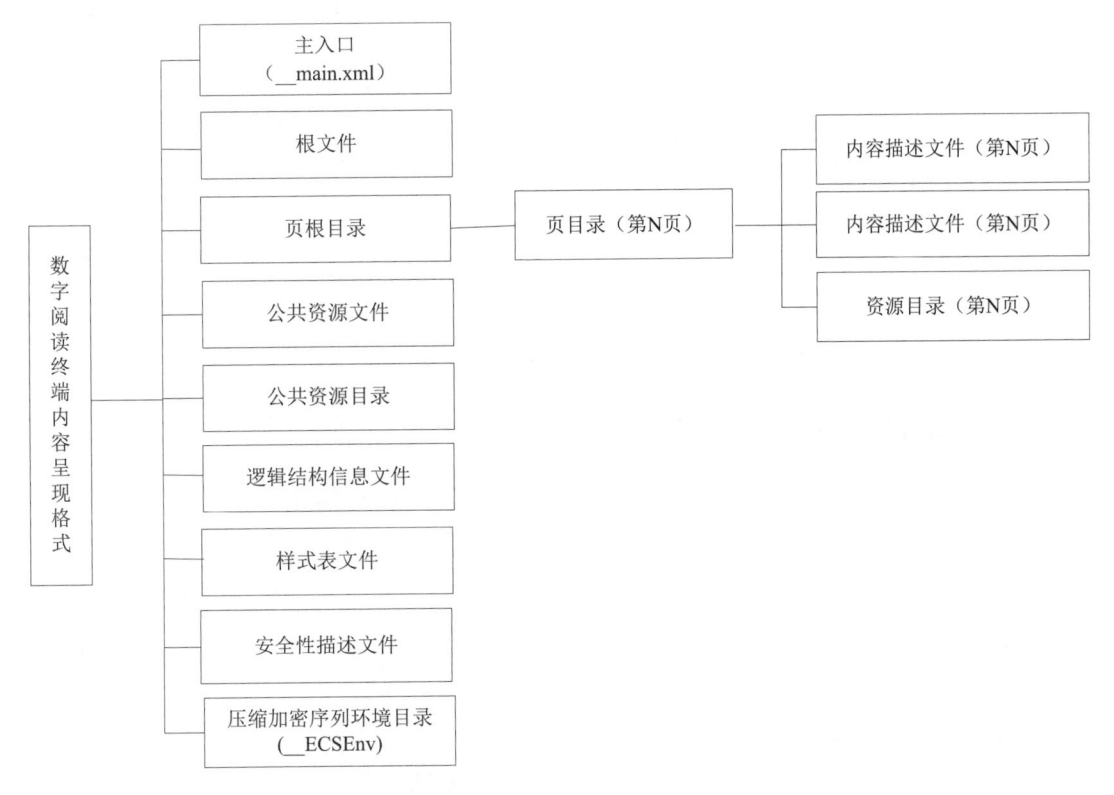

图 7　文档组织模型

其中：

a) 压缩加密序列环境目录的名称为"__ECSEnv"，用于存放容器结构中压缩和加密算法所需要的数据文件或字典文件，该目录名不可修改；

b) 当一个容器内文件不属于任何文档对象时，则视其为"垃圾文件"。

6.2.2 主入口

主入口的文件名称是 __main.xml，该文件名不可修改。

主入口（__main）结构定义见表7。

表7 主入口（__main）结构定义

元素类型	名称	数据类型	选择性	说明
属性	Version	String	必选	文档模型的版本号，取值为"1.1"。
	PhysicalModel	String	必选	物理容器模型，取值为"XDA"。
	SubsetType	String	必选	文档子集类型。
子元素 1..∞	RevisionTrack	RevisionTrack	可选	历史映射表，用于描述物理容器历史版本和文档历史版本之间的对应关系。容器历史版本由容器结构中的 Entry 个数决定，文档历史版本由数字签名的次数决定。RevisionTrack 应由一个或多个 DocRevision 顺序构成，DocRevision 表示文档历史版本映射记录，其结构包括以下两个属性： —PhysicalSeqNumber：物理容器的历史版本序号，从 1 开始。其类型为 Integer； —RevisionNumber：文档历史版本序号，从 1 开始。其类型为 Integer。
	DocBody		必选	文档对象，其结构顺序如下： a) SecDescription：为可选，指向安全性描述文件； b) DocRoot：指向根文件； c) DocInfo：文档信息。

文档信息（DocInfo）结构定义见表8。

表8 文档信息（DocInfo）结构定义

元素类型	名称	数据类型	选择性	说明
子元素	DocID	String	必选	文档唯一标识，为16字节的UUID，用其十六进制字符串编码表示，共 32 个字符。每个 DocID 在文档生成时分配。
	Title	String	可选	文档标题。
	Author	String	可选	文档作者。
	Subject	String	可选	文档主题。
	Keywords	String	可选	和文档相关的关键词。
	CreatorInfo		可选	文档创建者相关信息，应包含以下 4 个子元素： a) Creator：创建者，类型为 String； b) CreationDate：创建时间，类型为 Date； c) Version：创建者的版本信息，类型为 String； d) CreatorID：为可选项，创建者写入的附加信息，类型为 String。
	ModDate	Date	可选	文档最近修改日期。
	DocType	String	可选	文档类型，包括以下 4 种： 文档类型，包括以下 4 种： a) Normal：普通文档； b) Book：电子图书； c) NewsPaper：电子报纸； d) Magzine：电子期刊杂志。
	Cover	Loc	可选	文档封面。
	CustomInfo	CustomInfo	可选	自定义信息，应由以下两个必选属性构成： a) ItemName: 自定义项的名字，类型为 String； b) ItemValue: 自定义项的取值，类型为 String。
	Metadata	Loc	可选	文档元数据信息，指向一个元数据描述文件。

6.2.3 文档根元素

文档根元素（Document）结构定义见表9。

表9 文档根元素（Document）结构定义

元素类型	名称	选择性	说明
子元素	CommonData	必选	文档公共数据，定义默认页面单位、页面区域定义、公共资源等数据。
	Pages	必选	页树，见 7.1.1 页树。
	Outlines	可选	大纲，见 7.5.1 大纲。
	Actions	可选	打开文档时执行的动作，见 7.5.2 动作。
	StructureRoot	必选	指向逻辑结构信息文件，见 7.2 文档结构化信息。
	Extension	可选	自定义数据，见 6.2.4 自定义数据。

文档公共数据（CommonData）结构定义见表10。

表10 文档公共数据（CommonData）结构定义

元素类型	名称	数据类型	选择性	说明
子元素	DefaultUnit	Float	可选	文档的一个空间单位的实际数值，度量单位为毫米。该节点不出现时，默认值为 0.1mm，见 7.1.3 坐标空间。
	MaxUnitID	ID	必选	文档中全部对象使用的最大标识，用于文档编辑。当向文档中增加一个对象时，需分配一个新标识，新标识取值通常为 MaxUnitID+1，同时应修改 MaxUnitID 值。
	PageArea		必选	页面区域，以 DefaultUnit 为单位，指定多个页面区域的大小和位置，其结构顺序如下： a)PhysicalBox：页面物理区域，左上点的坐标为页面空间坐标系的原点，类型为 Box； b)ApplicationBox：显示区域，页面内容实际显示或打印输出的区域，应位于页面物理区域内，包括页眉、页脚、版心等。当显示区域不完全位于页面物理区域内时，页面物理区域外的部分被忽略；当显示区域完全位于页面物理区域外时，该页为空白页； c)ContentBox：版心区域，即文档的正文区域，应位于显示区域内。左上点的坐标决定其在显示区域内的位置。当版心区域不完全位于显示区域内时，显示区域外的部分被忽略；当版心区域完全位于显示区域外时，版心内容不被绘制； d)BleedBox：（可选）出血框，应位于页面物理区域外。当出血框不存在时默认为页面物理区域；当出血框不完全位于页面物理区域外时，页面物理区域内的部分被忽略；当出血框完全位于页面物理区域内时，出血框无效。
	PublicRes	Loc	可选	公共资源序列，每个资源指向容器内的一个 XML 文件。
	TemplatePage		可选	模板页序列，为一系列模板页的集合，其结构定义见表 16。
	DefaultCS	RefID	可选	文档定义的缺省颜色空间。当此项不存在时，采用 32 位 ARGB 作为缺省颜色空间。

6.2.4 资源

文字、图形、图像等各类型资源应保存在资源文件中，一个文档可包含 1 个或多个资源文件，资源（Res）结构定义见表11。

表 11 资源（Res）结构定义

元素类型	名称	选择性	说明
属性	BaseLoc	必选	定义此资源描述文件的通用数据存储路径。
子元素 0..∞	ColorSpaces	可选	颜色空间，见 7.1.6 颜色空间。
	DrawParams	可选	绘制参数，见 7.1.7 绘制参数。
	Fonts	可选	字体，见 7.3.1 字体。
	Texts	可选	文字，见 7.3.2 文字对象。
	Paths	可选	路径，见 7.4.1 路径。
	Images	可选	图像，见 7.4.5 图像。
	Shadings	可选	渐变，包括轴向渐变、径向渐变和三角渐变。
	Patterns	可选	底纹，见 7.4.3 底纹。
	Media	可选	多媒体，包括音频和视频，见 7.5.3 多媒体。
	CompositeGraphicUnits	可选	复合图元，见 7.4.6 复合图元。

6.2.5 自定义数据

本标准允许插入自定义数据（Extension），Extension 由若干个自定义数据段（ExtPart）组成，其结构定义见表 12。

表 12 自定义数据段（ExtPart）结构定义

元素类型	名称	数据类型	选择性	说明
属性	PartID	String	必选	扩展插件唯一标识，不分大小写。
	Name	String	必选	扩展插件的名字。
	Version	String	必选	扩展插件的版本号。
	Author	String	可选	扩展插件作者名字。
	Company	String	可选	扩展插件公司名字。
子元素	Data	Loc	必选	插件数据文件的路径。

7 内容数据结构

7.1 文档版式信息

7.1.1 页树

页树（Pages）结构定义见表 13。

表 13 页树（Pages）结构定义

元素类型	名称	数据类型	选择性	说明
子元素	PageSections	PageSections	可选	页码分段信息，应由至少一个 PageSection 结构顺序构成，PageSection 的结构定义见表 14。
	PageSet	PageSet	必选	页集，层层嵌套，形成树状结构，其结构定义见表 15。

页码分段信息（PageSection）结构定义见表14。

表 14 页码分段信息（PageSection）结构定义

元素类型	名称	数据类型	选择性	说明
属性	Title	String	必选	页码段文字描述。
	PageSeqBegin	Integer	必选	页码段起始位置的物理页码。
	PageSeqEnd	Integer	必选	页码段结束位置的物理页码。
	PageNumBegin	Integer	可选	页码段起始页的页码编号，默认值为1。
	NumberStyle	String	可选	页码数字样式，可取值包括以下几种： 页码数字样式，可取值包括以下几种： —DecimalArabicNumeral：十进制阿拉伯数字； —SimplifiedChineseNumeral：简体中文数字，一、二、三、……； —TraditionalChineseNumeral：繁体中文数字，壹、贰、叁、……； —UppercaseRomanNumeral：大写罗马数字，Ⅰ、Ⅱ、Ⅲ、……； —LowercaseRomanNumeral：小写罗马数字，ⅰ、ⅱ、ⅲ……； —UppercaseLetter：大写字母，A…Z，AA…ZZ，以此类推； —LowercaseLetter：小写字母，a…z，aa…zz，以此类推。 该元素的默认值为 DecimalArabicNumeral。
	Prefix	String	可选	页码数字的前缀，如"A－"、"B－"等。
	Suffix	String	可选	页码数字的后缀，如"页"。

页集（PageSet）结构定义见表15。

表 15 页集（PageSet）结构定义

元素类型	名称	数据类型	选择性	说明
属性	Count	Integer	必选	该节点下所有页节点（即所有 Page 元素）的数目。对于某一具体 PageSet 节点，Count 等于子 Page 节点数，或者等于全部子 PageSet 节点的 Count 总和。当只包含 Page 节点的 PageSet 节点时，若子节点数不等于 Count，不足的部分用空白页补足，若超出则自该节点开始向上重新计算 Count 值；当只包含 PageSet 节点的 PageSet 节点时，若 Count 数出错，则从该节点开始向上重新计算 Count 值。
	Template	RefID	可选	模板页标识，在页树中若存在嵌套的 PageSet 模板页，遵循子节点覆盖父节点的原则，其结构定义见表16。
子元素	Page		必选	页节点，应由以下两个必选属性构成： —ID: 声明该页的标识，不能与已有标识重复，类型为ID； —BaseLoc: 定义页结构描述文件的存储路径，类型为Loc。 文档中包含的页数可不固定，每页对应的页描述文件由 Page 节点的 BaseLoc 属性来指明。页顺序是对页树进行前序遍历时叶节点（Page）的访问顺序。
	PageSet	PageSet	必选	可嵌套的子页集。

模板页（TemplatePage）的结构定义见表 16。

表 16　模板页（TemplatePage）结构定义

元素类型	名称	数据类型	选择性	说明
属性	ID	ID	必选	声明该模板页的标识，不能与已有标识重复。
	BaseLoc	Loc	必选	定义模板页结构描述文件的存储路径。
	Name	String	可选	模板页名字，便于引用。
	ZOrderType	String	可选	模板页在 Z 轴上的位置类型，可取值为"Foreground"和"Background"，默认值为 Background，表示模板页内容放于最底层。

7.1.2　页

页（Page）应支持模板页描述，其结构定义见表 17。

表 17　页（Page）结构定义

元素类型	名称	数据类型	选择性	说明
属性	Template	RefID	可选	该页所使用的模板页名称，模板页的结构和页结构相同。当该页结构作为模板页的描述时，此属性无效。
子元素	Area	PageArea	可选	定义该页页面区域的大小和位置，仅对该页有效。该节点不出现时则先看模板页中的定义，当模板页不存在或模板页没有定义页面区域时，使用文档根节点中的页面区域定义。
	PageRes	Loc	可选	页资源序列。为 Loc 类型，指向该页将会使用的资源文件。
	Content	Content	可选	版面内容描述，用于描述版面正文等内容。该节点应是一个内容流序列，此部分内容是在版心区域（ContentBox）内进行绘制的。该节点不存在时代表空白页。
	Actions	Actions	可选	该页所具有的动作序列。不出现时，该页没有自己的动作序列。

7.1.3　坐标空间

7.1.3.1　基本坐标空间

页面中的所有呈现元素均位于坐标空间内。一个坐标空间包括坐标原点、轴方向、坐标单位实际长度三个要素。坐标空间根据用途不同可分为以下三类：

　　a）设备空间：设备本身的坐标空间，在其绘制区域内可绘制每个像素，因不同设备的坐标空间三要素存在差异，不宜在设备空间上直接描述页面内容；

　　b）页面空间：页面空间强制规定其左上点为原点，文档根节点中 CommonData 节点下的 DefaultUnit 指定坐标单位的实际长度，PageArea 节点中的 PhysicalBox 确定整个页面空间的大小；

　　c）对象空间：根据其用途有两种指定方式，一是变换矩阵指定，二是通过图元的起始绘制点指定。

7.1.3.2　坐标空间变换矩阵

不同的坐标空间之间的变换可通过一个 3×3 的变换矩阵来指定。通过变换矩阵应能实现平移、缩放、旋转、歪斜等变换效果，这些效果可以相互叠加，叠加的方式可通过矩阵乘法实现，且要求必须按照变换的顺序进行叠加。本标准规定除设备空间外，所有空间的 x 轴向右增长，y 轴向下增长。

整个坐标变换包含以下过程：
a) 对象空间通过变化矩阵，变换到外部的对象空间或者页面空间；
b) 对象空间通过绘制起始点，变换到外部的对象空间或者页面空间；
c) 页面空间根据页面区域的大小、坐标单位的实际长度、设备信息变换到设备空间。

变换矩阵通常用一个数组描述，如 [a, b, c, d, e, f]，提供两个坐标空间之间的变换规则。变换矩阵是一个3×3的矩阵，其格式是 $\begin{bmatrix} a & b & 0 \\ c & d & 0 \\ e & f & 1 \end{bmatrix}$。假设变换前的坐标是(x, y)，变换后的坐标是(x', y')，那么应满足公式：

$$[x'\ y'\ 1] = [x\ y\ 1] \cdot \begin{bmatrix} a & b & 0 \\ c & d & 0 \\ e & f & 1 \end{bmatrix}$$

7.1.4 图元

图元（GraphicUnit）结构定义见表18。

表 18 图元（GraphicUnit）结构定义

元素类型	名称	数据类型	选择性	说明
属性	ID	ID	必选	声明该图元的标识，不能与已有标识重复。
	Name	String	可选	图元的名字。
	Invisible	Bool	可选	值为 true 的时候，该对象并不立刻绘制出去。当通过脚本或者动作显示该对象时，再绘制该对象。值为 false 时，该对象正常绘制。该属性不出现时，按照 false 的情况处理。打印时，该属性的处理方式由程序决定。
	Alpha	Float	可选	取值区间为 [0.0, 1.0]，表示对象的透明度。0.0 表示全透明，1.0 表示完全不透明。该属性不出现时，按照完全不透明的情况处理。
子元素	Actions	Actions	可选	该图元附带的动作序列，不出现时，该图元没有动作序列。
	Annot	Annotation	可选	当该节点存在时，表明该图元是一个注释对象。当该节点不存在时，表明该图元对象为一个普通页面对象。
	CustomObject	CustomObject	可选	该图元附带的自定义对象数据，见7.1.10自定义对象。

7.1.5 注释

图元可作为一个注释对象，通过鼠标或者键盘等方式与其进行交互。注释对象的状态包括激活和非激活两种。注释（Annotation）结构定义见表19。

表 19 注释（Annotation）结构定义

元素类型	名称	数据类型	选择性	说明
属性	Type	String	必选	注释类型，具体取值包括以下 8 种： —Text 文本注释； —Note 批注注释； —Link 链接注释； —Path 路径注释，此对象为图形对象； —Highlight 高亮注释； —Stamp 签章注释，此对象为图像对象，由 Galleries 域中的 Signature 节点指明其引用的数字签名； —Attachment 附件注释，由 Galleries 域中的 Attachment 节点指明该附件的路径； —Watermark 水印注释。 关于注释数据的具体说明见附录 G。
	Creator	String	必选	注释创建者。
	Flag	Integer	必选	用于设定注释对象的一些特征标记，为 32 位的无符号整数，即从低位 1 到高位 32。没有定义的标记位必须设为 0，已定义的标记位包括以下几种： —Invisible：当该位为 1 时，表示对象不显示，根据 Print 标记位决定是否可以被打印； —Print：当该位为 1 时，表示对象将随页面一起打印； —NoZoom：当该位为 1 时，表示对象将不随页面放缩而同步放缩，其左上角位置将保持一个固定值； —NoRotate：当该位为 1 时，表示对象将不随页面旋转而同步旋转，其左上角位置将保持一个固定值； --ReadOnly：当该位为 1 时，表示对象的内容和属性不能被用户更改； 对于 NoZoom 和 NoRotate，左上角的位置由 Boundary 属性决定，其他三个角的值均会在放缩或旋转过程发生变化，这个变化由阅读器自动实现，不应去更改 Boundary 的内容。
	LastModDate	Date	必选	最近一次修改的时间。
子元素	Remark	String	可选	注释说明内容。
	Associate	String	可选	与此注释对象关联的内容，通常采用锚点名字。
	CustomInformation	String	可选	用户自定义信息。
	Galleries		可选	扩展项，应由以下两个子元素构成： a) Attachment：当 Type 为 Attachment 时有效，表示附件的路径；当 Type 为其他值时无效，类型为 Loc； b) Signature：当 Type 为 Stamp 时有效，表示数字签名的引用；当 Type 为其他值时无效，类型为 RefID。

7.1.6 颜色空间

7.1.6.1 基本颜色空间

本标准格式支持 Gray、sRGB、sRGB with Alpha、scRGB、CMYK、CMYK with Alpha 等颜色空间，并可指定每个颜色通道所使用的字节数，指定相应的颜色配置文件，为每个颜色空间设置各自的调色板。颜色空间（ColorSpace）结构定义见表 20。

表 20 颜色空间（ColorSpace）结构定义

元素类型	名称	数据类型	选择性	说明
属性	ID	ID	必选	声明该颜色空间的标识，不能与已有标识重复。
	Type	String	必选	使用的颜色空间的类型，支持以下几种颜色空间： —Gray：类型为 GRAY，只包含一个通道来表明灰度值； —RGB：类型为 RGB，包含三个通道，依次是红、绿、蓝； —RGB with Alpha：类型为 ARGB，包含四个通道，依次是 Alpha、红、绿、蓝； —scRGB：类型为 SCRGB，包含四个通道，依次是 Alpha、红、绿、蓝； —CMYK：类型为 CMYK，包含四个通道，依次是青、品红、黄、黑； —CMYK with Alpha：类型为 ACMYK，包含五个通道，依次是 Alpha、青、品红、黄、黑。
	BitsPerComponent	Integer	可选	每个颜色通道所使用的位数。 当 Type 取值为 GRAY、RGB、ARGB 时有效，且一定要出现；当 Type 取值为 SCRGB、CMYK、ACMYK 时则无效。 BitsPerComponenet 有效时，颜色通道值的取值下限是 0，上限由 BitsPerComponenet 决定，即取区间　内的整数，采用 16 进制的形式表示。 BitsPerComponenet 无效时，颜色通道值则是在区间 [0.0 1.0] 内的一个浮点数，但是 scRGB 比较特殊，允许使用在 [0.0 1.0] 外的浮点值。除 scRGB 外，当颜色通道的取值超出相应区间，则按照这个值最接近的区间的边界进行处理。例：CMYK 的 C 通道值为 20.0，则须按照 1.0 进行处理。
	Profile	Loc	可选	指定颜色配置文件，不出现时，不使用颜色配置文件。
子元素	Palette		必选	调色板描述。由属性 Count 和至少一个子元素 CV 按顺序构成： —Count：调色板中颜色个数，为必选项，类型为 Integer； —CV：定义调色板中颜色，通过索引使用这些颜色。调色板中颜色的编号从 1 开始按照各颜色的出现顺序进行编号，类型为 Array。

7.1.6.2 颜色

颜色定义了各颜色空间下各颜色通道的值，颜色（color）结构定义见表 21。

表 21 颜色（color）结构定义

元素类型	名称	数据类型	选择性	说明
属性	Value	Array	可选	颜色值，指定当前颜色空间下各通道的取值。Value 的取值符合 [类型 通道1 通道2 通道3 …] 格式。不出现时，表明使用的是调色板中的颜色，将采用 Index 的值。
	Index	Integer	可选	调色板中颜色的编号。将从当前颜色空间的调色板中取出相应编号的颜色用来绘制。不出现时，表明直接定义各通道的颜色，将采用 Value 的值。

注：Value 和 Index 都不出现时，将各通道值全部置 0。

7.1.7 绘制参数

绘制参数（DrawParam）结构定义见表22。

表22 绘制参数（DrawParam）结构定义

元素类型	名称	数据类型	选择性	说明
属性	ID	ID	必选	声明该绘制参数的标识，不能与已有标识重复。
	Relative	RefID	可选	当前绘制参数的基础绘制参数。不出现时无基础绘制参数。
子元素	ColorSpace	RefID	可选	颜色空间，其定义见7.1.6 颜色空间，缺省颜色空间为32位ARGB。
	FillColor	Color	可选	填充颜色，用以填充路径形成的区域以及文字轮廓内的区域。默认值为全透明白色。
	StrokeColor	Color	可选	勾边颜色，指定路径绘制的颜色以及文字轮廓的颜色。默认值为全透明白色。
	Width	Float	可选	线宽，非负浮点数，指定路径绘制时一条线的宽度，线宽的单位是页面空间的一个坐标单位。由于某些设备不能输出一个像素宽度的线，因此强制规定当线宽大于0时，无论多小都最少要绘制两个像素的宽度；当线宽为0时，绘制一个像素的宽度。由于线宽0的定义与设备相关，所以不推荐使用线宽0。默认值为0。
	Join	Integer	可选	结合点，指定两个线的端点结合时采用的形式，见7.4.1.4 图形绘制参数。默认值为0。
	Dash	Array	可选	虚线，指定一条线的虚线样式，见7.4.1.4 图形绘制参数。默认为实线。
	Cap	Integer	可选	端点，指定一条线的端点样式，见7.4.1.4 图形绘制参数。默认值为0。

7.1.8 图元引用

在资源中定义图元后应在内容流描述中通过引用的方式来使用图元，图元引用（GraphicREF）结构定义见表23。

表23 图元引用（GraphicREF）结构定义

元素类型	名称	数据类型	选择性	说明
属性	ID	ID	必选	声明该图元引用的标识，不能与已有标识重复。
	BaseRef	RefID	必选	声明被引用图元的标识。
	CTM	Array	可选	坐标变换矩阵，用于表示从当前空间坐标系到对象空间坐标系的变换（见7.1.3 坐标空间）。CTM不出现时，表示对象采用当前坐标系。
	Boundary	Box	可选	被引用图元对象的外接矩形，采用当前空间坐标系，当图元绘制超出此矩形区域时不做裁剪。
	DrawParam	RefID	可选	通过提供的标识，指明该对象使用的绘制参数。相应的绘制参数的内容在当前可见的资源中查找。
	AnchorName	String	可选	锚点名字，主要用于逻辑定位。
子元素	Clips	Clip	可选	被引用图元对象的裁剪区域，采用当前空间坐标系，当存在多个Clip对象时，最终裁剪区为所有Clip区域的交集，裁剪区的结构定义见7.4.4 剪裁区。
注：CTM 和 Boundary 是在此处使用某对象时，对对象空间坐标系和绘制区域的重定义。					

7.1.9 内容流

内容流（Content）由一系列图元引用构成，可包含多个层，每层由多个页面块组成，每个页面块内的图元引用顺序和流式输出顺序保持一致，其结构定义见表 24。

表 24 内容流（Content）结构定义

元素类型	名称	数据类型	选择性	说明
子元素 0..∞	Layer	Layer	必选	层。

层（Layer）结构定义见表 25。

表 25 层（Layer）结构定义

元素类型	名称	数据类型	选择性	说明
属性	Type	String	可选	层类型描述，预定义的类型包括以下 4 种： —Body：正文层； —Annotation：注释层，注释对象既可以放在单独的注释层中，也可以放入各个页面块中，根据应用系统的需求来决定； —Foreground：前景层； —Background：背景层。 该节点的缺省为 Body，也可以自定义。 Body、Annotation、Background、Foreground 形成了多层内容，这些层按照出现的先后顺序依次进行渲染，每一层的默认色采用全透明，渲染这些层的顺序如下图所示。
	DrawParam	RefID	可选	内容流的默认绘制参数，层的默认绘制参数不应具有基础绘制参数，当具有基础绘制参数时，将会被忽略。
	Layout	String	可选	该层下页面块的布局方式，其定义包括以下 4 种： —CanvasLayout：所有子元素按照绝对坐标位置排列； —HorizonLayout：所有子元素从左至右水平方向排列，并自适应页面高度； —VerticalLayout：所有子元素从上至下垂直方向排列，并自适应页面宽度； —WrapLayout：所有子元素从左至右水平方向排列，当子元素右边界超出容器边界时自动换到下一行。 该节点的默认值为 VerticalLayout。
子元素 0..∞	PageBlock	PageBlock	可选	页面块，页面块可以嵌套。

页面块（PageBlock）结构定义见表26。

表26 页面块（PageBlock）结构定义

元素类型	名称	数据类型	选择性	说明
属性	ID	ID	必选	声明该页面块的标识，不能与已有标识重复。
	Boundary	Box	可选	该页面块的外接矩形，采用当前空间坐标。
	Flag	String	可选	用于指定该内容流和重排相关的参数，取值包括以下3种： —Reflow：表明该页面块将参与重排； —ReflowAsBlock：表明该页面块将参与重排，但是只能作为一个整体进行放缩； —NotReflow：表明该页面块不参与重排。 该节点的缺省值为Reflow。
	Layout	String	可选	该页面块子元素的布局方式，包括CanvasLayout、HorizonLayout、VerticalLayout和WrapLayout，默认值为VerticalLayout。
	AnchorName	String	可选	锚点名字。
子元素	PageObject	GraphicREF	可选	页面引用对象。
	PageBlock	PageBlock	可选	子页面块。

7.1.10 自定义对象

应用层宜根据不同的应用逻辑赋予图元相应的语义、编辑等信息。自定义对象（CustomObject）结构定义见表27。

表27 自定义对象（CustomObject）结构定义

元素类型	名称	数据类型	选择性	说明
属性	AppName	String	必选	用于生成或解释该自定义对象数据的应用程序名称。
	AppVersion	String	必选	应用程序的版本号。
子元素	Property		必选	自定义数据项内容，应由以下两个必选属性构成： —Type：自定义数据项类型，为String类型； —Data：自定义数据项数据，为String类型。 在CustomObject结构中应至少出现一个Property子元素。

7.2 文档结构化信息

7.2.1 概述

本标准格式包括文档的结构化信息，用于文档内容的重排，其要求为：
a）文档可以根据屏幕大小等参数自动重排，同时保留自然的段落顺序和插图位置；
b）文档重排后链接等元素跳转到正确的位置；
c）含有文档逻辑部件，如标题、段、表格、图像、图注、注释及链接等。

7.2.2 文档逻辑结构信息

7.2.2.1 根元素

文档逻辑结构信息根元素（StructureRoot）的结构定义见表28。

表 28　文档逻辑结构信息根元素（StructureRoot）结构定义

元素类型	名称	数据类型	选择性	说明
子元素	Styles	Loc	可选	指向样式表文件，见 7.2.3 样式表。
	Story	Story	可选	文章，每个 StructureRoot 可包含零个或多个文章。

7.2.2.2　文章

文章（Story）可覆盖多页的内容，也可若干文章在同一页上共存；可包含整个文档内容或独立的一段内容，其结构定义见表 29。

表 29　文章（Story）结构定义

元素类型	名称	数据类型	选择性	说明
属性	Name	String	必选	文章名称。
子元素	Section	Section	可选	节，每个文章可包含零到无穷个节。

7.2.2.3　节

节（Section）可覆盖多页的内容，可嵌套形成树状结构，或用于表示某些较高层次的文档结构类型，其结构定义见表 30。

表 30　节（Section）结构定义

元素类型	名称	数据类型	选择性	说明
属性	Name	String	必选	节名称。
属性	Type	String	可选	节的类型，可取值包括以下几种： —Body：正文内容； —Heading：标题，由于节可以嵌套，因此标题也可根据节的嵌套关系进行分级； —List：列表； —Table：表格； —Reference：参考，或者尾注，这里指单个条目的参考文献。 该节点的缺省值为 Body。
子元素	Paragraph	Paragraph	必选	段落。每个节可包含零到无穷个段落。
	SubSection	Section	必选	子节。每个节可嵌套零到无穷个子节。

7.2.2.4　段落

段落（Paragraph）代表一个自然段，可覆盖多页的内容，其结构定义见表 31。

表31　段落（Paragraph）结构定义

元素类型	名称	数据类型	选择性	说明
属性	Name	String	可选	段落名称。
子元素	Fragment	Fragment	可选	片段。每个段落可包含零到无穷个片段。

7.2.2.5 片段

片段（Fragment）只能表示同一页面内的内容，其结构定义见表32。

表32　片段（Fragment）结构定义

元素类型	名称	数据类型	选择性	说明
属性	Name	String	可选	片段名称。
	PageID	RefID	必选	所在页的标识。
子元素	Piece	Piece	必选	块，每个片段可包含零到无穷个块。
	Marker	Marker	必选	控制符，每个片段可包含零到无穷个控制符。

7.2.2.6 块

块（Piece）是基础逻辑单元之一，在片段中出现的顺序代表文档阅读的实际顺序，其结构定义见表33。

表33　块（Piece）结构定义

元素类型	名称	数据类型	选择性	说明
属性	Name	String	可选	块名称。
	Type	String	可选	该Piece的简单语义类型，可取值包括：Text（文本）、Graph（图形）、Image（图像）、Table（表格）、Header（页眉）、Footer（页脚）、FootNote（脚注）、TableNote（表注）、FigureNote（图注）、Formula（公式）、Quote（引用）、Link（链接）、SubParagraph（子段）、Ruby（拼注音）。该节点的缺省值为Text。
	StyleID	RefID	可选	样式标识，可用于样式表中样式的精确引用，当不出现时按照Type值使用预定义样式。
	Visible	Bool	可选	当取值为true时，表示该块为可见；当取值为false时，表示该块为不可见；缺省值为true。
	Align	String	可选	块对齐方式，可取值为Left、Right、Center，缺省值为Left。
	Alternative	RefID	可选	替代性描述，通常为块（Piece）的缩略图，指向一个图像对象。
子元素	AdvAttr		可选	由可选属性Wrapping构成。Wrapping表示文字绕排方式，可取值为Around（文字环绕）、Alone（独占）、Follow（随文图），其类型为String，缺省值为Alone。
	ReferenceBlockList	Array	必选	页面块引用标识序列，如文字块序列[8011 8012]，表示该Piece内容为页面块8011和8012的全部内容。有关页面块的详细描述见7.1.9内容流。

7.2.2.7 控制符

控制符（Marker）并不显示，是一种特殊逻辑单元，其结构定义见表 34。

表 34 控制符（Marker）结构定义

元素类型	名称	数据类型	选择性	说明
属性	Type	String	必选	控制符类型，可支持的控制符包括以下几种： —Space：表示空格，Value 值代表空格个数； —Tab：表示制表符，Value 值表示每个制表符代表多少个字符的宽度； —NewLine：Value 为 1，表示后面的内容强制换行缩进显示；为 0，则表示换行不缩进； —NewParagraph：Value 为 1，表示后面的内容强制换段缩进显示；为 0，则表示换段不缩进； —NewPage：Value 为 1，表示后面的内容强制换页缩进显示；为 0，则表示换页不缩进。
	Value	Integer	必选	控制符的值。

7.2.3 样式表

7.2.3.1 样式表结构定义

样式表（StyleTable）保存在一个 xml 文件中，描述文档在流式状态下的显示格式，由一个或无穷个样式描述（PieceStyle）构成。每个样式描述均有唯一的 ID，并且可以继承已有的样式。样式描述结构定义见表 35。

表 35 样式描述（PieceStyle）结构定义

元素类型	名称	数据类型	选择性	说明
属性	ID	ID	必选	声明该样式的标识，不能与已有标识重复。
	Name	String	可选	样式的名称。
	Type	String	可选	样式的语义类型，和 Piece 一致。
	Base	RefID	可选	基准样式。
子元素	Text	TextClass	可选	文字样式，见表 36。
	Font	FontClass	可选	字体样式，见表 37。
	Background	BackgroundClass	可选	背景样式，见表 38。
	Margin	MarginClass	可选	外边距样式，用于设置一个页面块所占空间的边缘到相邻块之间的距离。由 4 个节点 Left（左边距）、Right（右边距）、Top（上边距）和 Bottom（下边距）4 个浮点值构成；这 4 个节点皆为可选项，且皆采用页面空间坐标单位，缺省值均为 0。

7.2.3.2 文字样式

文字样式（TextClass）结构定义见表 36。

表 36 文字样式（TextClass）结构定义

元素类型	名称	数据类型	选择性	说明
子元素	Color	Color	可选	文本颜色，采用 RGB 描述，缺省值为黑色即 [R 0 0 0]。
	Align	String	可选	文本对齐方式，取值为 Left、Right、Center、Justify，缺省值为 Left。
	Indent	Float	可选	文本首行缩进距离，其单位采用字符个数，缺省值为 2。
	LineGap	Float	可选	行间距，即行基线之间的距离，其单位为行高的倍数，缺省值为 1。
	ParaSpacing	Float	可选	段间距，其单位为行高的倍数，缺省值为 0。

353

7.2.3.3 字体样式

字体样式（FontClass）结构定义见表37。

表 37 字体样式（FontClass）结构定义

元素类型	名称	数据类型	选择性	说明
子元素	Name	String	必选	字体名称，如 Arial, Tahoma, Courier 等。
	Size	Float	必选	字体大小，单位和文字对象一致。
	Encoding	String	必选	字符编码。
	Style	String	可选	字体风格，可取值为 Normal 和 Italic，缺省值为 Normal。
	Weight	String	可选	字体浓淡，可取值是 Normal 和 Bold，缺省值为 Normal。

7.2.3.4 背景样式

背景样式（BackgroundClass）的结构定义见表38。

表 38 背景样式（BackgroundClass）结构定义

元素类型	名称	数据类型	选择性	说明
子元素	BgColor	Color	可选	背景颜色，缺省值是白色即 [R 255 255 255]。
	BgImage	Loc	可选	背景图像，缺省值是空。

7.3 文字

7.3.1 字体描述

7.3.1.1 字体结构定义

本标准只支持 OpenType 字体，允许进行字体嵌入。字体（Font）结构定义见表39。

表 39 字体（Font）结构定义

元素类型	名称	数据类型	选择性	说明
属性	ID	ID	必选	字体标识，避免标识重复。
	FontName	String	必选	字体名称，可以为字体的 Postscript Name 或 Full Name，其 Encoding 方式和 XML 文件一致。若在字体的 Postscript Name 和 Full Name 表中都没有此名字，则可采用操作系统 API 接口所定义的名字。
	FamilyName	String	可选	字体族名。
	Italic	Integer	可选	字体的倾斜度，见 7.3.3 基础渲染属性。
	Weight	Integer	可选	字体笔画的浓淡度，见 7.3.3 基础渲染属性。不出现时按照正常处理。
	UnicodeText	Bool	可选	表明使用此字体的 Text 对象中的 TextCode 值是否为 Unicode 编码，默认值为 true。
	Encoding	String	可选	字体编码方式，取值包括 Symbol、UCS-2、ShiftJIS、PRC、Big5，默认值为 UCS-2。
子元素	Embedded-Font	Embedded-Font	可选	内嵌字体描述信息。内嵌字体数据包的路径由 EmbeddedFontCluster 中的 BaseLoc 属性记录，并可通过 EmbeddedFontCluste 中的 ID 属性引用该包，内嵌字体的结构定义见表40。
	WidthTable	WidthTable	可选	字宽表，其结构定义见表41。
	FontDescriptor	FontDescriptor	可选	字体描述。必须包括属性 FixedPitch 和属性 Serif。其中 FixedPitch 为 Bool 型变量，表示该字体是否为等宽字体；Serif 也为 Bool 型变量，表示该字体是否有衬线。

7.3.1.2 内嵌字体

内嵌字体（EmbeddedFont）结构定义见表40。

表40 内嵌字体（EmbeddedFont）结构定义

元素类型		名称	数据类型	选择性	说明
子元素		Base		必选	保存内嵌字体的原始信息。
	子元素	FontFile	Loc	必选	指向内嵌字体文件，只支持OpenType字体，用于内嵌字体文件较大的情况。
		FontFileEx		必选	由以下两个必选属性构成： —BaseRef：声明引用的内嵌字体数据包的标识，所指向的内嵌字体数据包须存在，其类型为RefID。 —Index：所使用的字体在内嵌字体数据包中的编号，用于定位字体数据在内嵌字体数据包中的位置，其类型为Int，内嵌字体数据包的描述见附录A内嵌字体数据包。

7.3.1.3 字宽表

字宽表（WidthTable）结构定义见表41。

表41 字宽表（WidthTable）结构定义

元素类型	名称	数据类型	选择性	说明
属性	DefaultWidth	Integer	可选	默认字符宽度，默认值为1000，单位为字号的千分之一。
属性	DefaultVMetrics	Array	可选	定义竖排文字时使用的字宽信息，其取值符合[元素1 元素2]，"元素1"的值为[注3]中Origin0到Origin1在y轴方向的位移（x轴的位移为由下面W属性中取得的字符宽度的1/2）；"元素2"的值为字符的高度，即[注2]中的W1，默认值为[-880 1000]，表示向量W1为(0, 1000)，V为($\frac{W_0}{2}$, -880)。
子元素	Widths	Array	可选	字符宽度表。 当数组中有嵌套的子数组时，其前一个元素为正整数，代表字符编码，子数组的元素表示从该字符编码开始的连续的字符的宽度，如：[10 [400 325 500]]表示字符编码10、11、12对应的字符宽度为400、325、500； 当数组中有3个连续正整数，前两个数表示一段字符编码的开始值和结束值，第三个数表示这段字符编码所对应的字符的宽度，如[70 80 1000]，表示字符编码70到80之间的字符宽度为1000。
子元素	VMetrics	Array	可选	字宽信息表，竖排文字时使用。 当数组中有嵌套的子数组时，其前一个元素为正整数，代表字符编码，该数组中的元素以相连的3个数为一组，表示从该字符编码开始的连续的字符的宽度，第一个数表示W1，第二个数表示Origin0到Origin1在x轴方向的位移，第三个数表示Origin0到Origin1在y轴方向的位移；当数组中有5个连续正整数时，前两个数表示一段字符编码的开始值和结束值，第三个数表示W1，第四个数表示Origin0到Origin1在x轴方向的位移，第五个数表示Origin0到Origin1在y轴方向的位移。例如[10 [1000 250 -772] 70 80 1000 500 -900]，表示编码为10的字符的W1为(0,1000)，V为(250,-772)，字符编码70到80之间的字符的W1为(0,1000)，V为(500,-900)。

注1:

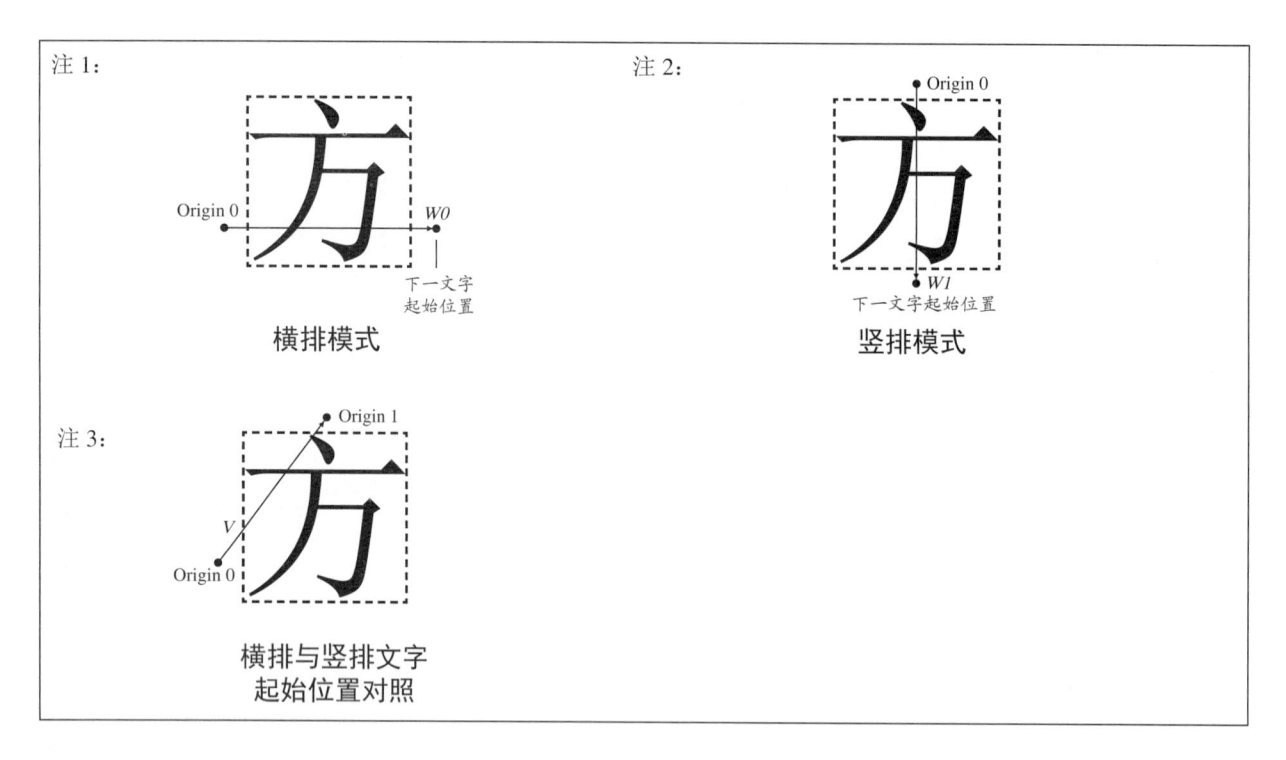

Origin 0　　W0
下一文字起始位置
横排模式

注2:

Origin 0
W1
下一文字起始位置
竖排模式

注3:

Origin 1
V
Origin 0
横排与竖排文字起始位置对照

7.3.2 文字描述

7.3.2.1 文字结构定义

文字（Text）为图元的一种，输出结果由字体、内容以及基础渲染属性决定。文字的结构定义以图元为基础，其特有属性和子元素定义见表42。

表 42 文字（Text）结构定义

元素类型	名称	数据类型	选择性	说明
属性	Font	RefID	必选	字体标识。当无有效字体时，使用默认替换字体。
	Size	Float	必选	字号，以磅为单位。
	Stroke	Bool	可选	勾边属性。当取值为 true 时表示勾边，当取值为 false 时表示不勾边，当不出现时表示不勾边。勾边时采用的颜色使用绘制参数中定义的颜色。 [例外处理] 当文字对象被裁剪区引用时此属性被忽略。
	Fill	Bool	可选	填充，true 代表填充，false 代表不填充。不出现时认为进行填充。填充时采用的颜色使用绘制参数中定义的颜色。 [例外处理] 当文字对象被裁剪区引用时此属性被忽略。
	HScale	Float	可选	字形在字符方向的放缩比，默认值为 1.0。如当 HScale 值为 0.5 时表示实际显示的字宽为原来字宽的一半。
	ReadDirection	Integer	可选	阅读方向，指定文字排列的方向，如横排、竖排，默认值为 0，见 7.3.3 基础渲染属性。
	CharDirection	Integer	可选	字符方向，指定文字放置的方式，如正常放置，旋转 90 度放置，默认值为 0，见 7.3.3 基础渲染属性。
子元素	CGTransform	Array	可选	指定字符编码到字形索引之间的变换关系，见 7.3.4 字形变换。
1..∞	TextCode	String	必选	文字内容。当字符编码不在 XML 标准允许的字符范围之内时，必须采用"\"加四位十六进制数的格式转义；文字内容中出现的"\"字符必须转义为"\\"；其他字符是否做转义为可选。如，Unicode 字符 U+001A 需要写为"\001A"，"A\B"可以写为"A\\B"或"\0041\\B"等。其结构定义见表 43。

7.3.2.2 文字内容

文字内容（TextCode）结构定义见表43。

表 43 文字内容（TextCode）结构定义

元素类型	名称	数据类型	选择性	说明
属性	X	Float	可选	文字的 x 坐标，是 TextCode 内包含文字的第一个字符在当前坐标系统下的坐标。当 x 不出现，y 出现时，则采用上一个 TextCode 的 x 值。
	Y	Float	可选	文字的 y 坐标，是 TextCode 内包含文字的第一个字符在当前坐标系统下的坐标。当 y 不出现，x 出现时，则采用上一个 TextCode 的 y 值。
	CharDistance	Float	可选	字送，即从当前字符的绘制位置到下一个字符的绘制位置的距离，采用当前坐标空间单位，见附录 F 文字绘制规则。此属性主要用于等宽字体，当没有指定时，采用字体中的字宽数据和 CharSpace 来决定下个字符的绘制位置。
	CharSpace	Float	可选	字间距，默认值为 0，主要用于非等宽字体。当 CharDistance 属性出现时无效，此时下一个字符的绘制位置完全由 CharDistance 决定。
	WordSpace	Float	可选	词间距，默认值为 0，主要用于指定英文空格的宽度。当 CharDistance 属性出现时无效，此时下一个字符的绘制位置完全由 CharDistance 决定。
	UnderLine	Bool	可选	下划线，当为 true 时表示绘制下划线，当为 false 时表示不绘制下划线，当不出现时表示未使用下划线。该属性只是用以标识，主要用于重新排版、信息抽取，而不用于版式或者其他形式的版面还原行为。
	DeleteLine	Bool	可选	删除线。当为 true 时表示绘制删除线，当为 false 时表示不绘制删除线，当不出现时未使用删除线。该属性只是用以标识，主要用于重新排版、信息抽取，而不用于版式或者其他形式的版面还原行为。
注：TextCode 中的 x 和 y 值确定其第一个字符的绘制位置。若 TextCode 内包含多于 1 个字符，则后续字符的绘制位置与属性中的 CharDirection 和 ReadDirection 密切相关。关于字符绘制位置、CharDirection 和 ReadDirection 的描述见 7.3.3 基础渲染属性。每个 TextCode 节点的 x 和 y 应至少出现一个，而 Text 中的第一个 TextCode 节点必须指定其 x 和 y 值。					

7.3.3 基础渲染属性

文字的输出应明确字体倾斜度、笔画浓淡度、字符方向和阅读方向等信息：

a) Italic 为字体的倾斜度，Weight 为字体的笔画浓淡度，当使用 Italic 和 Weight 时需要指定字体支持该特性，其取值说明见表 44。

表 44 字体倾斜度（Italic）与笔画浓淡度（Weight）取值说明

名称	值	说明
Italic	正整数	倾斜角度，表示文字垂直向上方向沿顺时针旋转的度数。
	0	不倾斜。
	-1	使用默认值进行倾斜。
	其他值	未定义，按照 0 处理。
Weight	正整数	笔画浓度值，可取值为 100/200/300/400/500/600/700/800/900，400 为默认标准字符，700 等同于标准 Bold 效果。
	0	不加粗，相当于浓度值为 400 的情况。
	-1	使用默认值加粗，相当于浓度值为 700 的情况。
	-2	比默认值更粗，相当于浓度值为 900 时的情况。
	其他值	未定义，按照 0 处理。

b) CharDirection 与 ReadDirection 规定文字显示时的排列方向。其中，CharDirection 指定单个文字绘制方向，即文字的基线方向，用从 x 轴正方向顺时针到字形基线的角度表示；ReadDirection 指定阅读方向，用从 x 轴正方向顺时针到文字排列方向的角度表示，其取值说明见表 45。

表 45 文字绘制方向（CharDirection）与阅读方向（ReadDirection）取值说明

名称	值	说明
CharDirection	0	默认值，以"A"为例子，显示效果为 A。
	90	字形顺时针旋转 90 度，以"A"为例子，显示效果为 ⊦。
	180	字形顺时针旋转 180 度，以"A"为例子，显示效果为 ∀。
	270	字形顺时针旋转 270 度，以"A"为例子，显示效果为 ⊲。
	其他值	未定义，按照 0 处理。
ReadDirection	0	默认值，从左往右阅读，以字符串"ABC"为例，CharDirection 为 0，显示效果为 ABC。
	90	从上往下阅读，以字符串"ABC"为例，CharDirection 为 0，显示效果为 A B C（竖排）。
	180	从右往左阅读，以字符串"ABC"为例，CharDirection 为 0，显示效果为 CBA。
	270	从下往上阅读，以字符串"ABC"为例，CharDirection 为 0，显示效果为 C B A（自下而上竖排）。
	其他值	未定义，按照 0 处理。

7.3.4 字形变换

文字内容通常以字符编码 UTF-16 的形式在 TextCode 中表示，字符编码到字形之间的变换关系可分为一对一、多对一、一对多和多对多 4 种。

对 TextCode 中的每一个字符进行精确定位应使用字形变换来详细描述字符编码和字形索引之间的变换关系，字形变换（CGTransform）结构定义见表 46。

表 46 字形变换（CGTransform）结构定义

元素类型	名称	数据类型	选择性	说明
属性	CodePosition	Integer	必选	TextCode 中字符编码的起始位置，从 0 开始。
	CodeCount	Integer	可选	变换关系中字符编码的个数，该数值必须大于等于 1，否则属于错误描述，缺省为 1。
	GlyphCount	Integer	可选	变换关系中字形索引的个数，该数值必须大于等于 1，否则属于错误描述，缺省为 1。
子元素	Glyphs	Array	可选	变换关系中字形索引列表。
	AdvancedPosition	Array	可选	精确定位信息。用于对特定字符进行微调以达到更准确的输出效果，它是一个包含 4 个元素的数组，即：[GlyphPosition PlacementAdjusting XOffset YOffset]，其中每个元素的含义如下： —GlyphPosition：编码 - 字形变换中的字形位置，从 0 开始，在不做编码 - 字形变换时，等同于一对一的情况，代表的是 TextCode 中的字符索引，类型为 Integer； —PlacementAdjusting：当前字形起始位置到下一个字形起始位置的距离修正，对本 TextCode 后续所有字形有效，采用当前字号的千分之一为基本单位，当不出现时默认值为 0，类型为 Float； —XOffset：调整字形在 x 方向的位移，以字符阅读方向为正，数值以当前字号的千分之一为基本单位。如，当值为 500 时位移为当前字号的一半；当不出现时默认值为 0，类型为 Float； —YOffset：调整字形在 y 方向的位移，以字符阅读方向 逆时针旋转 90 度为正，不受字符方向影响。数值以当前字号的千分之一为基本单位，当不出现时默认值为 0，类型为 Float。

7.4 图形

7.4.1 路径

7.4.1.1 路径元素描述方式

路径（Path）描述方法分为两种，采用紧缩命令方式和采用路径元素方式。

路径由一系列子路径（SubPath）组成，每条子路径从 Start 节点指定的起始点坐标逐步构建最终的路径，路径元素包括起始点、当前点、线段、Bezier 曲线和圆弧等。

路径为图元的一种，其结构定义以图元为基础，特有的属性和子元素定义见表 47。

表 47 路径（Path）结构定义

元素类型	名称	数据类型	选择性	说明
属性	Stroke	Bool	可选	描述 Path 是否被勾边，默认值为 true。
	Fill	Bool	可选	描述 Path 是否被填充，默认值为 false。
	Rule	String	可选	描述 Path 的填充规则。当 Fill 属性存在时出现。可选值为 NonZero 和 Even-Odd，默认值为 NonZero。路径的填充有效区域等同于其作为裁剪区时的有效范围。
子元素	Abbreviated Data	String	必选	一种路径元素描述序列，由一系列紧缩的操作符和操作数构成，操作符和操作数需要区分大小写，见表 48。
	Start	Pos	必选	SubPath 的起始点坐标。
	Current	Pos	必选	将当前点移动到指定点。
	Line	Pos	必选	从当前点连接一条到指定点的线段，并将当前点移动到指定点。

		Quadratic Bezier	Quadratic Bezier	必选	从当前点链接一条到 Point2 点的二次贝塞尔曲线，并将当前点移动到 Point2 点，此贝塞尔曲线使用 Point1 点作为其控制点。
		CubicBezier	Bezier	必选	从当前点连接一条到 Point3 点的三次贝塞尔曲线，并将当前点移动到 Point3 点，此贝塞尔曲线使用 Point1 点和 Point2 点作为其控制点。
		Arc	Arc	必选	从当前点连接一条到 EndPoint 点的圆弧，并将当前点移动到 EndPoint 点。
		Close	Bool	必选	SubPath 是否自动闭合，当为 true 时，则表示将当前点和 SubPath 的起始点用线段直接连接。
注：当 Start 节点前不是 Close 节点时，表明开始一段新的 SubPath，同时 Start 节点前的 SubPath 不闭合；当 Close 节点之后没有 Start 节点，而紧跟 Current、Line、Bezier 等路径元素时，则第一个路径元素表示开始一段新的 SubPath，同时该 SubPath 的起始点是当前点。						

7.4.1.2 紧缩路径描述方式

紧缩路径描述方式（AbbreviatedData）说明见表 48。

表 48 紧缩路径描述方式（AbbreviatedData）说明

操作符	操作数	说明
S	x y	SubPath 的起始点坐标 (x, y)。
M	x y	将当前点移动到指定点 (x, y)。
L	x y	从当前点连接一条到指定点 (x, y) 的线段，并将当前点移动到指定点。
Q	x1 y1 x2 y2	从当前点链接一条到点 (x2, y2) 的二次贝塞尔曲线，并将当前点移动到点 (x2, y2)，此贝塞尔曲线使用点 (x1, y1) 作为其控制点。
B	x1 y1 x2 y2 x3 y3	从当前点连接一条到点 (x3, y3) 的三次贝塞尔曲线，并将当前点移动到点 (x3, y3)，此贝塞尔曲线使用点 (x1, y1) 和点 (x2, y2) 作为其控制点。
A	rx ry angle large sweep x y	从当前点连接一条到点 (x, y) 的圆弧，并将当前点移动到点 (x, y)。rx 表示椭圆的长轴长度，ry 表示椭圆的短轴长度。angle 表示椭圆在当前坐标系下旋转的角度，正值为顺时针，负值为逆时针，large 为 1 时表示对应于度数大于 180 度的弧，0 表示对应度数小于 180 度的弧。sweep 为 1 时表示由圆弧起点到终点是顺时针旋转，0 表示由圆弧起点到终点是逆时针旋转。
C		SubPath 自动闭合，表示将当前点和 SubPath 的起始点用线段直接连接。

7.4.1.3 路径填充规则

路径填充规则如下：

a) 当值为 NonZero 时，Fill 应遵循从所需判断的点处向任意方向无穷远处引一条射线，同时引入一个初始值为 0 的计数。射线每经过一条由左至右方向的线型时计数加 1，射线每经过一条由右至左方向的线型时则计数减 1。若每条射线总计数均为 0，则判断该点在 Path 外部，反之则在 Path 内部；

b) 当值为 Even-Odd 时，Fill 应遵循从所需判断的点处向任意方向无穷远处引一条射线，同时引入一个初始值为 0 的计数，射线每经过任意线型时计数加 1。若每条射线总计数均为奇数，则判断该点在 Path 内部；反之则在 Path 外部。在 Path 内部的点作为填充时的有效区域，或作为裁剪区时的有效范围。

7.4.1.4 图形绘制参数

图元引用（GraphicREF）的属性中包括绘制参数（DrawParam）。当绘制参数中的 FillColor 和 StrokeColor 不存在时，路径对象默认为当前页绘制参数中定义的 FillColor 和 StrokeColor 的值。绘制参数包括 Join、Dash、Cap、FillColor、StrokeColor、Width 和 ColorSpace，其中对 Join、Dash 和 Cap 的说明见表 49。

表 49　图形绘制参数 Join、Dash 和 Cap 说明

名称	数据类型	选择性	说明
Join	Integer	可选	结合点，指定两个线的端点结合时采用的形式，可选值为 0、1、2，其对应的线条结合点样式见附录 C.1。
Dash	Array	可选	虚线，定义一条虚线的样式，形如 [X [a b c …]]。其中 X 表示循环的起始偏移位置，[a b c …] 的数字依次表示一个循环内的实线或空白的长度，每段长度值不能为负数。X 可以不出现，在不出现时默认为 0。Dash 定义的虚线样式见附录 C.1。
Cap	Integer	可选	端点，指定一个线的端点样式。可选值 0，1，2，其对应的线条端点样式见附录 C.1。

7.4.1.5　贝塞尔曲线

本标准支持二次贝塞尔曲线和三次贝塞尔曲线：
a）二次贝塞尔曲线（QuadraticBezier）结构定义见表 50，计算公式见附录 C.2；
b）三次贝塞尔曲线（CubicBezier）结构定义见表 51，计算公式见附录 C.2。

表 50　二次贝塞尔曲线（QuadraticBezier）结构定义

元素类型	名称	数据类型	选择性	说明
属性	Point1	Pos	必选	二次贝塞尔曲线的控制点坐标。
	Point2	Pos	必选	二次贝塞尔曲线的终点，下一路径的起点。

表 51　三次贝塞尔曲线（CubicBezier）结构定义

元素类型	名称	数据类型	选择性	说明
属性	Point1	Pos	可选	三次贝塞尔曲线的第一个控制点坐标。
	Point2	Pos	可选	三次贝塞尔曲线的第二个控制点坐标。
	Point2	Pos	必选	三次贝塞尔曲线的终点，下一路径的起点。

7.4.1.6　圆弧

圆弧（Arc）描述了椭圆曲线的一部分，其算法见附录 F，其结构定义见表 52。

表 52　圆弧（Arc）结构定义

元素类型	名称	数据类型	选择性	说明
属性	EndPoint	Pos	必选	圆弧的终点，也是下个路径的起点。 [例外处理] 当终点和当前点位置重合时，忽略该圆弧。
	EllipseSize	Array	必选	形如 [200, 100] 的数组，2 个正浮点数值依次对应椭圆的长短轴长度，较大的一个为长轴。 [例外处理] 当数组长度超过二时，只取前两个数值；当数组长度为一时，认为这是一个圆，该数值为圆半径；当数组前两个数值中有一个为 0 时，或者数组为空时，则圆弧退化为一条从当前点到 EndPoint 的线段；当数组数值为负值时，取其绝对值。

元素类型	名称	数据类型	选择性	说明
	RotationAngle	Float	必选	表示按 EllipseSize 绘制的椭圆在当前坐标系下旋转的角度。正值为顺时针，负值为逆时针。 [例外处理] 当角度大于 360 度时，应以 360 为模数取模。
	LargeArc	Bool	必选	对于一个给定长短轴的椭圆以及起点和终点，有一大一小两条圆弧。True 表示此线型对应的为度数大于 180 度的弧，False 表示对应度数小于 180 度的弧。当所描述线型恰好为 180 度的弧时，此属性的值不被参考，可由 SweepDirection 属性确定圆弧的形状。
	SweepDirection	Bool	必选	对于经过坐标系上指定两点，给定旋转角度和长短轴长度的椭圆，满足条件的可能有 2 个，由起点和终点所构成的对应圆弧共有 4 条。通过 LargeArc 属性可以排除 2 条，由此属性从余下的 2 条圆弧中确定一条。true 表示由圆弧起点到终点是顺时针旋转，false 表示由圆弧起点到终点是逆时针旋转。

7.4.2 渐变

7.4.2.1 渐变基本结构

渐变（Shading）提供一种预定义的渲染模式和在指定区域内的颜色过渡过程，一个渐变区间为由起点颜色到终点颜色的一次渐变。渐变分为轴向渐变、径向渐变和三角渐变。渐变为图元的一种，其结构定义以图元为基础，特有子元素定义见表 53。

表 53 渐变（Shading）结构定义

元素类型	名称	数据类型	选择性	说明
子元素	ColorSpace	RefID	必选	渐变内所使用的颜色空间，不受使用时绘制参数指定的颜色空间的约束，颜色空间的描述见 7.1.6 颜色空间。

7.4.2.2 轴向渐变

轴向渐变（AxialShd）中的颜色沿着一条指定的轴线方向进行渐变，与这条轴线垂直的直线上的点颜色相同。轴向渐变结构以渐变为基础，其特有属性和子元素定义见表 54。

表 54 轴向渐变（AxialShd）结构定义

元素类型	名称	数据类型	选择性	说明
属性	MapType	String	可选	渐变绘制的方式，取值为 Direct、Repeat 或 Reflect，默认值为 Direct。
属性	MapUnit	Float	可选	当 MapType 的值不为 Direct 时出现。表示轴线上一个渐变区间所绘制的长度，默认值为轴线长度。 [例外处理] 当数值不符合数据类型时，则取默认值。
属性	Extend	Integer	可选	当轴线至少有一侧位于 Clip 裁剪区域对象内部时，轴线延长线方向是否继续绘制渐变。取值为 0、1、2 或 3，默认值为 0，对各取值的说明如下： —0：不向两侧继续绘制渐变； —1：在终点至起点延长线方向绘制渐变； —2：在起点至终点延长线方向绘制渐变； —3：向两侧延长线方向绘制渐变。 当轴向渐变某个方向设定为延伸时（Extend 属性值大于 0），渐变应沿轴在该方向的延长线延伸到超出渲染该渐变时所使用的裁剪区在该轴线上的投影区域为止。延伸的区域的渲染颜色使用该方向轴点的颜色。
属性	StartPoint	Pos	必选	轴线的起始点。
属性	EndPoint	Pos	必选	轴线的结束点。
子元素	StartColor	Color	必选	起始点的颜色。
子元素	EndColor	Color	必选	结束点的颜色。

7.4.2.3 径向渐变

径向渐变（RadialShd）定义两个离心率和倾斜角度均相同的椭圆，并在其中心点连线上进行渐变绘制。径向渐变结构以渐变为基础，其特有属性和子元素定义见表55。

表55 径向渐变（RadialShd）结构定义

元素类型	名称	数据类型	选择性	说明
属性	MapType	String	可选	渐变绘制的方式，可选值为 Direct，Repeat，Reflect，默认值为 Direct。
	MapUnit	Float	可选	当 MapType 的值不为 Direct 时出现。表示中心点连线上一个渐变区间所绘制的长度，默认值为中心点连线长度。 [例外处理] 当数值不符合数据类型时，取默认值。
	Eccentricity	Float	可选	两个椭圆的离心率，即椭圆焦距与长轴的比值，取值范围是 [0, 1]。默认值为 0，在这种情况下椭圆退化为圆。 [例外处理] 取值范围不满足要求的情况，值按 0 处理。
	Angle	Float	可选	两个椭圆的倾斜角度，椭圆长轴与 x 轴正向的夹角，默认值为 0，单位为角度。
子元素	Ellipse		必选	椭圆，此标签出现且仅出现两个。先出现的为起始圆，后出现的为终点圆，其结构定义见表56。

椭圆（Ellipse）结构定义见表56。

表56 椭圆（Ellipse）结构定义

元素类型	名称	数据类型	选择性	说明
属性	Center	Pos	必选	椭圆的中心点坐标。
	Radius	Float	必选	椭圆的半长轴长度，当离心率为 0 时，为对应的圆半径。
	Extend	Bool	可选	表示在中心点延长线靠近此圆的方向上是否继续绘制，默认为 false。 当径向渐变某个方向设定为延伸时，即该方向椭圆节点的 Extend 属性为 true 时，有两种情况： a) 当延伸方向的椭圆比另一个方向的椭圆小时，渐变应沿两个椭圆的中心点的连线在该方向的延长线上继续渲染，直到椭圆的半长轴变为 0 为止。延伸区域的渲染颜色应使用该方向的椭圆绘制颜色； b) 当延伸方向的椭圆比另一个方向的椭圆大或者与另一个方向的椭圆大小相同时，渐变应沿两个椭圆的中心点的连线在该方向的延长线上继续渲染，直到椭圆中心点超出渲染该渐变时所使用的裁剪区在上述两个椭圆中心点连线上的投影区域为止。延伸的区域的渲染颜色应使用该方向的椭圆的绘制颜色。
子元素	Color	Color	必选	此椭圆的颜色。

7.4.2.4 三角渐变

三角渐变（TriShd）指定3个带有可选颜色的顶点，在其构成的三角形区域内绘制渐变图形。三角渐变的结构以渐变为基础，其特有属性和子元素定义见表57。

表57 三角渐变（TriShd）结构定义

元素类型	名称	数据类型	选择性	说明
子元素	Point		必选	三角形3个点的坐标以及颜色信息，一定出现3个。Point应由必选属性Pos和顺序出现的子元素Color构成。 —Pos：此顶点的坐标，类型为Pos； —Color：此顶点对应的颜色。 [例外处理]当3个点中出现2个点重合或3个点都重合时，该三角形不能被显示。

7.4.3 底纹

底纹（Pattern）为图元的一种，其结构定义以图元（GraphicUnit）为基础，特有属性和子元素定义见表58。

表58 底纹（Pattern）结构定义

元素类型	名称	数据类型	选择性	说明
属性	Width	Float	必选	底纹绘制区域的宽度。
	Height	Float	必选	底纹绘制区域的高度。
	ViewportOrg	Pos	可选	坐标原点所在底纹单元的左上角坐标，采用当前空间坐标系，用于确定底纹单元放置的初始位置。当不出现时，默认底纹单元的左上角坐标和坐标原点重合。
	XStep	Float	可选	x方向底纹单元间距，当不出现时，默认为底纹单元的宽度。
	YStep	Float	可选	y方向底纹单元间距，当不出现时，默认为底纹单元的高度。
	ReflectMethod	String	可选	描述底纹的映射翻转方式，可选值为Normal，Row，Column，RowAndColumn： —Normal：各单元在绘制时不做任何翻转操作； —Row：偶数行的单元在绘制时做水平方向翻转操作； —Column：偶数列的单元在绘制时做竖直方向翻转操作； —RowAndColumn：同时进行上述2种操作。 默认值为Normal。
子元素	CellContent	CellContent	必选	底纹单元。绘制时从底纹绘制区域的（0,0）点开始放置第一个CellContent对象，按照ReflectMethod规定的方式依次展开，直至底纹区域右侧和下方边界。 CellContent为一个Content对象，其特有参数应包括以下两个属性： —CellWidth：表示底纹单元的宽度，类型为Float； —CellHeight：表示底纹单元的高度，类型为Float。 CellContent应使用一种和外界没有任何关联的独立坐标空间，当CellContent的长宽超过底纹目标区域的长宽时，只绘制底纹区域范围内的相应CellContent内容。

裁剪区（Clip）由一组路径或文字构成，可指定页面上的一个范围为绘制的有效区域，其结构定义见表59。

裁剪区由1个或多个裁剪区域组成，其有效区域为每个裁剪区域的并集。在生成文档时应尽量控制裁剪区数量。当图元引用包含 1 个或多个裁剪区时，其最终裁剪区域为所有裁剪区的交集。当图元引用不包含裁剪区时以整个页面作为其最终裁剪区域。

表 59　裁剪区（Clip）结构定义

元素类型	名称	选择性	说明
子元素	Area	必选	裁剪区域，以一个路径对象或文字对象来描述裁剪区的一个组成部分，多个 Area 表示裁剪区为这些区域的并集。Area 的结构定义应包含以下 3 个属性： —CTM：坐标变换矩阵，通过坐标变换矩阵，裁剪区确定对其附着的对象引用的裁剪效果，坐标相关描述使用其附着的图元引用的父坐标空间。数据类型为 Array，为可选属性； —DrawParam：绘制参数，定义裁剪路径的线宽、结合点和端点样式等，当不出现时，采用该裁剪区前一个 Area 的绘制参数或该裁剪区所在的图元引用使用的绘制参数。数据类型为 RefID，为可选属性； —PageObject：被引用对象的标识。数据类型为 RefID，为必选属性。

7.4.5　图像

图像（Image）为图元的一种，其结构定义以图元为基础，特有属性和子元素定义见表 60。

表 60　图像（Image）结构定义

元素类型	名称	数据类型	选择性	说明
属性	Width	Integer	可选	图像原始宽度，以像素为单位，若不存在则直接取图像文件中的数据。
	Height	Integer	可选	图像原始高度，以像素为单位，若不存在则直接取图像文件中的数据。
	UnitWidth	Float	可选	图像对象空间在 X 方向的映射宽度，缺省值为 1.0。
	UnitHeight	Float	可选	图像对象空间在 Y 方向的映射宽度，缺省值为 1.0。
子元素	Substitution	Loc	可选	指定可替换图像，用于某些情况如高分辨率输出时进行图像替换。
	Data		必须	图像数据，应由以下两个子元素构成： a) ImageFile：图像文件位置。可能是本标准容器内文件或者某个外部链接地址（URI 格式）。图像文件格式目前支持 BMP、TIFF、JPG 或者 PNG； b) ImageFileEx：指向图像数据包位置。在使用图像数据包中的图像数据时，可根据宽、高以及颜色空间等信息还原图像。ImageFileEx 应由以下三个必选属性构成： 1) BaseRef：引用的图像数据包的标识，其所指向的图像数据包必须存在。类型为 RefID； 2) Index：所使用的图像数据在图像数据包中的编号，用于在图像数据包中定位图像数据的位置，类型为 Integer。图像数据包见附录 H.1 图像数据包； 3) ColorSpace：所对应的图像数据包中的图像数据使用的颜色空间。类型为 RefID； 图像数据包的存储结构和相应的图像数据描述见附录 D。

注：图像中的 UnitWidth 和 UnitHeight 定义从原始像素坐标系到其对象空间坐标系的映射关系，并通过图元引用中的坐标变换映射到用户空间坐标系。

7.4.6 复合图元

复合图元（CompositeGraphicUnit）为图元的一种，其结构定义以图元为基础，特有属性和子元素定义见表61。

表61 复合图元（CompositeGraphicUnit）结构定义

元素类型	名称	数据类型	选择性	说明
属性	Width	Float	必选	复合对象宽度，采用页面空间单位。
	Height	Float	必选	复合对象高度，采用页面空间单位。
子元素	Res	Loc	可选	复合对像自身资源文件地址。
	Thumbnail	Loc	可选	该复合图元的缩略图，用于加快显示系统输出速度。
	Substitution	Loc	可选	可替换图像，用于某些情况如高分辨率输出时进行图像替换。
	Mask	Mask	可选	掩模，其结构定义见表62。
	Content	Content	必选	复合图元的实际内容流。

掩模（Mask）结构定义见表62。

表62 掩模（Mask）结构定义

元素类型	名称	数据类型	选择性	说明
子元素	Image	RefID	必选	以一个Image对象或者复合对象作为掩模图像，通过对应点颜色来计算Alpha值。作为掩模图像的图像尺寸和被掩模图像一致，不同时需把掩模图像拉伸到被掩模图像的尺寸。
	AlphaArray		必选	此项与Image二者选一，应由以下几个属性构成： a)Width：掩模宽度，当不出现时，采用复合对象宽度的上取整值，为可选项，其类型为Integer； b)Height：掩模高度，当不出现时，采用复合对象高度的上取整值，为可选项，其类型为Integer； c)BitsPerChannel：每个通道描述占用的位数，为必选项，其类型为Integer； d)Data：Alpha值矩阵数据包路径，为必选项，其类型为Loc。 AlphaArray是影响复合对象最终渲染结果的一个重要绘制参数，它由Width×Height个Alpha值组成，每个Alpha值占据BitsPerChannel位。AlphaArray数组元素取值范围为[0, 2BitsPerChannel-1]，处理过程如下： a) 颜色空间的Alpha扩展：对不存在Alpha通道的复合对象颜色空间进行扩展，增加Alpha分量，初始值1.0，其余分量不变；原Image颜色空间已存在Alpha通道时可跳过此步。 以RGB（颜色用 表示）为例，扩展为ARGB（颜色用 表示）后，各颜色分量为： $$C_{ARGB}.R = C_{RGB}.R \quad C_{ARGB}.G = C_{RGB}.G$$ $$C_{ARGB}.B = C_{RGB}.B \quad C_{ARGB}.A = 1.C$$ b) 根据AlphaArray数组元素值确定复合对象各点Alpha通道的值（即透明度），其余分量保持不变。 以ARGB颜色空间为例，设复合对象点（x, y）映射到掩模上的（x'，y'），其颜色分别为，对应的AlphaArray数组中第y'×Width+x'个元素为AlphaA： $$C_{Masked}.R = C_{Unmasked}.R \quad C_{Masked}.G = C_{Unmasked}.G$$ $$C_{Masked}.B = C_{Unmasked}.B \quad C_{Masked}.A = \frac{AlphaA}{2^{BitsPerChannel}-1}$$

7.5 交互和导航特性

7.5.1 大纲

大纲（Outlines）按照树状结构组织，至少由 1 个大纲元素（OutlineElem）顺序构成，大纲元素结构定义见表 63。

表 63 大纲元素（OutlineElem）结构定义

元素类型	名称	数据类型	选择性	说明
属性	Title	String	必选	大纲节点标题文字。
	Count	Integer	可选	该节点下所有叶节点的数目。
	Expanded	Bool	可选	在 Count 属性存在时有效，当为 true 时表示该大纲集在初始状态下展开子节点；当为 false 时表示不展开。缺省值为 true。
子元素	Actions	Actions	可选	当此大纲节点被激活时将执行的动作，见 7.5.2 动作。
	OutlineElem	OutlineElem	可选	大纲节点，层层嵌套，形成树状结构。

7.5.2 动作

7.5.2.1 动作类型定义

动作（Action）包含 Goto、GotoR、Launch、URI、Sound 和 Movie 等若干子动作，每个动作由事件（Event）触发，并指定一个区域（Region）作为该动作的激活区域，其结构定义见表 64。

表 64 动作（Action）结构定义

元素类型	名称	数据类型	选择性	说明
属性	Event	String	必选	事件类型，包括以下 8 种： —LMD：点击按下的时候触发； —LMU：点击松开的时候触发； —FO：获得输入焦点的时候触发； —FL：失去输入焦点的时候触发； —DO：在文档打开后触发； —WC：在文档即将关闭前触发； —WS：在文档即将保存前触发； —DS：在文档保存后触发。
子元素	Region		可选	指定多个复杂区域为该链接对象的激活区域，用以取代 Boundary。
子元素			必选	Goto、GotoR、Launch、URI、Sound 和 Movie 等子动作，可以出现多次。

7.5.2.2 Goto 动作

Goto 动作表示一个文档内的跳转，由目标区域描述（Dest）按顺序构成，Dest 结构定义见表 65。

表 65 目标区域描述（Dest）结构定义

元素类型	名称	数据类型	选择性	说明
属性	Type	String	必选	目标区域的描述方法，取值如下： a) XYZ — 目标区域由左上角位置（Left，Top）以及页面缩放比例（Zoom）确定； b) Fit — 适合页面； c) FitH — 适合宽度，目标区域位置仅由 Top 坐标确定； d) FitV — 适合高度，目标区域位置仅由 Left 坐标确定； e) FitR — 适合窗口，目标区域为（Left，Top，Right，Bottom）所确定的矩形区域。
	AnchorName	String	可选	锚点名字，用于确保文档在流式重排后指向正确的跳转位置。
	PageNum	Integer	可选	目标页码，在版式浏览情况下有效，流式重排后应采用 PieceID。
	Left	Float	可选	目标区域左上角 x 坐标，若不出现则保持当前值不变。
	Right	Float	可选	目标区域右下角 x 坐标，若不出现则保持当前值不变。
	Top	Float	可选	目标区域左上角 y 坐标，若不出现则保持当前值不变。
	Bottom	Float	可选	目标区域右下角 y 坐标，若不出现则保持当前值不变。
	Zoom	Float	可选	目标区域页面缩放比例，若为 0 或者不出现则按照当前缩放比例进行跳转。
注：Left、Right、Top、Bottom 均采用页面空间坐标。				

7.5.2.3 GotoR 动作

GotoR 动作表示一个文档间的跳转，其结构定义见表 66。

表 66 GotoR 动作结构定义

元素类型	名称	数据类型	选择性	说明
属性	NewWindow	Bool	可选	当 false 时目标文档将和当前文档在同一个窗口中打开；当 true 时目标文档将在新窗口中打开，缺省值为 true。
子元素	File	Loc	必选	指向目标文档的位置，必须为本标准文档类型。
	Dest		必选	目标区域描述，见表 65。

7.5.2.4 Launch 动作

Launch 动作表示执行一个应用程序或打开一份文档（通常指非本标准类型的文档），其结构定义见表 67。

表 67 Launch 动作结构定义

元素类型	名称	数据类型	选择性	说明
属性	OSType	String	可选	操作系统类型，取值为 Win、Mac 或 Unix，缺省值为 Win。
子元素	File	Loc	必选	指向目标文件的位置，可以是一个可执行程序，也可以是一个非本标准文档类型的文件。
	Parameters	String	可选	传给可执行程序的参数。

7.5.2.5 URI 动作

URI 动作表示指向一个 URI 位置，URI（Uniform Resource Identifier）描述可参考 RFC 2396，其结构定义见表 68。

表 68 URI 动作结构定义

元素类型	名称	数据类型	选择性	说明
属性	URI	String	必选	目标 URI 的位置，采用 7 位 ASCII 码编码。
	Base	String	可选	Base URI，用于相对地址引用。

7.5.2.6 Sound 动作

Sound 动作表示播放一段音频，其结构定义见表 69。

表 69 Sound 动作结构定义

元素类型	名称	数据类型	选择性	说明
属性	Volume	Integer	可选	音量范围，取值范围为 0-100，缺省值为 100。
子元素	Synchronous	Bool	可选	当 true 时表示后续动作必须等待此音频播放结束后才能开始；当 false 时表示立刻返回并开始下一个动作；缺省为 false。
	Repeat	Bool	可选	表示此音频是否需要循环播放，缺省为 false，当此属性为 true 时，Synchronous 值无效。
	Sound	RefID	必选	指向音频对象的标识，关于音频见 7.5.3.1 音频。

7.5.2.7 Movie 动作

Movie 动作表示播放一段视频，其结构定义见表 70。

表 70 Movie 动作结构定义

元素类型	名称	数据类型	选择性	说明
子元素	Movie	RefID	必选	指向视频对象的标识，关于视频见 7.5.3.2 视频。
	Operator	String	可选	视频操作动作，取值为 Play、Stop、Pause 或 Resume，缺省为 Play。

7.5.2.8 动作序列

动作序列（Actions）是一系列动作的集合，其结构定义见表 71。

表 71 动作序列（Actions）结构定义

元素类型	名称	数据类型	选择性	说明
子元素	HighlightMode	String	可选	高亮显示模式，取值如下： a) None — 缺省值，什么也不做； b) InvertContent — 反显内容区域； c) InvertBorder — 反显边框。
	Action		必选	动作描述。

7.5.3 多媒体
7.5.3.1 音频
音频（Audio）为图元的一种，其结构定义以图元为基础，特有属性和子元素结构定义见表72。

表 72 音频（Audio）结构定义

元素类型	名称	数据类型	选择性	说明
属性	Title	String	可选	该音频对象的标题。
	IconType	String	必选	预定义的音频图标，暂时定义2种：Speaker、Song。
	CustomFace	Loc	可选	用户自定义的附件图标。
	UnitWidth	Float	可选	音频对象空间在X方向的映射宽度，缺省值为1.0。
	UnitHeight	Float	可选	音频对象空间在Y方向的映射宽度，缺省值为1.0。
子元素	File	Loc	必选	指向音频文件的位置，音频文件格式可以为WAV、MP3。

7.5.3.2 视频
视频（Video）为图元的一种，其结构定义以图元为基础，特有属性和子元素见表73。

表 73 视频（Video）结构定义

元素类型	名称	数据类型	选择性	说明
属性	Title	String	可选	该视频对象的标题。
	Width	Integer	可选	视频宽度，以像素为单位。
	Height	Integer	可选	视频高度，以像素为单位。
	UnitWidth	Float	可选	视频对象空间在X方向的映射宽度，缺省值为1.0。
	UnitHeight	Float	可选	视频对象空间在Y方向的映射宽度，缺省值为1.0。
	Rotate	Integer	可选	视频以顺时针方向相对页面旋转的角度，必须为90的整数倍，缺省值为0。
子元素	File	Loc	必选	指向视频文件的位置，视频文件格式可以为AVI、RM/RMVB、SWF、MPEG。
	Poster		可选	用于指定视频没有播放时的展示方式，可从Image和Local两种中选择一个，Image和Local的定义如下： —Image：指定用图像对象来展示该视频对象，其类型为RefID。 —Local：当true时表示从视频对象本身抽取图片用于展示，如第1帧内容，当false时不显示任何内容，其类型为Bool。
	Border	Border	可选	边框样式，包含BS、BCS和BC三个元素，其结构定义见表74。

边框样式（Border）结构定义见表74。

表 74　边框样式（Border）结构定义

元素类型	名称	数据类型	选择性	说明
子元素	BS	Array	可选	边框样式，数组形如 [HCR VCR width [a b …]]，其中 HCR 表示水平角半径，VCR 表示垂直角半径，当这两个值取 0 时，表示边框为标准矩形而非圆角矩形。width 为线宽，当为 0 时，表示边框不进行绘制。[a b …] 是一个虚线线型描述，初始偏移位置始终为 0，边框的起始点位置为左上角，绕行方向为顺时针，有关虚线线型的描述见 7.4.1.4 图形绘制参数。当边框有圆角时，视频在圆角外的区域应被裁减。
	BCS	RefID	可选	边框线采用的颜色空间，见 7.1.6 颜色空间。
	BC	Color	可选	边框线所采用的颜色，采用 BCS 所定义的颜色空间。

8　安全性支持

8.1　概述

本标准支持对文档进行加密并通过权限控制来保护内容。保护方案包括本地安全、第三方 DRM 和数字签名。文档安全描述文件的根元素为安全性描述（Security），其结构定义见表 75。

表 75　安全性描述（Security）结构定义

元素类型	名称	数据类型	选择性	说明
属性	ID	ID	必选	表明该模块的唯一标识。
子元素	DigestMethod	String	必选	文档默认使用的摘要算法，默认摘要算法是 SHA-1。
	EncryptMethod	String	必选	具体内容加密算法，默认加密算法是 AES-128-CTR。
	EncryptMode	Integer	必选	加密模式，表明需加密的数据内容，目前保留，暂定取 0。
	SegmentDescription		可选	段描述，由以下两个子元素顺序构成： —SegmentMethod：段密钥推导算法，用"Standard"标识。其类型为 String； —SegmentTable：段表，用以描述文档的分段情况，其中各个分段之间不能有交集；其类型为 SegmentTable。具体实现方法可见附录 E.1。
	LocalSecurity	LocalSecurity	可选	本地安全特性。
	DRMSecurity	DRMSecurity	可选	描述 DRM 方案属性。
	Signature	Signature	可选	文档数字签名。

8.2　本地安全

本地安全通过两类用户口令及相应的权限实现对文档的访问控制，用户权限说明如下：

a) 管理员（Administrator）：默认拥有本地所有权利，以及对普通用户权限的指派、对普通用户和管理员密码的修改权利；

b) 普通用户（User）：拥有管理员指派的相应权限。

当文档创建者对文档安全性进行控制时，通过应用程序为文档设定相应的口令和指派相应的权限。应用程序将文档加密，并将权限和用于验证口令的信息存储在文档中。本地安全（LocalSecurity）结构定义见表 76。

表 76　本地安全（LocalSecurity）结构定义

元素类型	名称	数据类型	选择性	说明
子元素	PwdMethod	String	必选	相应的口令处理流程及验证方法，支持第三方扩展，用"Standard"标识。
	AdminPassword	String	必选	使用口令处理算法处理后的管理员口令，用于验证用户输入的管理员口令是否正确。
	UserPassword	String	必选	使用口令处理算法处理后的普通用户口令，用于验证用户输入的普通用户口令是否正确。
	RightsObject	Permission	必选	权限对象，描述使用普通用户口令打开文档后所具备的相应操作权限。由 Permission 按顺序构成，Permission 表示普通用户对应权限的描述，见附录 E.5。
	CKEncryptMethod	String	必选	对全文密钥 CK 进行加密的加密算法，使用"Standard"标识；当该值为"External"时表示全文密钥以其他方式提供（如通过 DRM 系统），此时 ECK 不出现。
	ECK	String	可选	对全文密钥进行加密处理后的相关信息。当文档被其他方案（如 DRM）保护时，CKEncryptMethod 为 External，此时 ECK 不出现。

8.3　数字签名

数字签名（DigitalSignature）用于验证用户身份及文档内容，保存签名者的信息以及被签名内容当前的状态，其结构定义见表 77。

表 77　数字签名（DigitalSignature）结构定义

元素类型	名称	数据类型	选择性	说明
属性	ID	ID	必选	数字签名的唯一标识，不得重复。
	Type	String	必选	数字签名类型，包括以下两种： ——Binary（二进制签名）：基于包内文件二进制数据的签名方法，其结构定义及计算方法见附录 E.2； ——Standard（标准签名）：基于 W3C XML Signature 规范的签名方法，其结构定义及计算方法见附录 E.3。
	RevisionNumber	Integer	必选	文档历史版本序号，从 1 开始，每进行一次数字签名，文档历史版本序号加 1。
	TimeStamp	DateTime	必选	时间戳，用于记录签名时间。
子元素	SignatureFile	Loc	必选	签名数据文件。

8.4　加密

加密方案包括全文加密和分段加密两种：

　　a) 全文加密采用全文密钥进行二进制数据加密，加密内容包括文档根节点描述、页面内容流描述、资源描述以及相应的资源数据等；

　　b) 分段加密根据段表信息对每一分段内容采用相应的段密钥加密，其计算方法见附录 E.1。

8.5　DRM 安全

本标准支持使用第三方 DRM 方案（DRMSecurity）增强文档访问控制的安全性，其结构定义见表 78。

表 78　第三方 DRM 方案（DRMSecurity）结构定义

元素类型	名称	数据类型	选择性	说明
子元素	ManufacturerID	String	必选	DRM 系统标识，用以对 DRM 系统提供商进行区分。
	EncryptMethod	String	必选	DRM 加密方案。
	ContentID	HexData	可选	本标准文档在该 DRM 系统中的唯一标识。
	RightsIssuerURL	String	可选	权利获取 URL，允许多个 URL 以列表形式存在，以";"做为分割符。
	TrackingInfo	String	可选	追踪信息，供自定义。
	RightsObject	Loc	可选	授权信息，表明对此 DRM 数字内容的授权信息，即支持 DRM 内容和使用证书合一的方案。
	Objects		可选	供扩展使用。即若文档需定义更多对 DRM 方案的支持项时，可在 Objects 中进行自定义扩展。

附录 A
（规范性附录）
内嵌字体数据包

将内嵌字体作为单独的字体文件（ttf 等）保存在容器中，使用内嵌字体数据包存储内嵌字体和编码-字形映射数据，内嵌字体文件 efc（Embedded Font Cluster）结构如图 A.1 所示。

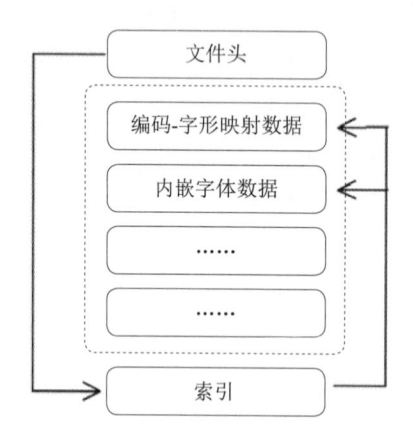

图 A.1 内嵌字体文件结构

其中：

a) 文件头信息

1) 文件类型：为 "!EFC" 四个字符；

2) 版　　本：文件版本号为 0x00000001，长度为 4 字节；

3) 压缩单位：0 表示不压缩；1 表示各内嵌字体、编码—字形映射分别进行压缩；其他值保留，长度为 1 字节。当压缩单位值为 1 时，采用密码对压缩后的各内嵌字体、编码—字形映射数据进行加密；当压缩单位值为 0 时，按照正常加密流程进行处理；

4) 压缩方法：0 表示不压缩；1 表示采用 Flate 编码进行压缩；其他值保留；长度为 1 字节。

当压缩单位值为 1 时，采用指定压缩方法对各内嵌字体、编码—字形映射分别进行压缩，整个内嵌字体数据包无需再进行压缩；当压缩单位和压缩方法的值都为 0 时，采用 Flate 等方法对整个包进行压缩；

5) 索引入口：记录索引在内嵌字体数据包中的偏移位置，长度为 4 字节。

b) 索引

索引位于 efc 文件的尾部，前 4 个字节记录内嵌字体数据的数量，其后是相应数据的索引项，依次包含编码—字形映射数据偏移（4 字节）、字体数据偏移量（4 字节）和字体数据大小（4 字节）等。

c) 编码—字形映射数据

编码—字形映射是在字体中缺失相应描述时一种补充字体信息的手段。文字中的字形映射是在出现多个可选字形时用于确定最终显示结果的方法，描述方法见 7.3.4 字形变换。编码-字形映射数据的存储结构如图 A.2 所示。

序列对数量（4 字节）	
编码类型（1 字节）	
字形索引长度（1 字节）	
编码	字形索引
编码	字形索引
编码	字形索引
……	……

图 A.2　编码—字形映射数据结构

序列对数量主要存储该编码—字形映射的数量，用 4 字节表示；编码类型用 1 字节表示，编码类型值为 0 时表示采用 Unicode-16 编码，为 1 时表示采用 Unicode-32 编码，为 2 时表示采用 UTF-8 编码；字形索引长度用 1 字节表示。

d) 内嵌字体数据

内嵌字体数据包中各内嵌字体数据拥有唯一编号，从 1 开始，按照索引顺序访问，后续内嵌字体编号依次加 1。

注：本标准并不限制以上所述文件头信息、编码—字形映射数据、内嵌字体数据、索引之间的实际物理顺序，而是采用偏移值进行定位。应用程序可以根据具体需要决定它们之间的实际物理顺序。但无论采用哪种顺序，文件头部信息必须位于文件开头。

附录 B
（规范性附录）
文字绘制规则

TextCode 中的文字绘制过程按照以下步骤顺序进行：

a) 使用 TextCode 的属性 x 和 y 作为当前绘制起点，TextCode 中的第一个字符作为当前字符；

b) 根据文字方向和阅读方向的关系，确定当前字符绘制起点的具体含义，并根据当前绘制起点坐标输出字符；

c) 由"字送"或"字宽加字间距"确定绘制起点偏移距离，沿阅读方向偏移当前绘制起点。如果当前字符前定义了 Kerning，且绘制起点由字宽加字间距确定，则还需根据 Kerning 数值进行间距调整；

d) 如果 TextCode 中没有后续字符则结束绘制，否则将 TextCode 中的下一个字符作为当前字符，回到步骤 b) 继续处理。

步骤 b) 中，文字方向和阅读方向有 4 类组合方式，可影响字符绘制起点的具体含义。以阅读方向和文字方向的差值为分类依据，共 16 种组合方式见表 B.1。

表 B.1 文字方向和阅读方向的 16 类组合方式

	CharDirection 0	CharDirection 90	CharDirection 180	CharDirection 270
ReadDirection 0	0	270	180	90
ReadDirection 90	90	0	270	180
ReadDirection 180	180	90	0	270
ReadDirection 270	270	180	90	0

对文字方向和阅读方向不同差值的 4 类组合方式见表 B.2。

表 B.2 文字方向和阅读方向不同差值的组合方式

阅读方向和文字方向差值	示意图	绘制起点确定规则
0		等同于字符的基线原点。
90		等同于字符的中心线起点。

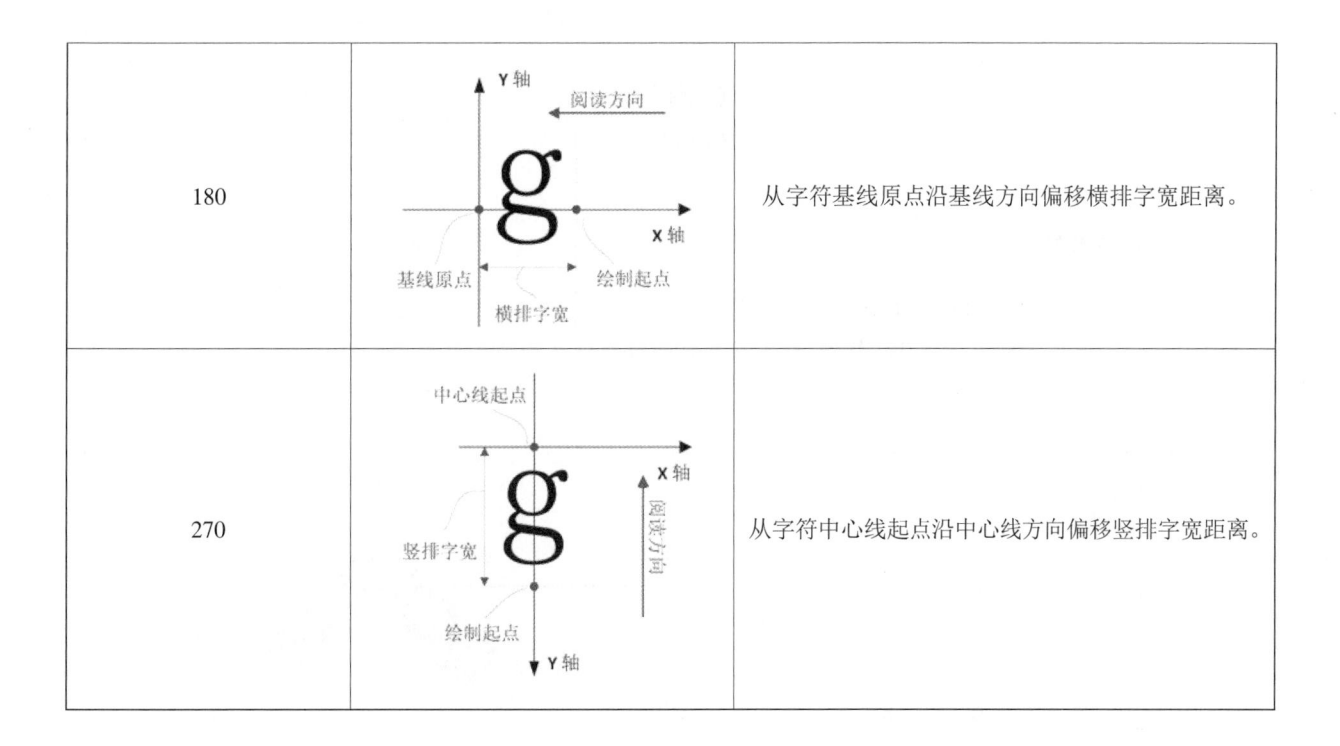

180	![Y轴 阅读方向 g 基线原点 绘制起点 横排字宽 X轴]	从字符基线原点沿基线方向偏移横排字宽距离。
270	![中心线起点 g 竖排字宽 绘制起点 X轴 阅读方向 Y轴]	从字符中心线起点沿中心线方向偏移竖排字宽距离。

其他文字方向下均可通过旋转坐标系的方法转化为表 B.2 中文字方向 0 的情况，其对应关系见表 B.1。图 B.1 给出了 CharDirection 90、ReadDirection 270 时的绘制起点计算方法，即把表 B.2 中差值为 180 的坐标系顺时针旋转 90 度。

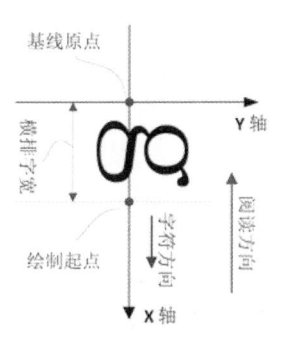

图 B.1　CharDirection 90、ReadDirection 270 时的绘制起点计算方法

步骤 c) 中，当前绘制起点的偏移距离计算方法是：当存在 CharDistance 时，直接使用 CharDistance 作为偏移距离，否则获取当前字符的字宽加上 CharSpace 作为偏移距离，若当前字符为英文空格（U+0x0020）时需加上 WordSpace 计算出绘制起点的偏移距离。绘制起点的偏移方向和阅读方向相同。根据阅读方向和文字方向差值的不同，本步骤中的字宽分为两种情况：当差值为 0 或 180 时，使用字体的横排字宽；当差值为 90 或 270 时，使用字体的竖排字宽。

附录 C
（规范性附录）
路径的绘制

C.1 图形绘制参数样式

绘制参数包括 Join、Dash、Cap，其分别取各可选值时所对应的绘制样式如下所示：

a) Join 的可选值为 0、1、2，其值对应的线条结合点样式见表 C.1。

表 C.1 Join 样式表

取值	样式
0	
1	
2	

b) Dash 定义的虚线样例见表 C.2。

表 C.2 Dash 样式表

Dash 数组	样式
[]	
[30 30]	
[10 [30 30]]	
[30 15]	
[25 [15 30]]	
[50 [30 15]]	

c) Cap 的可选值为 0、1、2，其值对应的线条端点样式见表 C.3。

表 C.3　Cap 样式表

取值	样式
0	
1	
2	

C.2 贝塞尔曲线计算方法

a) 二次贝塞尔曲线（QuadraticBezier）的计算公式为：

$$B(t) = (1-t)^2 P_0 + 2t(1-t)P_1 + t^2 P_2 \quad t \in [0,1]$$

b) 三次贝塞尔曲线（CubicBezier）的计算公式为：

$$B(t) = (1-t)^2 P_0 + 3t(1-t)^2 P_1 + 3t^2(1-t)P_2 + t^3 P_3 \quad t \in [0,1]$$

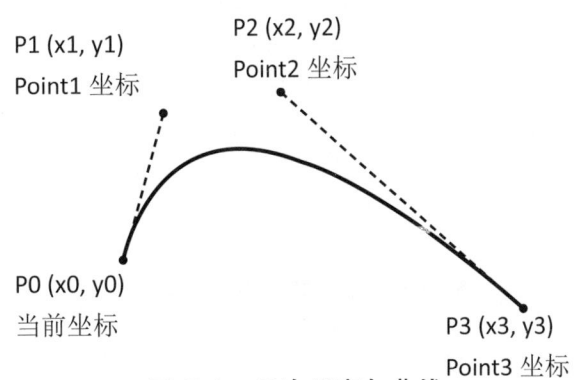

图 C.1　三次贝塞尔曲线

在图 C.1 中，分别为上个路径的终点以及本标签中属性 Point1，Point2，Point3 对应的坐标。

当 Point1 不存在时，第一控制点取当前点的值，当 Point2 不存在时，第二控制点取 Point3 的值，如图 C.2 所示。

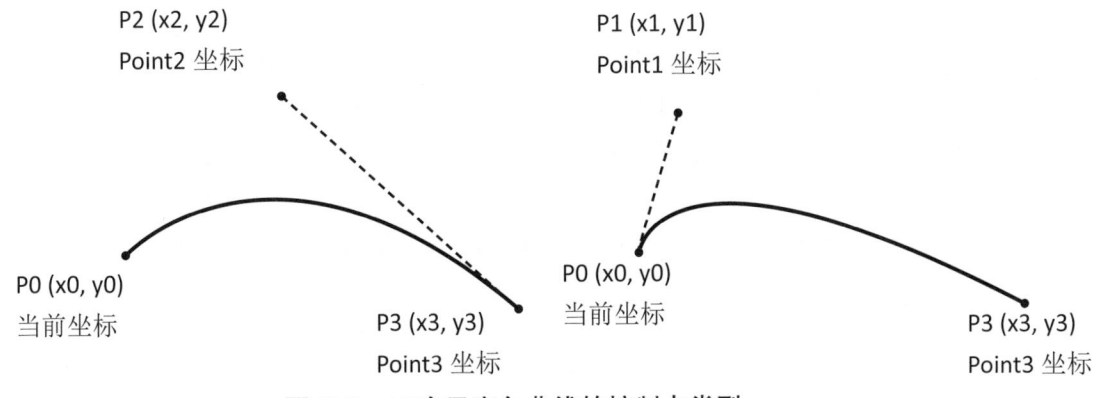

图 C.2　三次贝塞尔曲线的控制点类型

附录 D
（规范性附录）
图像数据包

D.1 概述

通常情况下，可将图像数据作为单独的图片文件保存在容器中；但是，当存在大量小体积图像时，如图像数据长度不超过 4k 且同时图像宽度和高度有一项小于 4 的图像，若以单独文件方式存储会引起文件目录区（Entry）部分急速膨胀，故推荐使用图像数据包存储图像数据。图像数据包中的图像数据未压缩时都是逐像素描述的位图数据，可用于宽和高小于 65536，且数据总长度小于 65536 字节的图像。

D.2 基本结构

图像数据包 IFC（Image File Cluster）的基本结构描述如图 D.1 所示。

```
          Header
       DataSection1
       SectionIndex1
       DataSection2
       SectionIndex2
          ......
         MainIndex
       MainIndexEntry
```

图 D.1 图像数据包文件结构

图像数据包结构说明见表 D.1。

表 D.1 图像数据包结构说明

项	说明
Header	文件头部信息，用以自我标识，并指向主索引（Main Index）。
DataSection	图像数据段，存储该段所包含的图像数据。
SectionIndex	段索引，对应段图像数据的索引，并指向对应的图像数据段。
MainIndex	主索引，包含了全局的索引信息，并指向段索引。
MainIndexEntry	主索引入口，4 个字节长，记录了主索引在图像数据包中的偏移位置，一定位于文件的末尾。

D.3 文件头信息

文件头信息的结构说明见表 D.2。

表 D.2 文件头信息结构说明

项	长度（字节）	说明
文件类型	4	固定为四个字符，为"!IFC"。
版本	4	文件版本号，为 0x00000001。
压缩单位	1	0 表示不压缩，1 表示以数据段为单位进行压缩，2 表示以图像数据为单位进行压缩。
压缩方法	1	0 表示不压缩，1 表示采用 ZLIB 数据压缩格式，其他值保留。

注 1：图像压缩
数据压缩方式由压缩单位、压缩方法指定：
a) 当压缩单位为数据段时，采用指定的压缩方法来对各数据段分别进行压缩；整个图像数据包、各图像数据无需再进行压缩；
b) 当压缩单位为图像数据时，采用指定的压缩方法对每个图像数据进行压缩；整个图像数据包、各数据段无需再进行压缩；
c) 当压缩单位和压缩方法都为不压缩时，整个图像数据包存储到容器中时，需要采用 Flate 等方法对整个包进行压缩。
为平衡压缩率和读写效率，推荐使用压缩单位为数据段的处理方式。
注 2：图像加密
在加密时的处理方法为：
a) 当压缩单位值不为 0 时，采用指定压缩方法和密码对压缩后的数据段或者各图像数据进行加密；
b) 当压缩单位值为 0 时，按照正常的加密流程进行处理。

D.4 索引

D.4.1 主索引

主索引由多项索引描述组成，其结构说明见表 D.3。

表 D.3 主索引结构说明

项	长度（字节）	说明
IndexCount	4	索引数量，记录包含的索引描述的数量。
SectionMaxCount	2	段最大粒度，表示每段中所能包含的图像数据项的最大数量。取值范围是 0~65535。
Normative	1	规范化标记，用以标识索引与图像数据的映射关系是否规范： —0x00：表示未规范，即前 n-1 个数据段包含的数据数量是不定的，只满足不大于段最大粒度的条件； —0x01：表示是规范的，即前 n-1 数据段包含的数据数量等于段最大粒度，第 n 数据段包含剩下的所有数据，并且其数量不大于段最大粒度； —其他值保留，按未规范的进行处理。
IndexDescription		段索引的描述信息，可顺序出现多个，其结构应包含以下子元素： —SectionIndexPosition：段索引位置，指向了段索引在图像数据包中的偏移，长度为 4 字节； —SectionLength：本条索引对应的图像数据在数据段中的长度，长度为 4 字节； —ColorSpace：此段图像数据使用的颜色空间，目前只能取值为 0，表示采用 RGB 颜色空间，其他值保留，长度为 1 字节； —BitMode：图像数据每像素的存储格式，长度为 1 字节。在采用 RGB 颜色空间时，可取值范围如下： 0：表示以 BGR 顺序，每颜色通道占 8 位，不使用颜色表； 1：表示每像素占 8 位，使用相关颜色空间颜色表； 2：表示每像素占 1 位，使用相关颜色空间颜色表。 请注意图像数据以行为单位 4 字节补齐。 —ImageCount：图像数据数量，表示该段中所能包含的图像数据项的数量。取值范围是 0~65535，长度为 2 字节。

D.4.2 段索引

段索引中包含对应的数据段位置，以及各图像数据的描述信息，其结构说明见表 D.4。

表 D.4 段索引结构说明

项	长度（字节）	说明
DataSectionPosition	4	数据段位置，描述段索引对应的数据段在图像数据包中的偏移。
ImageDescription		各图像数据的描述信息，可存在多个，应由以下元素构成： ——数据偏移位置：表示本条索引对应的图像数据在数据段中的偏移量，即从数据段开始处算起的偏移，长度为 4 字节； ——数据长度：表示本条索引对应的图像数据在数据段中的数据长度，长度为 2 字节； ——宽度：表示本条索引对应图像的宽度，单位为像素； ——高度：表示本条索引对应图像的高度，单位为像素，长度为 2 字节。

D.4.3 索引号映射

图像数据包中，各图像数据具有唯一索引号，每个图像数据所分配的索引号为：(n-1)*maxcount+m，其中，n 表示该图像属于第 n 段，maxcount 表示段最大粒度，m 表示该图像是该段内的第 m 个。

D.5 存储顺序

本标准并不限制以上所述的文件头部信息、数据段、段索引、主索引之间的实际物理顺序，而是采用偏移值进行数据块定位。应用程序可根据具体需要来决定它们之间的实际物理存储顺序。但无论采用那种顺序，文件头部信息必须位于文件开头。

注：这里的数据存储遵循 Little-Endian（低位地址优先）字节序。

附录 E
（规范性附录）
文档安全的实现

E.1 段表和分段加密

E.1.1 段表

段表（SegmentTable）中未出现的部分被视为预定义的分段，其固定段号为 0，称为零段。段表应至少由 1 个段（Segment）按顺序构成，其结构定义见表 E.1。

表 E.1 段（Segment）结构定义

元素类型	名称	数据类型	选择性	说明
属性	SegID	ID	必选	表明此分段的唯一标识。
属性	PageRange	Array	必选	页码分段序列，形如 [Seg1 Seg2 …]，每一个 Seg 可以表示单页，如"10"，也可以表示一个页码区间，例如"7-15"，页码从 1 开始。当 Component 存在时，PageRange 只能表示为单页。
属性	EncryptMethod	String	可选	自定义段加密方法，当此项存在，Security 中的 EncryptMethod 项被忽略。
子元素	Component	Loc	可选	资源序列，指向此分段包含的资源描述文件。当 Component 不出现时，该段内 PageRange 下所有页相关独有资源均使用段密钥加密；当 Component 出现时，则只使用段密钥加密出现的这些资源，其他相关资源使用全文密钥加密。

E.1.2 分段加密算法

分段加密计算方法如下：

a) 对加密内容按授权粒度分段，在文档信息中建立段表，描述段号和资源的逻辑关系；

b) 提取每段相应的资源为一个资源文件，利用段密钥对数据进行加密，段密钥的推导见算法 6；也可利用段表中自定义的段加密方法（当存在时）加密；

c) 当在解析资源过程中发现加密时，先到段表中查找资源 ID 的对应段号，再根据段号查看 RO（本地及 DRM 系统）中该段的对应权限是否满足，若满足则利用段密钥推导算法推导出段密钥解密已加密内容或利用段表中自定义段加密方法（当存在时）解密已加密内容；否则返回相关未授权信息。

E.2 二进制签名

二进制签名（BinarySignature）结构定义见表 E.2。

表 E.2 二进制签名（BinarySignature）结构定义

元素类型	名称	数据类型	选择性	说明
属性	ID	ID	必选	数字签名唯一标识，不得重复。
子元素	DigestMethod	String	必选	对全文档进行摘要运算所采用的摘要算法。此处默认摘要算法为 MD5 算法，也可采用其他公开的摘要算法，如 SHA-1、SHA-256 等，也可使用应用层自定义的公开算法。
	DigestValue	String	必选	采用 Base64 编码的对文档摘要所得的摘要值。摘要流程为：对文档包内文档根节点下所有文件按照文件名排序（排序方法为按照 Unicode 编码，忽略大小写，升序排序），然后对每个文件分别计算 MD5 摘要，按已排好的顺序进行拼接，最后把时间戳记录的时间数据按 UTF-8 编码放在拼接后的摘要值前面，对整个二进制数据再进行一次摘要运算，获得文档的摘要值。
	SignatureMethod	String	必选	对全文档签名使用的签名算法。此处默认签名算法为 RSA 算法，也可采用其他公开的签名算法，或也可使用应用层自定义的公开算法。
	SignatureValue	String	必选	采用 Base64 编码的对文档签名所得的签名值。签名流程为：对文档的摘要值应用 SignatureMethod 所述签名运算进行签名，获得签名值。
	CertificationType	String	必选	证书类型，取值为"X509"。
	CertificationData	String	必选	采用 Base64 编码的证书信息。
	RelatedList		可选	和签名关联的文档内容，应由以下两个子元素构成： —RelatedPage：关联页面标识，为必选项，其类型为 RefID； —RelatedAnchor：关联锚点，为必选项，其类型为 String。
	ExtData	String	可选	用户自定义扩展数据。

注：在签章注释对象中可通过数字签名的 ID 对其进行引用，也可通过 RelatedList 中记录的关联数据定位签章注释对象。

E.3 标准签名

基于 W3C XML Signature 的标准签名结构如下所述。

签名实体包括签名信息实体（SignedInfo Entity）、签名值（SignatureValue）、密钥信息（KeyInfo）、Object 实体：

a) 签名信息实体，签名信息实体包含下面 3 个实体：

　　1) 规范化算法（CanonicalizationMethod）：（可选，应用于对 xml 签名）指定标准化算法，它在执行签名计算之前被应用到签名信息元素，必须支持 C14N 算法。

　　2) 签名算法（SignatureMethod）：指定用来产生签名的方法，本标准建议采用 ECDSA。

　　3) 引用（Reference）：要签名的数据对象（通过 URI 属性标识，可选）。引用实体也包括变换（Transform）实体来指定任何所需要的变换。引用实体也包括摘要算法（DigestMethod，本标准建议采用 SHA-1）和摘要值（DigestValue）实体。

b) 签名值（SignatureValue）：通过签名 SignedInfo 元素及其所有子元素而计算得到的签名值。

c) 密钥信息（KeyInfo），这个实体包含多个子实体：

1）密钥名（KeyName）：密钥名称的简单文本标识符。该标识由签名者用来将一个密钥的标识符传给接收者。

2）X509 数据（X509Data）：X.509 证书数据。包含一个 Base64 编码的 X509 V4 证书。

d) Object 实体（可选）：用于附加信息，供扩展使用。

E.4 加密算法

加密算法包括以下 6 种，其中"+"表示字符串的串联。当计算出的密钥与加密算法要求的密钥长度不匹配时，采用截取或者循环补齐的方法对齐。

算法 1：

将输入字符串按 UTF-16 转换为二进制数据，并补充或截取为 64 个字节，对其进行 MD5 摘要运算得值。若输入的字符串数据大于 64 个字节，则只保留前 64 个字节，若少于 64 个字节，则就用该文档的 ID 标识循环填充补上所缺少的字节数。若输入字符串为空，直接使用该文档的 ID 标识进行循环填充字符串至 64 字节。

算法 2（XML 节点序列化）：

将输入的 XML 节点按以下规则序列化为固定格式的字符串，再按 UTF-16 编码取得二进制数据。

a) 写出左尖括号和节点名（NodeName）；

b) 当节点存在属性时，依次写出属性名（AttrName）和未转义的属性值（AttrValue），格式为 AttrName="AttrValue"，属性之间、属性和节点名之间没有空格；

c) 写出右尖括号；

d) 当有文本数据时，写出未转义的文本值；当有子节点时，写出按本规则序列化的子节点数据；

e) 写出结束标签，格式为 </NodeName>

算法 3（口令处理算法）：

a) 将口令按照算法 1 所述方法获得值 P；

b) 若待处理口令为管理员口令，则使用 SHA-256 摘要算法计算 的摘要，得值 $P_a=SHA256(p)$；若待处理口令为普通用户口令，则将 RightsObject 节点按照算法 2 所述方法获得值 RO，使用 SHA-256 摘要算法计算 P 和 RO 的摘要，得值 $P_u=SHA256(p+RO)$；

c) 使用 Base64 编码算法处理 P_a 或 P_u，得到 Pa_Base64 或 Pu_Base64，这即是处理后用于存储在 AdminPassword 和 UserPassword 处的管理员口令或普通用户口令。

算法 4（判断口令类型算法）

a) 假设输入口令为管理员口令，按照算法 3 所述方法获得值 m；

b) 判断该值 m 是否与 AdminPassword 内容数据相同。若相同，则该口令为管理员口令，算法结束；

c) 假设该口令为普通用户口令，按照算法 3 所述方法获得值 n；

d) 判断其值 n 是否与 UserPassword 内容数据相同。若相同，则该口令为普通用户口令；否则，口令错误。

算法 5（全文密钥处理算法）：

生成全文密钥：

a) 将管理员口令 按照算法 1 所示方法获得值 P_a；

b) 将普通用户口令按照算法 1 所示方法获得值 P_u；

c) 将 RightsObject 节点按照算法 2 所示方法获得值 RO；

d) 产生长度为 32 字节的随机数据 R；

e) 以 P_a 为密钥，采用 AES 算法加密 R 得值 $E(P_a,R)$；

f) 以 P_u 为密钥，采用 AES 算法加密 R 得值 $E(P_u,R)$；

g) 令 $c=E(P_a,R)$，$d=E(P_u,R)$。将 c、d 的值保存在 ECK 部分；使用 MD5 摘要算法计算由算法 3 得到的 AdminPassword 内容数据（*pa_Base64*）、UserPassword 内容数据（*pu_Base64*）和 RO 摘要值 *Kr*：

$$K_r=hash(pa\_Base64+pu\_Base64+RO)$$

h) 将 *Kr* 与随机数 R 进行 MD5 摘要运算得到全文密钥：$CK=hash(K_r+R)$。

ECK 存储方法：

a) 以 Base64 编码算法处理 c 和 d，得到 *c_Base64*、*d_Base64*；

b) $ECK=c\_Base64+"|"+d\_Base64$（此处使用不属于 Base64 范围的 "|" 作为分隔符）。

使用口令恢复全文密钥：

a) 将口令按照算法 1 所述方法获得值 P；

b) 使用算法 4 判断口令类型，若口令错误则本算法结束；

c) 若口令为管理员口令，则取出 ECK 部分的 c，令 $E(R)=c$，否则取出 ECK 部分的 d，令 $E(R)=d$；

d) 以 P 为密钥，采用 AES 算法解密 $E(R)$ 得到 R；

e) 将 RightsObject 节点按照算法 2 所示方法获得值 *RO*；

f) 使用 MD5 摘要算法计算由算法 3 得到的 AdminPassword 内容数据（*Pa_Base64*）、UserPassword 内容数据（*Pu_Base64*）和 RO 摘要值 *Kr*：

$$K_r=hash(pa\_Base64+pu\_Base64+RO)$$

g) 将 *Kr* 与随机数 R 进行 MD5 摘要运算得到全文密钥：$CK=hash(K_r+R)$。

算法 6（段密钥推导算法）：

a) 将段 ID 进行字符串化处理得到 s_ID。

b) 将全文密钥 CK 进行 Base64 编码后与 s_ID 进行字符串合并，此结果作为参数传入 DigestMethod 所示 hash 算法中。

c) 计算获得段密钥 K_s。

注：此处的数据均采用 Little-Endian 字节序。

E.5 权限

本地安全（LocalSecurity）的权限由权利（Permission）和约束（Constraint）两部分组成。权利可对应零个或多个约束。当某权利项不存在时，表明该权利不被允许；当权利中不包含约束子项时，表明该项权利不受约束，其结构定义见表 E.3。

表 E.3 权利（Permission）结构定义

元素类型	名称	选择性	说明
子元素	View	可选	观看，对于数字内容的翻阅。
	Play	可选	播放，对于多媒体内容的播放。
	Print	可选	打印，允许打印文档。
	Export	可选	导出，允许将数字资源中的部分内容输出成为一份拷贝，此份拷贝的使用将不受原始数字资源相关权限约束的制约。例如，在一份文档中，允许将其中部分文字、图像、音视频内容分别拷贝存储成为 txt、jpg、avi 等文件。此类文件的使用将不受原文档使用权限的制约。
	Edit	可选	编辑，允许改变页面对象内容。

	Assemble	可选	组装，允许插入、旋转、删除页以及新建导航元素如书签等。
	Annotate	可选	批注，允许添加或修改批注。
	Fill	可选	填写，允许对表单项进行填写操作。
	Signature	可选	签名，允许对当前内容进行签名确认。

约束与权利相对应，用于指定该权利受到约束的文档内容，其结构定义见表 E.4。

表 E.4 约束（Constraint）结构定义

元素类型	名称	数据类型	选择性	说明
属性	Type	Array	可选	用于指定受到约束的对象类型，其元素包括 Text（文字）、Figure（图形）、Image（图像）、Media（多媒体）、Table（表格）、Annotation（注释）、Form（表单）以及 Extension（自定义数据）。此属性不存在时表示所有对象类型。
	Segment	Array	必选	为段 ID，用于指明权利受到约束的段。

附录 F
（资料性附录）
圆弧绘制算法

椭圆弧是一种比较特殊的图形。为保证路径描述的连续性，本标准中采用以终止点坐标为参数的描述方法，其参数描述见表 F.1。

表 F.1 路径描述方法

参数	说明
(x_1, y_1)	路径描述中的当前点坐标，也是圆弧的起始点。
(x_2, y_2)	路径描述中圆弧的终止点坐标。
r_x, r_y	椭圆的半长轴和半短轴。
$\emptyset$	当前坐标系 x 轴和椭圆半长轴之间的夹角。
f_A	大小弧标记，如果为 0 表示小于或等于 180 度的圆弧，为 1 表示大于 180 度的圆弧。
f_S	扫描角度标记，0 表示由圆弧起点到终点是逆时针旋转，1 表示由圆弧起点到终点是顺时针旋转。

a) 参数方程

椭圆弧上任意一点的参数方程为：

$$\begin{pmatrix} x \\ y \end{pmatrix} = \begin{pmatrix} \cos\emptyset & -\sin\emptyset \\ \sin\emptyset & \cos\emptyset \end{pmatrix} \times \begin{pmatrix} r_x \cos\theta \\ r_y \sin\theta \end{pmatrix} + \begin{pmatrix} c_x \\ c_y \end{pmatrix}$$

$$\begin{pmatrix} x_1 \\ y_1 \end{pmatrix} = \begin{pmatrix} \cos\emptyset & -\sin\emptyset \\ \sin\emptyset & \cos\emptyset \end{pmatrix} \times \begin{pmatrix} r_x \cos\theta_1 \\ r_y \sin\theta_1 \end{pmatrix} + \begin{pmatrix} c_x \\ c_y \end{pmatrix}$$

$$\begin{pmatrix} x_2 \\ y_2 \end{pmatrix} = \begin{pmatrix} \cos\emptyset & -\sin\emptyset \\ \sin\emptyset & \cos\emptyset \end{pmatrix} \times \begin{pmatrix} r_x \cos(\theta_1 + \Delta\theta) \\ r_y \sin(\theta_1 + \Delta\theta) \end{pmatrix} + \begin{pmatrix} c_x \\ c_y \end{pmatrix}$$

$$f_A = \begin{cases} 1 \text{ if } |\Delta\theta| > 180° \\ 0 \text{ if } |\Delta\theta| \leq 180° \end{cases}$$

$$f_S = \begin{cases} 1 \text{ if } |\Delta\theta| > 0° \\ 0 \text{ if } |\Delta\theta| < 0° \end{cases}$$

现在要计算出椭圆的中心点坐标 (C_x, C_y)、圆弧起始角度 θ_1 以及扫描角度 $\Delta\theta$。

b) 中心点计算

第一步，将坐标系原点平移到 $P_1(x_1, y_1)$ 和 $P_2(x_2, y_2)$ 的中点，并将其 x 轴旋转至和椭圆长轴平行，即旋转角度 $\emptyset$，计算在新坐标系中 P_1 的坐标位置 (x_1', y_1')：

$$\begin{pmatrix} x_1' \\ y_1' \end{pmatrix} = \begin{pmatrix} \cos\emptyset & \sin\emptyset \\ -\sin\emptyset & \cos\emptyset \end{pmatrix} \times \begin{pmatrix} \dfrac{x_1 - x_2}{2} \\ \dfrac{y_1 - y_2}{2} \end{pmatrix}$$

第二步，计算在新坐标系下的圆心位置 (C_x', C_y')：

$$\begin{pmatrix} C_x' \\ C_y' \end{pmatrix} = \pm \sqrt{\frac{r_x^2 - r_x^2 y_1'^2 - r_y^2 x_1'^2}{r_x^2 y_1'^2 + r_y^2 x_1'^2}} \begin{pmatrix} \dfrac{r_2 y_1'}{r_y} \\ -\dfrac{r_y x_1'}{r_x} \end{pmatrix}$$

注意当 $f_A \neq f_S$ 时取 $+$ 号，当 $f_A = f_S$ 时取 $-$ 号。

第三步，从 (C_x', C_y') 计算在原坐标系下的圆心位置 (C_x, C_y)：

$$\begin{pmatrix} C_x \\ C_y \end{pmatrix} = \begin{pmatrix} \cos\emptyset & -\sin\emptyset \\ \sin\emptyset & \cos\emptyset \end{pmatrix} \times \begin{pmatrix} C_x' \\ C_y' \end{pmatrix} + \begin{pmatrix} \dfrac{x_1 + x_2}{2} \\ \dfrac{y_1 + y_2}{2} \end{pmatrix}$$

第四步，计算出 θ_1 以及 $\Delta\theta$：

一般的，向量 (u_x, u_y) 以及 (v_x, v_y) 之间的夹角公式为：

$$\angle(\vec{u}, \vec{v}) = \pm \csc^{-1} \frac{\vec{u} \times \vec{v}}{\|\vec{u}\| \|\vec{v}\|}$$

这里的 $\pm$ 号由 $u_x u_y - u_y u_x$ 的值确定。

$$\theta_1 = \angle \left(\begin{pmatrix} 1 \\ 0 \end{pmatrix}, \begin{pmatrix} \dfrac{x_1' - c_x'}{r_x} \\ \dfrac{y_1' - c_y'}{r_y} \end{pmatrix} \right)$$

$$\Delta\theta_1 = \angle \left(\begin{pmatrix} \dfrac{x_1' - c_x'}{r_x} \\ \dfrac{y_1' - c_y'}{r_y} \end{pmatrix}, \begin{pmatrix} \dfrac{-x_1' - c_x'}{r_x} \\ \dfrac{-y_1' - c_y'}{r_y} \end{pmatrix} \right) \bmod 360°$$

θ_1 位于 $(-360°, 360°)$ 区间，如果 $f_s = 0$ 则 $\Delta\theta < 0$，如果 $f_s = 1$ 则 $\Delta\theta > 0$。

c) 半径调整方法

当起始点和终止点超过一定距离时可能导致上述算法无解，这时需要调整 r_x 和 r_y 的值，具体算法如下：

利用 (x_1', y_1') 计算：

$$\delta = \frac{x_1'^2}{r_x^2} + \frac{y_1'^2}{r_y^2}$$

如果 $\delta > 1$，则进行如下变换：

$$r_x \to \sqrt{\delta} r_x, r_y \to \sqrt{\delta} r_y$$

直到 $\delta \leq 1$ 为止。

附录 G
（资料性附录）
注释数据说明

可在自定义对象数据中定义一些路径类注释的语义以及编辑控制等信息，当注释类型取值 Path 时，自定义对象数据中 Type 属性的取值见表 G.1。

表 G.1 自定义对象数据中 Type 属性的取值

Type 值	Data 说明
AnnType	Path 类注释类型，具体的取值含义见表 G.2。
ControlPoints	控制点序列，形如"控制点 X 坐标 控制点 Y 坐标 控制点 X 坐标 控制点 Y 坐标 ……"，由一系列空格间隔的数字组成。例如"45.567 89.983 58.34 98.76"表示两个控制点，坐标分别是（45.567，89.983）、（58.34，98.76）。
EndStyle	端点样式描述，形如"起始端点样式 参数1 参数2 …… 终止端点样式 参数1 参数2 ……"，起始端点样式和终止端点样式取值及其参数定义可以参考表 G.3。例如"OpenArrow 20.0 30 CloseArrow 20.0 60"表示起始端点为开放三角形，箭头长度和线宽的比值为 20.0，箭头边与中心线夹角为 30 度，终止端点为闭合三角形，箭头长度和线宽的比值为 20.0，箭头边与中心线夹角为 60 度。
FillColor	端点填充色描述，形如"端点名 端点填充色 ……"，端点名可取"Start"或者"End"，端点颜色采用 ARGB 描述，例如"128 255 255 0"。若无填充颜色指定，则端点填充样式使用 Path 默认填充色填充。
LineStyle	自定义线型描述，形如"线型名称 参数1 参数2 参数3 ……"，线型名称及其参数定义可以参考表 G.4。例如"SingleWave 2.5 2.5 5.0 1.0"表示一单波浪线，其一个周期线型的上升区域宽度为 2.5，下降区域宽度为 2.5，周期高度为 5.0，初始相位为 1.0。

Path 类的注释类型取值见表 G.2。

表 G.1 自定义对象数据中 Type 属性的取值

AnnType 值	说明
Line	直线
Freeline	自由划线
Ellipse	椭圆
Rectangle	矩形
Deleteline	删除线
Underline	下划线
Highlight	加亮
Polygon	多边形

端点样式及参数说明见表 G.3。

表 G.3　端点样式及参数说明

端点样式	说明	标准样式图示
Null	无样式。	无
OpenArrow	开放三角形，共 2 个参数，参数 1 表示箭头长度和线宽的比值 $\frac{l}{w}$，参数 2 表示箭头边与中心线的夹角 θ。	
CloseArrow	闭合三角形，共 2 个参数，参数 1 表示箭头长度和线宽的比值 $\frac{l}{w}$，参数 2 表示箭头边与中心线的夹角 θ。	
RevOpenArrow	逆向开放三角形，共 2 个参数，参数 1 表示箭头长度和线宽的比值 $\frac{l}{w}$，参数 2 表示箭头边与中心线延长线的夹角 θ。	
RevCloseArrow	逆向闭合三角形，共 2 个参数，参数 1 表示箭头长度和线宽的比值 $\frac{l}{w}$，参数 2 表示箭头边与中心线延长线的夹角 θ。	
Diamond	菱形，共 2 个参数，参数 1 表示菱形端点长度和线宽的比值 $\frac{l}{w}$，参数 2 表示菱形边与中心线的夹角 θ。	

线型	说明	图示
Circle	圆形，共1个参数，参数1表示圆半径和线宽的比值 $\frac{l}{w}$。	
Square	正方形，共1个参数，参数1表示边长和线宽的比值 $\frac{l}{w}$。	
Slash	斜线，共2个参数，参数1表示斜线长度和线宽的比值 $\frac{l}{w}$，参数2表示斜线与中心线的夹角 θ。	

自定义线型及参数说明见表G.4。

表G.4 自定义线型及参数说明

线型	说明	图示
SingleWave	单波浪线，仅限适用于文字下划线，共4个参数，参数1表示波浪线在一个周期内上升区域的宽度L1，参数2表示波浪线在一个周期内下降区域的宽度L2，参数3表示波浪线的高度H，参数4表示初始相位在一个周期内的偏移量P。	
DoubleWave	双波浪线，仅限适用于文字下划线，共5个参数，参数1表示波浪线在一个周期内上升区域的宽度L1，参数2表示波浪线在一个周期内下降区域的宽度L2，参数3表示波浪线的高度H，参数4表示初始相位在一个周期内的偏移量P，参数5表示双线之间的垂直距离。	

第二部分 相关行业标准

ICS 01.140.20
A 14

CY

中华人民共和国新闻出版行业标准

CY/T 82—2012

新闻出版数字资源唯一标识符

Press and publication digital resource identifier

(ISO/DIS 26324 Information and documentation–Digital object identifier system, NEQ)

2012-03-19发布　　　　　　　　　　　　　　　　2012-03-19实施

中华人民共和国新闻出版总署 发布

目　次

前言 ··· 395
1　范围 ··· 396
2　规范性引用文件 ··· 396
3　术语和定义 ··· 396
4　新闻出版数字资源唯一标识符语法 ·· 396
5　新闻出版数字资源唯一标识符分配原则 ·· 397
6　新闻出版数字资源唯一标识符的解析 ··· 398
7　新闻出版数字资源唯一标识符元数据 ··· 398
8　新闻出版数字资源唯一标识符的管理 ··· 398
附录A（规范性附录）　新闻出版数字资源唯一标识符的注册管理 ··································· 399
附录B（规范性附录）　新闻出版数字资源唯一标识符核心元数据 ··································· 400
附录C（资料性附录）　与其他标识符的关系 ·· 405
参考文献 ·· 406

前　言

本标准非等效采用 ISO 26324：2012 Information and documentation — Digital object identifier system，主要技术差异如下：

——将 ISO 26324 的适用范围调整为适用于新闻出版数字资源；
——将 ISO 26324 的前段码中的"10"改为"国家出版码"；
——将 ISO 26324 的名称和内容条款的表述改为适用于我国标准规范的表述；
——将 ISO 26324 中对解析功能的描述进行了简化；
——将 ISO 26324 附录 A 的内容，改为适用于我国标准规范的附录 C；
——将 ISO 26324 附录 B 的内容，改为适用于我国新闻出版数字资源唯一标识符的核心元数据，并增加了"媒体内容形式"和"角色类型"；
——将 ISO 26324 附录 C 的内容，改为适用于我国的注册管理；

本标准由中华人民共和国新闻出版总署提出并解释。

本标准由全国新闻出版标准化技术委员会归口。

本标准起草单位：中国新闻出版研究院、中国版权保护中心。

本标准主要起草人（以汉语拼音为序）：安秀敏、蔡京生、陈磊、冯宏声、郭晓峰、刘颖丽、魏玉山、许传祥、张建东。

新闻出版数字资源唯一标识符

1 范围

本标准提出了新闻出版数字资源唯一标识符的结构、编码规则和管理规范。
本标准适用于新闻出版数字资源的标识。

2 规范性引用文件

下列文件对于本文件的应用是必不可少的。凡是注日期的引用文件，仅注日期的版本适用于本文件。凡是不注日期的引用文件，其最新版本（包括所有的修改单）适用于本文件。

GB 18030—2005　信息技术　中文编码字符集

CY/T 83—2012　中国标准名称标识符

3 术语和定义

下列术语和定义适用于本标准。

3.1
新闻出版数字资源　press and publication digital resource

新闻出版领域内任意形式、任何粒度的数字内容及其他有价值的数字对象。

3.2
新闻出版数字资源唯一标识符　press and publication digital resource identifier

PDRI

用于新闻出版数字资源的唯一、永久、可解析、可供数字化系统应用的标识代码。

3.3
标识对象　referent

由一个新闻出版数字资源唯一标识符所标识的特定的新闻出版数字资源。

3.4
新闻出版数字资源唯一标识符元数据　PDRI metadata

与标识对象相关联，基于结构化数据模型，支持新闻出版数字资源的描述与服务的特定数据。

4 新闻出版数字资源唯一标识符语法

4.1 语法表示

新闻出版数字资源唯一标识符的语法含义表示如下：

a) 新闻出版数字资源唯一标识符的语法规定了构成一个新闻出版数字资源唯一标识符的字符形式与顺序；

b) 新闻出版数字资源唯一标识符由一个前段码和一个后段码两部分组成，中间以分隔符"/"分隔；新闻出版数字资源唯一标识符长度无限制，新闻出版数字资源唯一标识符前段码和后段码的长度均无限制；新闻出版数字资源唯一标识符的组成结构如图 1 所示；

c) 新闻出版数字资源唯一标识符无大小写之分，可嵌入 GB 18030 中的任何可打印字符。新闻出版数字资源唯一标识符注册管理机构可在具体应用中，对新闻出版数字资源唯一标识符编码字符的使用制定进一步的规则和限制。

```
×××...×××  ×××...×××
  前段码      后段码
```

图 1　新闻出版数字资源唯一标识符组成结构

4.2　前段码

新闻出版数字资源唯一标识符的前段码由国家出版码和注册者码两部分组成。国家出版码和注册者码之间以下圆点"."分隔。前段码的组成结构如图 2 所示：

```
×××.×.×××...×××
国家出版码  注册者码
```

图 2　新闻出版数字资源唯一标识符前段码组成结构

a）国家出版码

国家出版码由固定长度的字符及格式构成（如 108.1），由国家新闻出版行政部门许可的机构向相关国际机构申请。

b）注册者码

注册者码由任意长度的字母或者数字构成，可以划分子码段，各子码段之间以下圆点"."分隔。注册者码由新闻出版数字资源唯一标识符注册管理机构负责分配给新闻出版数字资源唯一标识符注册者。

示例 1：108.1.1000

示例 2：108.1.1000.10

4.3　后段码

后段码置于前段码之后，以分隔符"/"分隔。新闻出版数字资源唯一标识符的后段码由任意长度的一组字符构成，可以嵌入其他标识符（如 ISBN、ISSN、ISRC 等），也可以划分子码段，各子码段之间可以 GB 18030 中可打印字符分隔。新闻出版数字资源唯一标识符的后段码由注册者分配给新闻出版数字资源。新闻出版数字资源唯一标识符与其他标识符的关系见附录 C。

示例 3：108.1.1000/123456

示例 4：108.1.1000/issn.1234-5679.001

4.4　新闻出版数字资源唯一标识符的显示

当以屏幕或打印的方式显示新闻出版数字资源唯一标识符时，该新闻出版数字资源唯一标识符前面应加大写的"PDRI："。

示例 5：PDRI：108.1.1000/123456

5　新闻出版数字资源唯一标识符分配原则

5.1　分配对象

新闻出版数字资源唯一标识符可以分配给任何形式的新闻出版数字资源，如图书、报纸、期刊、音像制品和电子出版物等。

5.2　分配粒度

新闻出版数字资源唯一标识符可以分配给新闻出版数字资源的任何组成部分，如某一章节、某一独立段落、某幅图片、引用的某一部分等，或者注册者认为最恰当的粒度。

5.3　描述

分配新闻出版数字资源唯一标识符时，注册者应提供相应新闻出版数字资源唯一标识符元数据。新闻出版数字资源唯一标识符核心元数据见附录 B。

5.4 唯一性

一个新闻出版数字资源唯一标识符只能分配给一个标识对象。当有多个新闻出版数字资源唯一标识符分配给相同的标识对象时应给予调整，以保持该标识对象新闻出版数字资源唯一标识符的唯一性。

5.5 永久性

新闻出版数字资源唯一标识符的分配与使用不受时间限制。当标识对象的所有权或标识对象的管理责任发生变化时，新闻出版数字资源唯一标识符及其标识对象不受影响。

6 新闻出版数字资源唯一标识符的解析

新闻出版数字资源唯一标识符通过相关系统进行解析。新闻出版数字资源唯一标识符解析是通过提交某一新闻出版数字资源唯一标识符给相关系统，并收到与该新闻出版数字资源唯一标识符相关的一种或多种类型数据的过程，一次解析可以返回一条或多条数据。数据类型可以是元数据，也可以是标识对象所在位置或其他相关新闻出版数字资源唯一标识符等。

7 新闻出版数字资源唯一标识符元数据

7.1 元数据功能

新闻出版数字资源唯一标识符元数据基于结构化的数据模型，对其标识对象进行描述，通过不同系统间的信息交换实现其互操作性。

7.2 元数据管理

元数据的管理规则如下：

a) 分配新闻出版数字资源唯一标识符时，注册者应提供相应的新闻出版数字资源唯一标识符元数据；

b) 新闻出版数字资源唯一标识符注册管理机构负责元数据的维护与管理，并保证元数据的准确有效；

c) 新闻出版数字资源唯一标识符元数据可在新闻出版数字资源唯一标识符核心元数据的基础上进行扩展。新闻出版数字资源唯一标识符核心元数据由新闻出版数字资源唯一标识符注册管理机构进行管理。新闻出版数字资源唯一标识符核心元数据见附录 B。

8 新闻出版数字资源唯一标识符的管理

新闻出版数字资源唯一标识符的主要管理要求如下：

a) 新闻出版数字资源唯一标识符注册管理机构是经国家新闻出版行政部门许可设立的中国新闻出版数字资源唯一标识符注册中心；

b) 新闻出版数字资源唯一标识符由中国新闻出版数字资源唯一标识符注册中心统一管理；

c) 新闻出版数字资源唯一标识符的注册者应为具有国务院行政部门许可资质的出版单位；

d) 中国新闻出版数字资源唯一标识符注册中心的主要职责见附录 A.1；

e) 新闻出版数字资源唯一标识符注册者主要职责见附录 A.2。

附录 A
（规范性附录）
新闻出版数字资源唯一标识符的注册管理

A.1 中国新闻出版数字资源唯一标识符注册中心

中国新闻出版数字资源唯一标识符注册中心主要职责如下：

a) 建立新闻出版数字资源唯一标识符运营系统；
b) 负责制定新闻出版数字资源唯一标识符管理办法和实施细则；
c) 根据国际通行解析技术申请国家出版码；
d) 负责验证新闻出版数字资源唯一标识符注册者的资质；
e) 为新闻出版数字资源唯一标识符分配前段码并保证其唯一性和准确性；
f) 负责新闻出版数字资源唯一标识符元数据的验证和维护，并保证其可靠性和准确性；
g) 负责相同标识对象被分配多个新闻出版数字资源唯一标识符等问题的协调处理；
h) 负责相关机构之间的元数据交换、协调、管理与应用；
i) 负责新闻出版数字资源唯一标识符的宣传、推广与培训，以及参与国际相关组织的活动等。

A.2 新闻出版数字资源唯一标识符注册者

新闻出版数字资源唯一标识符注册者主要职责如下：

a) 为新闻出版数字资源唯一标识符分配后段码；
b) 保证注册的每个新闻出版资源标识对象具有唯一性；
c) 保证注册的每个新闻出版数字资源唯一标识符具有元数据并符合元数据规范；
d) 保证及时向中国新闻出版数字资源唯一标识符注册中心提交注册的新闻出版数字资源唯一标识符元数据；
e) 保证遵守中国新闻出版数字资源唯一标识符注册中心制定的各项管理规定和技术规范。

附录 B
（规范性附录）
新闻出版数字资源唯一标识符核心元数据

B.1 新闻出版数字资源唯一标识符核心元数据

新闻出版数字资源唯一标识符核心元数据如 B.1 所示：

表 B.1 新闻出版数字资源唯一标识符核心元数据

核心元素	英文字段	说明
新闻出版数字资源唯一标识符	PDRI	中国新闻出版数字资源唯一标识符注册中心分配给新闻出版数字资源的唯一标识代码。
其他标识符	Referent identifier	新闻出版数字资源唯一标识符标识对象的其他标识符，如 ISBN、ISSN、ISRC 等。
名称	Name	新闻出版数字资源唯一标识符标识对象的名称，如出版物名称、文章标题等。
类型	Type	新闻出版数字资源唯一标识符标识对象的类型，依据附录 B.2 媒体内容形式。
作者	Author	新闻出版数字资源唯一标识符标识对象的责任者。
角色	Role	新闻出版数字资源唯一标识符标识对象责任者的角色，依据附录 B.3 角色类型。
出版者	Publisher	新闻出版数字资源唯一标识符标识对象的出版单位。
时间	Time	新闻出版数字资源唯一标识符标识对象出版或发表的时间。
载体	Carrier	新闻出版数字资源唯一标识符标识对象的载体形态。
位置	Location	新闻出版数字资源唯一标识符标识对象存储的访问位置。
注册日期	Registered date	新闻出版数字资源唯一标识符的分配日期。

B.2 媒体内容形式

媒体内容形式如表 B.2 所示：

表 B.2 媒体内容形式

中文形式名称	英文形式名称	内容形式说明
文本	Text	通过书写字词、符号和数字表示的内容。例如图书（印刷的或电子的）、书信、期刊数据库和报纸等。
数据集	Dataset	用于计算机处理的数字编码数据表示的内容。例如：数值数据、环境数据等被应用软件用来计算平均数、相关度等或者生成模型等，通常不以其原始形式显示。不包括以数字方式记录的音乐［见音乐］、语言［见言语］、声音［见声音］、计算机制作的图像［见图像］和文字资料［见文本］。

表 B.2 媒体内容形式（续）

中文形式名称	英文形式名称	内容形式说明
图像	Image	用于视觉感知的、通过线条、形状、阴影等表示的内容。图像包括：静态或动态、二维或三维。例如：艺术复制品、地图、照片、遥感影像、立体图、电影和版画。
实物	Object	通过三维材料（或者是自然出现的实体，或者是人造/机器制造的物品）表示的内容。也称三维结构或三维实物，人工物品例如雕塑、模型、游戏、拼图、硬币、玩具、建筑、设备、衣物、文物等。自然出现的实体例如化石、岩石、昆虫、生物样品幻灯片等。地图资料实物包括：三维球仪、地形模型以及用于从侧面观看的横截面。
程序	Program	通过用于计算机处理或执行的数字编码指令所表示的内容。例如操作系统、应用软件等。
声音	Sound	通过动物、鸟、自然出现的声源或由人声或数字（或模拟）媒体模仿的声音表示的内容。例如鸟鸣、动物嚎叫的录音和声音效果，但是不包括录制的音乐［见音乐］和录制的人类讲话［见言谈］。
音乐	Music	通过有序的音调或声音，以前后相继方式、以组合方式和以时间关系表示的内容，用以产生出一部作品。音乐可以是书写的（乐谱）、演出的，或者被记录成模拟的或数字的格式，可以是有节奏、旋律或和声的人声、乐器或者机械声音。例如总谱或分谱等书写的音乐以及音乐会演奏、歌剧和录音棚录音等录制的音乐。
运动	Movement	通过运动（即改变物体或人的位置的动作或过程）表示的内容。例如舞谱、舞台动作、编舞，但是不包括电影等运动的图像［见图像］。
言语	Spoken word	通过人声谈话的声音表示出来的内容。例如有声图书、无线电广播、口述历史录音、戏剧的录音，不管是用模拟格式还是用数字格式录音的。
多种内容形式	Multiple content forms	出现三种或更多种形式的混合内容。
其他内容形式	Other content form	上述内容形式词不能涵盖。

B.3 角色类型

角色类型如表 B.3 所示：

表 B.3 参与者角色

中文角色名称	英文角色名称	角色说明
著作权人	Owner of copyright	拥有版权的人。
编后记作者	Author of afterword	编后记、刊后语、书末出版说明的作者。
编辑	Editor	对资料或已有的作品进行整理、加工的活动。
编者	Compiler	从不同作品中选取素材，并将之放在一起，汇编成集的个人或机构。
标准管理机构	Standards body	负责发布和执行标准的机构。
表演者	Performer	在音乐剧、戏剧或娱乐演出中扮演角色的人。

表 B.3 参与者角色（续）

中文角色名称	英文角色名称	角色说明
策划者	Conceptor	对作品的原始思想负责的个人或团体。
插图绘制者	Illustrator	构思一种设计或插图的人。
程序设计师	Programmer	编制计算机程序、来源代码或机器可执行数字文档等的个人或团体。
出版者	Publisher	从事出版活动的专业机构。
创办者	Founder	连续出版物的创办机构。
创始人	Originator	完成作品的作者或机构。
词作者	Lyricist	歌词的作者。
导演	Director	对舞台、屏幕或录音的演出进行指导的人。
电影编辑	Film editor	
电影脚本作者	Scenarist	
雕刻家	Sculptor	
附件作者	Writer of accompanying material	录音资料或其他视听资料有价值附件资料的作者。
改编者	Arranger	用与原始不同的媒体改编音乐作品，改编后音乐主体仍保持不变（包括管弦乐配器者）。
改写者	Adapter	将音乐作品重新加工的人；将文学作品改写的人。
歌手	Singer	
绘图师	Graphic technician	对一种媒体中的某些设计负有责任的个人。
记者	Pressman	
监督者/签约人	Monitor	按照合同督查执行情况的个人或组织。有时指受让人或管理代理人。
解说员	Narrator	在电影、录音或其他工作中负责讲解的人。
剧作者	Librettist	歌剧、舞剧等剧本作者。
镌刻者	Engraver	
卡通制作者	Animator	利用技术使其作品具有动画的人。
科学顾问	Scientific advisor	
录音工程师	Recording engineer	负责录音或录像的人。
论文导师	Thesis advisor	
漫画家	Cartoonist	通过相关技术使其作品具有动画的人。
木雕者	Wood-engraver	
内容摘录的引语作者	Author in quotations of text extracts	
批发商	Distributor	对出版物享有市场权利的代理人或机构。
评论员	Reviewer	对作品进行评论的人或团体。
其他合作者	Collaborator	其他代码用于无法包含的合作者。
签字者	Signer	用于出现在一种书中的签字，无介绍，也未说明出处。

表 B.3 参与者角色（续）

中文角色名称	英文角色名称	角色说明
前所有者	Former owner	限于版权持有者。过去拥有该作品的个人或组织，包括在文字陈述中的受捐人或组织。
曲作者	Songsmith	
摄影者	Photographer	
声乐家	Vocalist	在音乐剧、戏剧或娱乐表演中展示歌唱技巧的人。
蚀刻者	Etcher	
书法家	Calligrapher	
书封设计者	Bookjacket designer	
题词者	Inscriber	题词人。
图版印刷者	Pinter of plates	插图或图版设计印刷者。
图书设计者	Book designer	对一种图书的整体设计负责的个人或团体。
舞蹈动作设计者	Choreographer	
舞蹈演员	Dancer	
项目顾问	Consultant to a project	为项目提供咨询，提出建议策划及解决方案的个人或团体。
项目管理者	Project manager	为达到预期目标，对项目实施管理的人员。
校对者	Proofreader	校正印刷品的校对者。
修订者	Censor	对作品进行修订的个人或团体。
许可证颁发者	Licensor	出版或印刷许可证的颁发机构。
许可证持有者	Licensee	出版或印刷许可证的持有者。
序论作者	Author of introduction	序论、序言、前言、后记、按语等作者，不是作品的主要作者。
学位论文撰写者	Dissertant	大学或大学以上学位论文的撰写人。
学位授予者	Degree-grantor	授予学位的机构。
演员	Actor	在表演艺术中扮演某个角色的人。
艺术家	Artist	艺术作品的绘画者、雕刻者等。
译者	Translator	翻译作品的个人或团体。
音乐家	Musician	对音乐作品的内容、完成写作或投稿人（当不能确定某人作用时使用）。
印刷者	Printer	文本印刷者。
影评员	Commentator	在录音、电影或其他媒体上提出对实体内容的解释、分析和讨论的人。
指挥	Conductor Choral director	指挥音乐作品演出团的人、指挥合唱团表演的指挥者。
制片人	Producer	影片制作最终责任者。
制图者	Cartographer	
制作人员	Producer of personnel	参与音乐、戏剧或娱乐表演的道具、灯光、特技等制作人员，包括分镜头剧本制作人。
主办单位	Sponsor	出版单位的上级领导部门。

403

表 B.3 参与者角色（续）

中文角色名称	英文角色名称	角色说明
主编	Chief editor	作品或出版物编辑工作的主要负责人（包括总编辑）。
主管单位	Responsible institution	出版单位创办时的申请者以及该出版单位的主办单位的上级领导部门。
注释者	Annotator	印本中手稿型注释的作者。
装订设计者	Binding designer	
资助者	Funder	为出版作品提供财力支持的个人或机构。
作曲者	Composer	创作音乐作品的人。
作者	Author	对一部作品的知识内容或艺术内容的创作负主要责任的个人或团体。

附录 C
（资料性附录）
与其他标识符的关系

C.1 基本原则

新闻出版数字资源唯一标识符作为标识任意形式、任意粒度的新闻出版数字资源的唯一标识代码，可与其他国际性的标识代码共同使用。当与其他标识符共同使用时，可增强标识功能，提高使用效率，使用户获得最大便利。

C.2 与其他标识符关系

新闻出版数字资源唯一标识符可兼容新闻出版业广泛使用的其他标识符系统，如：
——ISBN（GB/T 5795—2006）标识图书；
——ISSN（GB/T 9999—2001）标识连续出版物；
——ISRC（GB/T 13396—2008）标识录音制品；
——ISMN（ISO 10957—2009）标识乐谱出版物；
——ISAN（GB/T 23730—2009）标识视听作品；
——ISWC（GB/T 23733—2009）标识音乐作品等。

在使用中，上述标识符在新闻出版数字资源唯一标识符核心元数据元素中被表示为"其他标识符"。

其他标识符也可以作为新闻出版数字资源唯一标识符的一个组成部分共同使用。

示例 C.2：108.1.3772/issn.1673-2286.2010.12.001

参考文献

[1] GB/T 5795—2006 中国标准书号
[2] GB/T 9999—2001 中国标准连续出版物号
[3] GB/T 13396—2008 中国标准录音制品编码
[4] GB/T 23730.1—2009 中国标准视听作品号 第1部分：视听作品标识符
[5] GB/T 23730.2—2009 中国标准视听作品号 第2部分：版本标识符
[6] GB/T 23733—2009 中国标准音乐作品编码
[7] GB/T 23732—2009 中国标准文本编码
[8] ONIX Code Lists Issue 11 for Release_ 3.0
[9] http://www.ifla.org/VII/s13/isbdrg/ISBD_ Area_ 0_ WWR.htm
[10] 国家图书馆. 新版中国机读目录格式使用手册. 北京：北京图书馆出版社，2004.

第二部分 相关行业标准

ICS 01.140.20
A 14

CY

中华人民共和国新闻出版行业标准

CY/T 83—2012

中国标准名称标识符

China standard name identifier

2012-03-19发布　　　　　　　　　　　　　　2012-03-19 实施

中华人民共和国新闻出版总署　发布

目　次

前言 …………………………………………………………………………………………………… 409
1　范围 ………………………………………………………………………………………………… 410
2　规范性引用文件 …………………………………………………………………………………… 410
3　术语和定义 ………………………………………………………………………………………… 410
4　ISNI 的结构与显示 ………………………………………………………………………………… 411
5　ISNI 的分配与管理 ………………………………………………………………………………… 411
6　ISNI 与 ISNI 元数据的关系 ……………………………………………………………………… 411
7　ISNI 与其他标识符的关系 ………………………………………………………………………… 411
附录 A（规范性附录）　ISNI 校验码的计算方法 ………………………………………………… 412
附录 B（规范性附录）　ISNI 的分配与管理 ……………………………………………………… 413
附录 C（规范性附录）　ISNI 的元数据 …………………………………………………………… 414
附录 D（资料性附录）　与其他标识符关系 ……………………………………………………… 420
参考文献 ……………………………………………………………………………………………… 422

前　言

本标准修改采用 ISO 27729：2011《信息与文献——国际标准名称标识（ISNI）》。

本标准在修改采用 ISO 27729 时，主要做了以下改动（包括编辑性修改）：

1) 将标准名称《信息与文献——国际标准名称标识符（ISNI)》改为《中国标准名称标识符》；

2) 在术语和定义中增加了"国际标准名称标识符"；

3) 内容条款上将 ISO 27729 的表述改为适用于我国标准规范的表述；

4) 将 ISO 27729 附录 B、附录 C 合并为附录 B；

5) 将 ISO 27729 附录 D 改为附录 C，并结合应用扩展了必要的元数据，增加了媒体内容形式和参与者角色等内容；

6) 将 ISO 27729 附录 E 改为附录 D。

本标准由国家新闻出版总署提出。

本标准由全国新闻出版标准化技术委员会归口。

本标准主要起草单位：中国新闻出版研究院、同方知网（北京）技术有限公司、北京万方数据股份有限公司、方正国际软件有限公司、中国版权保护中心。

本标准主要起草人（以姓氏笔画为序）：安秀敏、刘颖丽、邢瑞华、邹建华、张书卿、张建东、周长岭、郭晓峰、魏玉山、熊海涛。

中国标准名称标识符

1 范围

本标准旨在标识数字环境下的各种媒体内容在创作、生产、管理和发行产业链上参与者的公开身份。

本标准为参与跨领域创造性活动的各方的公开身份提供唯一标识，以有效区分同一参与者的不同身份，避免不同身份的参与者使用相同名称而造成的混淆。

本标准规定的标识符用于提供拥有参与者相关信息的系统间的关联，不直接提供参与者公开身份的详细信息。

2 规范性引用文件

下列文件对于本文件的应用是必不可少的。凡是注日期的引用文件，仅所注日期的版本适用于本文件。凡是不注日期的引用文件，其最新版本（包括所有的修改单）适用于本文件。

GB/T 2260　中华人民共和国行政区划代码

GB/T 2261.1　个人基本信息分类与代码　第1部分　人的性别代码

GB/T 2659　世界各国和地区名称代码

GB/T 3304　中国各民族名称的罗马字母拼写法和代码

GB/T 6565　职业分类与代码

GB 11643　公民身份号码

GB 11714　全国组织机构代码编制规则

GB/T 17710　信息技术 安全技术 校验字符系统

GB/T 12407　职务级别代码

GB/T 20091　组织机构类型代码

IETF RFC 3986　统一资源标识符（URI）：基本语法

3 术语和定义

下列术语和定义适用于本标准。

3.1

国际标准名称标识符　International Standard Name Identifier

ISNI

ISO 27729 提出的、用以标识数字环境下各种媒体内容参与者公开身份的代码。

3.2

参与者　party

自然人、法人或其他组织。

3.3

注册者　registrant

向注册中心申请 ISNI 的参与者。

3.4

公开身份　public identity

参与者的公开名称，包括法定名称和曾用名称等。

3.5

名称 name

参与者现在或过去公开使用的称谓。

4 ISNI 的结构与显示

4.1 ISNI 的结构

ISNI 由 16 位数字组成，分为两部分：

a) 15 位数字；

b) 1 位校验码。

表 1 ISNI 的结构

数位	15 位标识符代码															校验位
	16	15	14	13	12	11	10	9	8	7	6	5	4	3	2	1
代码	×	×	×	×	×	×	×	×	×	×	×	×	×	×	×	y

注："×"表示数字 0~9；"y"表示校验码。

4.2 ISNI 的语义

ISNI 标识符的构成不含任何语义，任何部分不得嵌入或表达任何语义。

4.3 ISNI 的显示

当书写、打印或以其他可见方式显示 ISNI 时：

a) ISNI 置在 16 位标识符之前，用半字空隔开；

b) 16 位标识符分成 4 部分，每 4 个数字之间用半字空隔开。

示例：ISNI 1422 4586 3573 0476

ISNI 和空格不构成 ISNI 标识符的有效编码信息。

4.4 ISNI 校验码

ISNI 校验码为十进制的 1 位数字，或用大写"X"表示。ISNI 以 15 位数字为基础，根据 GB/T 17710—2008 运算法则计算，见附录 A。

5 ISNI 的分配与管理

5.1 ISNI 的分配

ISNI 分配见附录 B.1。

5.2 ISNI 的管理

a) 中国的 ISNI 系统由中国国际标准名称注册中心统一管理；

b) 中国国际标准名称注册中心的主要职责见附录 B.2；

c) 中国国际标准名称注册中心系统支持国际 ISNI 中心系统的工作。

6 ISNI 与 ISNI 元数据的关系

a) 每一个 ISNI 均与参与者公开身份的元数据相关联；

b) 中国国际标准名称注册中心负责 ISNI 元数据的维护管理；

c) ISNI 的元数据见附录 C。

7 ISNI 与其他标识符的关系

ISNI 与其他标识符的关系见附录 D。

附录 A
（规范性附录）
ISNI 校验码的计算方法

A.1 总则
校验码用以检查 ISNI 出现错误。

A.2 校验码计算方法
校验码根据 GB/T 17710—2008 的 MOD 11-2 计算方法，校验码置放在该代码的最右侧位置。示例 A.1　ISNI 1422 4586 3573 047 的校验码计算方法见表 A.1。

表 A.1　1422 4586 3573 047 校验码的计算方法

步骤	过程	结果
1	取每个数位的加权值。校验位数位为 1 位（此阶段无计算）。	10　5　8　4　2　1　6　3　7　9　10　5　8　4　2
2	取 ISNI 的前 15 位数字。校验位为第 16 位（最后一位）。	1　4　2　2　4　5　8　6　3　5　7　3　0　4　7
3	将各位数字与其相应的加权值依次相乘。	10　20　16　8　8　5　48　18　21　45　70　15　0　16　14
4	将乘积相加。	10 + 20 + 16 + 8 + 8 + 5 + 48 + 18 + 21 + 45 + 70 + 15 + 0 + 16 + 14 = 314
5	用乘积之和除以模数 11，得出余数的值。	314 ÷ 11 = 28 余 6
6	用模数 11 减去余数的值加 1，即为校验码。当校验码的值为 10 时，用 "X" 表示。	11 - 6 + 1 = 6
7	将第六步的结果放在 ISNI 的最右侧位置，即校验位。	1422 4586 3573 0476

表 A.2　16 位数的加权值

数位	16	15	14	13	12	11	10	9	8	7	6	5	4	3	2	1
加权	10	5	8	4	2	1	6	3	7	9	10	5	8	4	2	1

加权值使用 w_i 计算：$w_i = 2^{(i-1)}$（MOD11），在此 i 是从右开始的数位，MOD11 即模数是 11。

附录 B
（规范性附录）
ISNI 的分配与管理

B.1 ISNI 的分配

中国国际标准名称标识符注册中心 ISNI 分配原则如下：

a) 根据注册者的申请，为每一参与者的公开身份分配一个 ISNI；
b) 一个 ISNI 只能分配给一个参与者的一个公开身份；
c) 同一参与者的不同书写形式、不同拼写形式等不分配新的 ISNI。

示例 B.1：同一个参与者公开身份采用简体和繁体的不同书写方式：
　　　周树人　周樹人

示例 B.2：同一参与者公开身份采用了汉字或汉语拼音的不同形式：
　　　鲁迅　Lu xun

示例 B.3：同一参与者公开身份的全称和简称：
　　　北京大学　北大

d) 同一参与者不同的公开身份应分别分配 ISNI；

示例 B.4：鲁迅和周树人是同一参与者的不同公开身份，应分别为鲁迅和周树人分配 ISNI。

e) 同一参与者的不同公开身份之间的关联，通过 ISNI 元数据"关联类型"元素建立，如 C1 所述；

示例 B.5 鲁迅的 ISNI 元数据可以包括以下元数据元素：
1) 相关 ISNI：ISNI 1234 5678 9123 4567
2) 关联类型："是…笔名"
ISNI 1234 5678 9123 4567 是周树人的 ISNI。

f) 一个 ISNI 一旦被分配，该 ISNI 不得再分配给其他公开身份使用，即便分配有误。

B.2 ISNI 的管理

中国国际标准名称标识符注册中心的主要职责如下：

a) 负责中国 ISNI 注册系统的建立与维护，与国际 ISNI 系统的协调与联络，与其他相关系统建立关联；
b) 负责《中国 ISNI 手册》制定，确保 ISNI 分配的唯一性与合理性；
c) 负责中国 ISNI 的注册与分配，履行 ISNI 的管理与宣传等职责；
d) 负责维护中国 ISNI 分配中所需的注册数据、元数据以及管理数据；
e) 负责对同一参与者的同一公开身份分配多个 ISNI 等问题的处理。

附录 C
（规范性附录）
ISNI 的元数据

C.1 ISNI 注册元数据

ISNI 注册元数据如表 C.1 所示。

表 C.1 ISNI 注册元数据

项目	数据元名称	修饰词	说明	类型	可选性 A=必选 B=有必选 C=可选	重复性 Y=可重复 N=不可重
基本信息	法定姓名	个人名称	居民身份证上的个人名称。	字符	A	N
		机构名称	在工商行政管理部门注册的名称。			
	证件代码	居民身份证	应符合 GB 11643—1999 规定的格式。	字符	A	N
		军人身份证	包括军官证、士兵证号。			
		护照	护照号。			
		组织机构代码	应符合 GB 11714 的规定。			
		其他				
	性别		应符合 GB/T 2261.1 的规定。	字符	B	N
	国别	个人国籍	应符合 GB/T 2659 的规定。	字符	A	N
		机构国别				
	民族		应符合 GB/T 3304 的规定。	字符	C	N
	出生地/住所地		一组包括所在地、所在地类型（如出生地或所在地）的数据元。应符合 GB/T 2260 的规定。	字符	B	N
	生卒/创建年月	生/创建年月		日期	B	N
		卒/结束/年月	没有为空。	日期	C	N
	简介		个人或机构的简要介绍。	字符	C	N
	联系方式	地址	联系地址（邮政编码）。	字符	B	Y
		电话	联系电话。	数字	B	Y
		电子信箱	电子信箱。	字符	B	Y
	照片		个人照片或机构标志。	图形	C	N
注册信息	ISNI		一组 16 位数字的标识符。	数字	A	N
	公开身份		一组由名称的不同成分构成和支持所有类型的名称表示的数据元。	字符	B	Y
	参与者类型	自然人	基于自然出生而依法在民事上享有权利和承担义务的个人。	字符	A	N
		法人	依法成立，经国家认可的社会组织。			

表 C.1 ISNI 注册元数据（续）

项目	数据元名称	修饰词	说明	类型	可选性 A=必选 B=有必选 C=可选	重复性 Y=可重复 N=不可重
注册信息		其他组织	合法成立、有一定的组织机构和财产，但又不具备法人资格的组织。			
	公开身份类型	个人名称	描述参与者公开身份属性类型的允许值。号、家族名称等入"其他"。	字符	B	Y
		现用名称				
		曾用名称				
		笔名				
		艺名				
		其他				
		机构名称	应符合 GB/T 20091 的规定。	字符	B	Y
		现用名称				
		曾用名称				
		机构简称				
		其他				
	日期	注册日期		日期	A	N
		修改日期	没有为空。	日期	B	N
	任职机构		创作时作者的任职机构。	字符	C	Y
	任职地址		创作时作者任职机构的所在地址。	字符	C	Y
	职业		应符合 GB/T 6565 的规定。	字符	C	Y
	职务职称		注册或出版时的职务级别。应符合 GB/T 12407—有关规定。	字符	C	Y
	主要作品名称		主要作品名称。	字符	A	Y
	内容形式		媒体内容形式见表 C.2。	字符	A	Y
	角色		参与者角色（如：作者、出版者、导演）见表 C.3。	字符	A	Y
关联信息	相关 ISNI		同一参与者的其他公开身份的 ISNI。	数字	B	Y
	关联类型		描述相关关系属性的允许值，既相关 ISNI 公开身份的类型（如："是×××的笔名"等），见数据元名称"公开身份类型"。	字符	B	Y
	URI		统一资源标识符，以机读形式与创作性作品的创作类型或角色相关的外部元数据集的链接，即：可以解析公开身份的其他信息或资源的 URI。	字符	C	Y

C.2 媒体内容形式

媒体内容形式如表 C.2 所示。

表 C.2 媒体内容形式

中文形式名称	英文形式名称	内容形式说明
文本	Text	通过书写字词、符号和数字表示的内容。例如图书（印刷的或电子的）、书信、期刊数据库和报纸等。
数据集	Dataset	用于计算机处理的数字编码数据表示的内容。例如：数值数据、环境数据等被应用软件用来计算平均数、相关度等或者生成模型等，通常不以其原始形式显示。不包括以数字方式记录的音乐［见音乐］、语言［见言语］、声音［见声音］、计算机制作的图像［见图像］和文字资料［见文本］。
图像	Image	用于视觉感知的、通过线条、形状、阴影等表示的内容。图像包括：静态或动态、二维或三维。例如：艺术复制品、地图、照片、遥感影像、立体图、电影和版画。
实物	Object	通过三维材料（或者是自然出现的实体，或者是人造/机器制造的物品）表示的内容。也称三维结构或三维实物，人工物品例如雕塑、模型、游戏、拼图、硬币、玩具、建筑、设备、衣物、文物等。自然出现的实体例如化石、岩石、昆虫、生物样品幻灯片等。地图资料实物包括：三维球仪、地形模型以及用于从侧面观看的横截面。
程序	Program	通过用于计算机处理或执行的数字编码指令所表示的内容。例如操作系统、应用软件等。
声音	Sound	通过动物、鸟、自然出现的声源或由人声或数字（或模拟）媒体模仿的声音表示的内容。例如鸟鸣、动物嚎叫的录音和声音效果，但是不包括录制的音乐［见音乐］和录制的人类讲话［见言谈］。
音乐	Music	通过有序的音调或声音，以前后相继方式、以组合方式和以时间关系表示的内容，用以产生出一部作品。音乐可以是书写的（乐谱）、演出的、或者被记录成模拟的或数字的格式，可以是有节奏、旋律或和声的人声、乐器或者机械声音。例如总谱或分谱等书写的音乐以及音乐会演奏、歌剧和录音棚录音等录制的音乐。
运动	Movement	通过运动（即改变物体或人的位置的动作或过程）表示的内容。例如舞谱、舞台动作、编舞，但是不包括电影等运动的图像［见图像］。
言语	Spoken word	通过人声谈话的声音表示出来的内容。例如有声图书、无线电广播、口述历史录音、戏剧的录音，不管是用模拟格式还是用数字格式录音的。
多种内容形式	Multiple content forms	出现三种或更多种形式的混合内容。
其他内容形式	Other content form	上述内容形式词不能涵盖。

C.3 参与者角色

参与者角色类型如表 C.3 所示。

表 C.3 参与者角色

中文角色名称	英文角色名称	角色说明
著作权人	Owner of copyright	拥有版权的人。
编后记作者	Author of afterword	编后记、刊后语、书末出版说明的作者。
编辑	Editor	对资料或已有的作品进行整理、加工的活动。
编者	Compiler	从不同作品中选取素材，并将之放在一起，汇编成集的个人或机构。
标准管理机构	Standards body	负责发布和执行标准的机构。
表演者	Performer	在音乐剧、戏剧或娱乐演出中扮演角色的人。
策划者	Conceptor	对作品的原始思想负责的个人或团体。
插图绘制者	Illustrator	构思一种设计或插图的人。
程序设计师	Programmer	编制计算机程序、来源代码或机器可执行数字文档等的个人或团体。
出版者	Publisher	从事出版活动的专业机构。
创办者	Founder	连续出版物的创办机构。
创始人	Originator	完成作品的作者或机构。
词作者	Lyricist	歌词的作者。
导演	Director	对舞台、屏幕或录音的演出进行指导的人。
电影编辑	Film editor	
电影脚本作者	Scenarist	
雕刻家	Sculptor	
附件作者	Writer of accompanying material	录音资料或其他视听资料有价值附件资料的作者。
改编者	Arranger	用与原始不同的媒体改编音乐作品，改编后音乐主体仍保持不变（包括管弦乐配器者）。
改写者	Adapter	将音乐作品重新加工的人；将文学作品改写的人。
歌手	Singer	
绘图师	Graphic technician	对一种媒体中的某些设计负有责任的个人。
记者	Pressman	
监督者/签约人	Monitor	按照合同督查执行情况的个人或组织。有时指受让人或管理代理人。
解说员	Narrator	在电影、录音或其他工作中负责讲解的人。
剧作者	Librettist	歌剧、舞剧等剧本作者。
镌刻者	Engraver	
卡通制作者	Animator	利用技术使其作品具有动画的人。
科学顾问	Scientific advisor	
录音工程师	Recording engineer	负责录音或录像的人。
论文导师	Thesis advisor	

表C.3 参与者角色（续）

中文角色名称	英文角色名称	角色说明
漫画家	Cartoonist	通过相关技术使其作品具有动画的人。
木雕者	Wood-engraver	
内容摘录的引语作者	Author in quotations of text extracts	
批发商	Distributor	对出版物享有市场权利的代理人或机构。
评论员	Reviewer	对作品进行评论的人或团体。
其他合作者	Collaborator	其他代码用于无法包含的合作者。
签字者	Signer	用于出现在一种书中的签字，无介绍，也未说明出处。
前所有者	Former owner	限于版权持有者。过去拥有该作品的个人或组织，包括在文字陈述中的受捐人或组织。
曲作者	Songsmith	
摄影者	Photographer	
声乐家	Vocalist	在音乐剧、戏剧或娱乐表演中展示歌唱技巧的人。
蚀刻者	Etcher	
书法家	Calligrapher	
书封设计者	Bookjacket designer	
题词者	Inscriber	题词人。
图版印刷者	Pinter of plates	插图或图版设计印刷者。
图书设计者	Book designer	对一种图书的整体设计负责的个人或团体。
舞蹈动作设计者	Choreographer	
舞蹈演员	Dancer	
项目顾问	Consultant to a project	为项目提供咨询，提出建议策划及解决方案的个人或团体。
项目管理者	Project manager	为达到预期目标，对项目实施管理的人员。
校对者	Proofreader	校正印刷品的校对者。
修订者	Censor	对作品进行修订的个人或团体。
许可证颁发者	Licensor	出版或印刷许可证的颁发机构。
许可证持有者	Licensee	出版或印刷许可证的持有者。
序论作者	Author of introduction	序论、序言、前言、后记、按语等作者，不是作品的主要作者。
学位论文撰写者	Dissertant	大学或大学以上学位论文的撰写人。
学位授予者	Degree-grantor	授予学位的机构。
演员	Actor	在表演艺术中扮演某个角色的人。
艺术家	Artist	艺术作品的绘画者、雕刻者等。
译者	Translator	翻译作品的个人或团体。

表 C.3 参与者角色（续）

中文角色名称	英文角色名称	角色说明
音乐家	Musician	对音乐作品的内容、完成写作或投稿人（当不能确定某人作用时使用）。
印刷者	Printer	文本印刷者。
影评员	Commentator	在录音、电影或其他媒体上提出对实体内容的解释、分析和讨论的人。
指挥	Conductor Choral director	指挥音乐作品演出团的人、指挥合唱团表演的指挥者。
制片人	Producer	影片制作最终责任者。
制图者	Cartographer	
制作人员	Producer of personnel	参与音乐、戏剧或娱乐表演的道具、灯光、特技等制作人员，包括分镜头剧本制作人。
主办单位	Sponsor	出版单位的上级领导部门。
主编	Chief editor	作品或出版物编辑工作的主要负责人（包括总编辑）。
主管单位	Responsible institution	出版单位创办时的申请者以及该出版单位的主办单位的上级领导部门。
注释者	Annotator	印本中手稿型注释的作者。
装订设计者	Binding designer	
资助者	Funder	为出版作品提供财力支持的个人或机构。
作曲者	Composer	创作音乐作品的人。
作者	Author	对一部作品的知识内容或艺术内容的创作负主要责任的个人或团体。

附录 D
（资料性附录）
与其他标识符的关系

D.1 总则
ISNI 作为跨领域创作的公开身份的标识符，将与其他国际性的标准标识代码链接。

D.2 与其他参与方标识符关系

D.2.1 "桥梁式"标识符
由于缺少相应的国际或国家标准，行业间的信息交换困难，需要广泛人为干预，导致了某些不确定因素。

事实上每个行业都有各自不同需求，需要维护不同的元数据。通常，元数据会包含一些保密信息，而不能与其他行业伙伴共享。

ISNI 被设计为一种"桥梁式"的标识符，允许不同的行业伙伴交换相关参与者的信息，而不涉密。就此而言，ISNI 只需维护少量元数据信息，以区分不同的参与者公开身份为目的，其他所有相关信息仍存放在具有检索条件的专用数据库中。

D.2.2 参与方标识系统的结构
ISNI 数据库与专用参与方的数据库链接如图 D.1 所示：

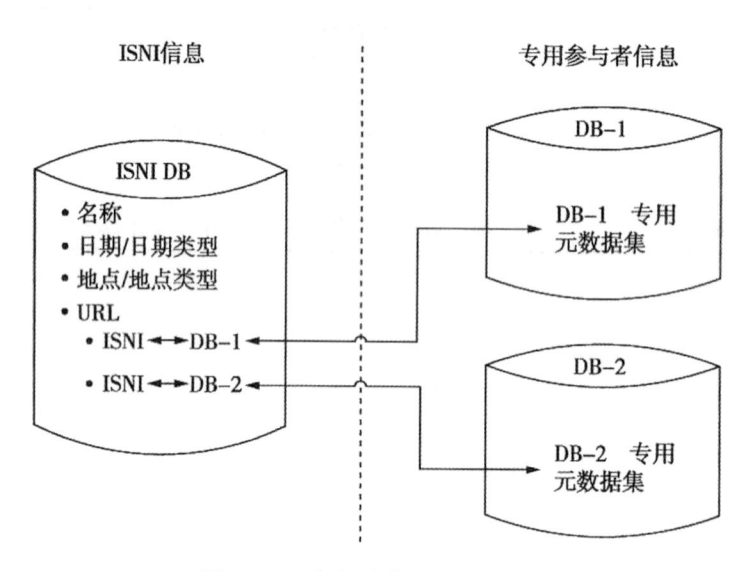

图 D.1 参与方标识系统架构

除了参与者公开身份的注册元数据，ISNI 数据库（ISNI DB）还拥有每个专用数据库（DB-1 和 DB-2）的 URI，而每个专用数据库都存有参与者公开身份的其他信息。这些专用数据库之间可以通过指向 ISNI 交换参与者相关信息。以下示例说明用户可以从两个数据库中获得信息。

示例 D.1
—— DB-1：一个包含图书作者的专用信息数据库。
—— DB-2：一个包含期刊作者的专用信息数据库。
—— 用户欲检索 DB-1 的某一参与者的相关信息，而该信息存放于 DB-2；
—— 两个系统使用了不同的标识符和元数据，在 DB-1 中无法检索到 DB-2 的信息；
—— 若从 DB-1 数据库中调出相关的 ISNI，通过查询 ISNI 数据库相关 ISNI，获得 DB-2 正确 URI。

——DB-1通过该URI向DB-2发出请求,如果得到DB-2操作员授权,就可查到期刊作者的准确信息。

D.3 与其他标识系统的关系

媒体内容产业广泛地使用下列标识符系统,如:

ISBN（GB/T 5795—2006）标识图书;
ISSN（GB/T 9999—2001）标识连续出版物;
ISRC（GB/T 13396—2008）标识录音制品;
ISMN（ISO 10957）标识乐谱出版物;
ISAN（GB/T 23730—2009）标识视听作品;
ISWC（GB/T 23733—2009）标识音乐作品。

每一种资源都需要准确标识创作者,如作者、作曲者、表演者或制作者。每一种代码标准都用不同方法标识各自的参与者,普遍采用自由文本的形式说明各自参与者名称。ISNI 的目的是标识参与者的公开身份。

参考文献

[1] GB/T 5795—2006　中国标准书号
[2] GB/T 9999—2001　中国标准连续出版物号
[3] GB/T 13396—2008　中国标准录音制品编码
[4] GB/T 23730.1—2009　中国标准视听作品号　第1部分：视听作品标识符
[5] GB/T 23730.2—2009　中国标准视听作品号　第2部分：版本标识符
[6] GB/T 23733—2009　中国标准音乐作品编码
[7] GB/T 23732—2009　中国标准文本编码
[8] ONIX Code Lists Issue 11 for Release_ 3.0
[9] http：//www.ifla.org/VII/s13/isbdrg/ISBD_Area_0_WWR.htm
[10] 国家图书馆. 新版中国机读目录格式使用手册. 北京：北京图书馆出版社，2004.

图书在版编目（CIP）数据

学习资源数字出版相关标准合辑 / 本书编委会编著. — 北京：中国书籍出版社，2017.12
ISBN 978-7-5068-6607-1

Ⅰ.①学… Ⅱ.①学… Ⅲ.①电子出版物—出版工作—标准—汇编—中国 Ⅳ.①G237.6-65

中国版本图书馆CIP数据核字(2017)第287064号

学习资源数字出版相关标准合辑
本书编委会　编著

责任编辑	张　文
责任印制	孙马飞　马　芝
封面设计	楠竹文化
出版发行	中国书籍出版社
地　　址	北京市丰台区三路居路97号（邮编：100073）
电　　话	（010）52257143（总编室）　　　　（010）52257140（发行部）
电子邮箱	eo@chinabp.com.cn
经　　销	全国新华书店
印　　刷	北京睿和名扬印刷有限公司
开　　本	787毫米×1092毫米　1/16
字　　数	645千字
印　　张	27
版　　次	2017年12月第1版　2017年12月第1次印刷
书　　号	ISBN 978-7-5068-6607-1
定　　价	98.00元

版权所有　翻印必究